프로이트, 구스타프 말러를 만나다

정신분석적 심리치료를 만든 역사적 만남들

프로이트, 구스타프 말러를 만나다

정신분석적 심리치료를 만든 역사적 만남들

이준석 지음

이담
Books

추천의 글

이 책 『프로이트, 구스타프 말러를 만나다』를 들고 광주에서 서울로 가는 KTX에 올랐다. 두 시간 오십 분이 순간같이 지나갔다. 나는 정신분석의 창시자 지그문트 프로이트와 함께 그가 만났던 사람들을 흥미롭게 만날 수 있었다. 그때 그 역사적인 순간에 무슨 일이 있었는지 마치 영화의 장면들을 보는 것 같았다.

이 책에서 또한 나는 하인즈 코헛을 만날 수 있었다. 코헛은 정신분석학의 천재이다. 한때 이단자로 몰려 정신분석학계에서 축출되기도 했지만 지금은 자리를 회복했고 많은 동지들을 갖고 있다. 코헛의 '자기 심리학'은 아주 매력적인 정신분석학설이지만 그 개념이 어렵다. 저자는 이 책 『프로이트, 구스타프 말러를 만나다』에서 어려운 '자기 심리학'을 소설처럼 쉽고 재미있게 설명해주고 있다.

저자가 샌디에이고 정신분석연구소로 정신분석을 공부하러 떠나기 전부터 나는 그에게 큰 기대를 걸었다. 따뜻한 성품에 학구적인 태도와 성실성, 그리고 유창한 영어로 무슨 일이든 저지를 사람이라고 생각했다. 귀국 후 그는 한국정신분석학회에서 재기 넘치는 강의로 청중을 사로잡았다. 정신분석의 역사적 사건들이 일어난 정확한 연도를 암기하는 것도 놀라웠다. 이번에 출판되는 『프로이트, 구스타프 말러를 만나다』는 그가 저지르는 학문적 사건(?) 중 하나가 될 것 같다. 앞으로 정신분석을 공부하는 사람들은 이 책을 고전처럼 읽게 될 것이다.

프로이트는 초기에 최면요법을 사용했지만 여러 가지 문제점을 발견하고는 버렸다. 그리고 자유연상 기법을 도입했다. 그런데 저자는 아직도 때로는 최면요법을 사용하고 있다. 흥미로운 고집(?)이다.

나는 정신분석의 발달과정을 역사적으로 쉽게 설명해 주는 책을 기다려왔다. 그것도 우리말로 된 책을…. 『프로이트, 구스타프 말러를 만나다』는 이런 요구를 만족시켜 주었다. 인간의 내면세계를 이해하고 자유를 찾고자 애쓰는 이들에게 큰 도움이 되길 바란다.

국제 정신분석가, 전남대학교 명예교수

이무석

▌차례

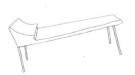

Chapter 3

심리학 너머 심리치료, 자기 심리학   197

프롤로그

"병의 원인이 될 만큼 중요한 모든 것들을 환자는 이미 알고 있으며
그것에 대해 이야기하도록 이끄는 것이 치료의 관건입니다."
지그문트 프로이트(『히스테리 연구』)

〈마음〉이라는 KBS 다큐멘터리에 참여했을 때였다. 다큐멘터리
〈마음〉의 제작진은 어느 중년부인이 앓고 있는 치통의 원인을 밝혀
달라고 나에게 요청했다.

"어떤 병원을 가니 치과에 가라고 하고, 다른 병원을 가니 산부
인과를 가보라고 하고, 또 다른 병원에서는 신경과로 보내더군요."

그 부인은 지난 몇 년간 유명 병원을 전전하며 각종 검사를 받느
라 지쳐 있었다. 하지만 어디에서도 치통의 원인을 찾아내지 못했다.
까닭 모를 통증에 견디다 못한 그 부인은 심지어 멀쩡한 치아를 뽑기까
지 했다. 하지만 통증은 멎지 않았다. 남은 것은 심리적 탐색뿐이었다.

"혹시 치통과 관련되어 떠오르는 기억이 있으세요?"

"아니요. 통증은 그냥 어느 날 갑자기 시작됐어요."

행여 사소한 실마리라도 건질까 넌지시 물어보았다. 하지만 그 부인은 치통과 관련된 어떤 사건도 기억해내지 못했다. 적어도 의식에서는 말이다. 만일 치통과 관련된 어떤 심리적 원인이 있다면 그것은 오로지 무의식에 속한 것이었다. 이제 '어떻게 무의식에 숨어 있는 원인을 찾아낼 것인가?'라는 문제만 남았다. 무의식은 의식을 걷어내야 드러난다. 빠른 시간 안에 의식을 걷어내고 무의식에 접근하기 위해 최면을 선택했다. 다행히도 그 부인은 최면감수성이 높아서 _{최면에 잘 걸리는 체}질이었다. 쉽사리 최면 상태로 들어갔다. 나는 최면 상태에 있는 그 부인에게 치통이 되살아날 것이라는 암시를 주었다. 암시를 들은 그 부인은 몇 차례 입술을 삐죽이더니 금세 통증을 호소했다.

"처음 치통이 생겼던 때를 한번 떠올려보세요."

그때였다. 갑자기 그 부인의 눈시울에 그렁그렁 눈물이 고이기 시작했다. 그리고는 '언니!'라는 단어를 신음처럼 토해냈다. 주르륵 눈물이 흐르는 그 부인의 뺨에는 생뚱맞게 함박꽃 같은 미소가 번져 있었다.

"정말 오랫동안 잊고 살았네요."

그 부인에게는 세상 누구보다 자신을 아껴주던 언니가 있었다. 평생 단짝친구였던 언니는 몇 해 전 갑자기 세상을 떠났다. 마침 그 부인이 치통으로 병원을 다니고 있을 때였다. 그날 이후였다. 시장에서 찬거리를 사다가, 부엌에서 설거지를 하다가, 마루에서 텔레비전 연속극을 보다가 갑자기 치통이 밀려왔다. 언니와 함께했던 추억이 떠오를 때, 그래서 언니가 사무치게 그리워질 때면 치통이 생겼다. 무의식은 감당할 수 없는 마음의 상처 대신에 육체적 통증을 선택했던 것이다. 아무리 아린 통증도 언니를 잃은 슬픔에 비할 바가 아니었다.

이런 현상을 정신과 의사 지그문트 프로이트는 트라우마 정신적 충격으로 인한 마음의 상처를 말한다. 에 의한 '히스테리 신경증'이라고 불렀다. 지금으로부터 백이십여 년 전이었다. 트라우마라는 개념은커녕 변변한 심리학조차 없던 시절이었다. 프로이트는 자신의 첫 번째 정신분석책 『히스테리 연구』에서 미스 루시 R.의 사례를 들어서 마음에 상처를 입히는 트라우마가 신체적 증상으로 바뀌는 과정을 찬찬히 설명했다. 미스 루시 R.의 사례는 『히스테리 연구』에서 제시되었던 다섯 환자의 히스테리 사례 가운데 세 번째 사례였다.

루시는 비엔나에서 가정교사로 일하는 영국 출신 아가씨였다. 그녀는 엄마를 잃은 부잣집 두 아이를 돌보고 있었다. 만성 비염을 앓았던 그녀는 평소에 냄새를 거의 맡지 못했다. 그런데 두 달 전부터 갑자기 푸딩 타는 냄새에 시달리기 시작했다. 하루 종일 따라다니는 푸딩 타는 냄새 탓에 우울증까지 생긴 루시는 프로이트의 진료실을 찾았다. 의식을 걷어내고 무의식에 접근하기 위해 프로이트도 최면을 사용했다.

"불에 탄 푸딩 냄새를 처음 맡았던 때를 기억할 수 있나요?"

최면 상태에 들어간 루시에게 프로이트가 물었다.

"제 생일을 이틀 앞두고 고향에 계신 어머니에게서 편지를 받았어요. 그런데 아이들이 편지를 낚아챘죠. 생일축하 편지는 꼭 생일날 읽어야 한다며 제 생일날 돌려주겠다고 했어요. 아이들과 실랑이를 벌이는 사이에 푸딩이 타버렸어요. 온 집안에 푸딩 타는 냄새가 진동했죠."

루시는 푸딩이 타는 상황이 마치 지금 눈앞에 벌어지는 것처럼 생생하게 이야기했다.

"그 장면에 혹시 마음을 흔들 만한 어떤 이유가 있나요?"

프로이트의 질문을 받은 루시는 이내 표정이 어두워졌다. 그리고 당시 자신이 처했던 상황을 이야기했다. 어머니의 편지를 받았을 즈음 그녀는 가정교사를 그만두고 고향으로 돌아갈 결심을 하고 있었다. 그녀는 오랫동안 아이들의 아버지인 집주인을 짝사랑했다. 아이들의 엄마 자리를 꿰차고 싶은 비밀스러운 소망을 품고 있었다. 그녀는 행여 자신의 마음을 다른 하인들에게 들켜서 비웃음을 사지 않을까 두려웠다. 자신은 가난한 영국 시골처녀였고, 집주인은 비엔나의 큰 부자였기 때문이었다. 그러던 어느 날이었다. 사소한 잘못으로 집주인으로부터 호되게 야단맞은 그녀는 마음에 깊은 상처를 입고 사랑을 포기했다. 아니 사랑했었다는 사실조차 잊어버렸다. 그리고 고향으로 돌아가기로 결심했다. 하지만 이번엔 정든 아이들을 두고 떠나는 것이 못내 미안했다. 좌절된 짝사랑, 고향에 대한 그리움, 아이들에 대한 미안함이 뒤엉키던 상황에서 푸딩이 타버리는 사건이 발생했다. 이런저런 감정 덩어리들이 마음에서 뒤엉켜 갈피를 잡지 못할 때 무의식은 그저 타는 푸딩 냄새로 관심을 돌렸던 것이다.

"도대체 내가 왜 이런 거죠?"

오늘도 진료실에서는 또 다른 루시 R.이 나에게 질문을 던진다. 답은 언제나 무의식에 있다. 그때마다 나는 환자와 함께 무의식을 탐험하는 여행을 떠난다. 이때 꼭 필요한 것이 무의식을 안내하는 여행지도 '정신분석'이다. 정신분석이라는 지도를 들고 자아와 이드, 갈등과 방어, 전이와 역전이 같은 골목길 구석구석을 누비며 무의식 어느 모퉁이에 숨겨진 해답을 찾는다.

이제 정신분석적 심리치료는 정신과 의사와 심리학자들이 심리적 문제를 해결하는 치료법의 원형이 되었다. 하지만 프로이트가 만들어낸 정신분석은 단순한 심리치료법이 아니었다.

　"프로이트의 정신분석은 심리치료에서 시작해서 문학 및 예술연구, 종교사, 고고학, 신화학, 민속학, 교육학에 이르기까지 세계운동으로 확장되어 마음에 대한 인류의 관점을 완전히 바꿔놓았다."

　노벨문학상 수상자인 토마스 만[Thomas Mann, 1875~1955]의 이런 평가처럼 정신분석은 인류의 생활을 바꿔놓은 혁신적 발명품이었다. 스티브 잡스의 애플 컴퓨터니 아이폰처럼 말이다. 인류가 마음을 바라보는 관점을 송두리째 바꿔놓은 발명품 '정신분석'이 탄생하기까지 많은 역사적 만남들이 필요했다. 나아가 더 효과적인 정신분석적 심리치료법을 만들기 위한 또 다른 역사적 만남들이 오늘도 계속되고 있다.

　이 책에서는 정신분석의 탄생과 발전에 꼭 필요했던 그런 만남들을 살펴보았다. 이 책의 1부에서는 프로이트가 정신분석을 발명하기 이전까지의 만남을 최면요법의 창시자인 메스머를 중심으로 다루었다. 분명 심리치료가 이루어졌지만 심리학적 개념이 없던 시절이었다. 지도 없이 목적지를 찾아 헤매며 좌충우돌하는 마법사 기질을 지닌 과학자 메스머를 목격하게 될 것이다. 2부에서는 프로이트가 정신분석학을 만들고 발전시켰던 만남들을 다루었다. 새로운 만남을 가질 때마다 치열하게 고뇌하고 과감하게 변모하는 냉철한 영웅 프로이트를 만나게 될 것이다. 3부에서는 프로이트 이후 변화된 시대상에 발맞춰 새로운 현대정신분석이 만들어지는 과정을 자기 심리학자 하인즈 코헛의 만남을 중심으로 다루었다. 항상 공감하는 자세로 인간의 마음을 바라보는 푸근한 스승 코헛을 찾을 수 있을 것이다.

　공교롭게도 이들은 모두가 비엔나 의대 출신의 의사였다. 그리고 하나같이 비엔나에서 쫓겨나 타국으로 망명하는 고난을 겪었다. 이들 세 명의 비엔나 의사들이 체험했던 만남을 지켜보면 오늘날 상식처럼 여겨지는 정신분석적 심리치료가 어떻게 만들어지고 발달되어 왔는지 확인할 수 있을 것이다. 아울러 이들의 일거수일투족을 따라가다 보면 우리 마음 깊은 곳의 무의식적 갈등이나 심리적 결핍에 다가서는 법을 깨닫게 될 것이다.

여기서 만남은 그냥 마주침이 아니다. 그것은 괜스레 심장을 두근거리게 만들고, 가슴을 벅차오르게 하는 커다란 사건이다. 일순간에 오랫동안 고집스레 쌓아올렸던 마음의 벽을 허무는 무의식의 쿠데타이다. 그래서 무의식을 뒤흔드는 만남은 고집불통이었던 아집을 무너뜨리고, 움츠렸던 마음을 성장시키며, 정체되었던 역사의 바퀴를 돌린다. 도미노처럼 말이다.

그런 만남은 운명적인 것이다. 남는 시간을 때우려 집어들었던 책의 한 줄에서, 일상에서 마주치는 새로운 인연과 대화 한마디에서, 라디오에서 흘러나오는 가요의 한 구절에서도 그런 운명적인 만남은 이루어진다. 이 책이 독자 여러분의 무의식에 작은 울림을 선사하는 만남이 되기를 바란다. 그리고 이 책을 읽는 동안 다음 한 구절이 독자 여러분의 마음 깊숙이 와 닿기를 소망한다.

"무의식은 언제나 우리가 상상하는 것보다 강력하다."

Chapter 1

심리학 없는 심리치료, 메스머리즘

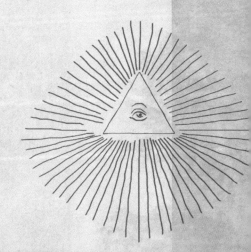

메스머, 요한 요셉 가스너를 만나다

> "나는 기적을 행하는 이가 아닙니다. 나는 그저 질병을 일으킨
> 악마를 내쫓을 뿐입니다."
> 요한 요셉 가스너 신부

꼬리에 꼬리를 무는 만남을 엘방엔에서 시작하겠다. 엘방엔은 약스트강이 게으르게 흐르는 독일 바이에른 지방의 작은 시골마을이다. 오래전 그곳에 요한 요셉 가스너^{Johann Joseph Gassner, 1727~1779}라는 가톨릭 신부가 살았다. 그는 어린 시절부터 항시 여름 감기처럼 독한 두통과 복통을 달고 살았다. 백방으로 수소문하여 용하다는 의사들에게 두루 치료를 받아보았지만 어느 의사도 그의 통증을 치료하지 못했다.

가스너 신부가 서른세 살 때였다. 그날도 통증에 시달리느라 밤을 꼬박 지새운 젊은 사제 가스너는 피곤한 몸을 겨우 일으켜 새벽미사를 집전했다. 지난밤 통증에 너무나 힘들었던 그는 미사를 드리면서 건강을 되찾도록 도와달라고 간절히 기도했다. 기도를 마칠 즈음 그의 마음

이 괜스레 설레었다. 미사를 마치자마자 그는 들뜬 마음으로 곧장 서재로 향했다. 그가 서재에서 우연히 집어들었던 책은 퇴마서였다.

뽀얗게 쌓인 먼지를 털어내고 퇴마서를 읽어나가던 가스너 신부는 자신의 병이 초자연적인 현상이며, 악마가 자신에게 들어와 영적으로 괴롭히는 빙의 때문일지도 모른다는 생각이 들었다. 그래서 악마 – 빙의가 아닐까 하는 생각을 가지고 스스로에게 소리쳤다.

"하느님의 이름으로 명하니 썩 물러가거라!"

순간 소름 돋는 일이 벌어졌다. 그 독한 통증이 사라졌던 것이다. 하지만 영원히 사라진 것은 아니라서 이후에도 통증은 가끔씩 찾아왔다. 그러나 그때마다 그저 "악마야 가거라!"라고 명하면 통증은 사라졌다. 이제 악마가 빙의를 통해서 통증을 일으킨다는 가스너 신부의 믿음에는 터럭만 한 의심의 여지도 없었다.

자신의 통증에 대한 자가치료 경험을 통해서 악마 – 빙의가 병을 일으킨다는 확신을 갖게 된 가스너 신부는 먼저 병을 가진 교구민들을 대상으로 퇴마치료를 시작했다. 이후 소문을 듣고 찾아오는 다양한 병자들에게 퇴마치료를 십여 년간 시행하면서 가스너 신부는 한가지 새로운 사실을 깨달았다. 그것은 퇴마를 통해서 치유되는 병도 있고, 치유되지 않는 병도 있다는 것이었다. 이런 경험들을 정리하여 그는 1774년 퇴마서를 출간했다. 그 책에서 가스너 신부는 질병을 '자연적인 병'과 '초자연적인 병'으로 나누었다. 그는 오직 악마의 책동으로 발생하는 초자연적인 질병만이 퇴마를 통해서 치료된다고 적었다. 그래서 가스너 신부는 병자를 만났을 때 먼저 '자연적인 병'과 '초자연적인 병'을 가르는 시험을 했다. 병자가 찾아오면 치료를 시작하기에 앞서, "예수의 이름으로 명하노니 네 병이 악마로 인한 병이라면 증상이 되살아나거라!"라고 명령했다. 이때 증상이 더 심해지는 경우에만 퇴마를 통해서 치료할 수 있는 '초자연적인 병'이라고 진단했다. 이것은 마치 최면치료에 들어가기에 앞서 환자에게 몇 가지 암시를 준 다음 환자의 반응 정도에 따라서 최면치료의 예후를 판단하는 오늘날의 피암시성 평가 과정과 아주 비슷했다.

기적 치유자로서 가스너 신부에 관한 소문은 새벽안개처럼 퍼져 나갔다. 작은 마을 엘방엔은 온갖 난치병을 치료받으려는 순례자로 넘쳐났다. 가스너 신부에 관한 소문은 독일 바이에른 지방의 국경을 넘어 스위스 변방과 비엔나까지 퍼졌다. 이와 함께 그의 퇴마치료가 기적인가, 혹은 사기인가에 대한 사회적 논란이 일었다. 이렇게 퇴마 치료가 사회적 논란거리로 번지자 가톨릭 교회는 가스너 신부에 대해 조사하기로 결정했다.

1775년 이른 봄날이었다. 대학에서 연구하는 과학자들과 의사들을 주축으로 조사위원회가 구성되었다. 조사위원회는 가스너 신부를 직접 방문하여 그의 치료법을 조사했다. 조사위원회는 '아나스타샤 다이버나'라는 여인에 대한 퇴마치료 과정을 관찰하여 다음과 같이 소상히 보고했다.

성당은 소리 한 점 없이 고요했습니다. 스테인드글라스를 지나며 형형한 빛깔로 갈아입은 봄 햇살이 요란하게 제대 위로 쏟아지고 있었습니다. 제대에 밝혀놓은 촛불이 헐떡이듯 흔들렸고, 제대 앞에 무릎을 꿇고 있는 아나스타샤는 흔들리는 촛불보다 더 심하게 숨을 헐떡이고 있었습니다. 그녀는 바짝 마른 입술에 몇 번이고 침을 발라가면서 가스너 신부를 기다렸습니다. 그녀는 오랫동안 경련을 앓아온 난치성 경련 환자였습니다.

바이에른 북쪽 마을 출신의 그녀는 퇴마를 통해서 악마가 몸에서 빠져나가면 평생 고생해온 경련이 치료될 것이라는 부푼 기대감을 갖고 가스너 신부를 찾아왔습니다. 한 방울의 침조차 바닥난 그녀가 마른 침만 넘기고 있을 때였습니다. 갑자기 촛불이 심하게 흔들렸습니다. 곧이어 가스너 신부가 성당으로 들어섰습니다. 그는 자주색 대례복에 황금색 영대를 둘렀습니다. 짧은 목에는 큼지막한 황금빛 십자가를 걸고 있었습니다. 동그란 얼굴에 지혜가 가득한 눈망울을 가진 가스너 신부는 잔뜩 움츠린 아나스타샤를 향해 '라틴어'만 사용하여 명령했습니다. 그러면 가스너 신부의 조수가 곁에서 라틴어 명령에 따라 그녀에게 지시된 행동을 시켰습니다.

"십자가에 입을 맞추거라!"

조수의 도움을 받아 그녀는 가스너 신부의 목에 걸린 커다란 황금 십자가에 입을 맞추었습니다.

"예수께 경배하거라!"

가스너 신부의 명이 떨어지자 조수가 시키는 대로 그녀는 십자가를 향해 큰절을 올렸습니다. 그녀가 여러 차례 큰절을 반복할 때 가스너 신부가 이렇게 말했습니다.

"예수의 이름으로 명하노니 네 병이 악마로 인한 병이라면 증상이 되살아나거라!"

그때였습니다. 아나스타샤는 눈동자가 위로 치켜올라가면서 몸을 떨기 시작했습니다. 갑자기 경련이 시작되었습니다. 잠시 후 온몸을 떠는 그녀를 향해 가스너 신부는 한 번 더 명령했습니다.

"이제 명하노니, 맥박이 약해지거라."

가스너 신부의 낮고 단호한 음성이 성당에 퍼지자 아나스타샤는 점차 창백해졌습니다.

"이제 명하노니, 맥박이 멎거라."

가스너 신부의 명령이 떨어지고 얼마 안 되어 그녀는 성당 바닥에 쓰러졌습니다. 마치 죽은 사람처럼 실신한 아나스타샤에게 가스너 신부는 따뜻한 목소리로 말했습니다.

"예수의 이름으로 명하노니, 이제 심장이 건강해지거라!"

그러자 그녀의 맥박은 다시 힘차게 뛰었습니다. 그리고 그녀의 경련은 사라졌습니다. 퇴마치료를 마쳤을 때 가스너 신부는 아나스타샤에게 마지막 말을 남겼습니다.

"하느님을 굳건히 믿고 항상 긍정적인 마음을 갖거라."

조사위원회가 지켜보았던 '아나스타샤'처럼 십자가를 목에 건 가스너 신부가 퇴마의 명령을 내리면 환자들은 으레 바닥에 쓰러져 경련을 일으켰다. 가스너 신부는 경련을 일으킨 환자를 계속해서 몰아쳐서 끝내 악마를 물리쳤다. 환자가 보이는 경련은 곧 악마가 깃들어 있다는 신호였다. 조사위원회는 가스너 신부가 퇴마치료를 할 때 환자가 알아듣건말건 상관없이 라틴어만을 사용했다고 적었다. 퇴마의 식을 통해서 죽었다 깨어나듯이 실신했다가 정신을 차린 환자들은 실성한 듯 웃거나 노래를 부르기도 하고, 엉엉 울기도 했으며, 어떤 이들은 자신의 죄를 고백했다고 기록했다. 덧붙여 조사위원회는 가스너 신부가 환자를 치유하는 과정에서 약물은 전혀 사용하지 않았지만, 일부 통증 환자들에게는 성수를 사용하여 통증 부위를 어루만지는 치료를 했다고 보고했다.

가톨릭 교회가 구성했던 조사위원회의 검증에도 불구하고 가스너 신부의 퇴마치료에 대한 논란은 전혀 수그러들지 않았다. 아니 검증작업을 거치면서 가스너 신부를 신격화시키는 맹목적 추종자들이 오히려 눈덩이처럼 불어났다. 이와 함께 그의 치료를 사기행위라고 비난하는 전문가들도 그만큼 늘었다. 퇴마치료에 대한 논란이 걷잡을 수 없이 커지자 당시 바이에른 지역을 다스리던 막시밀리언 요제프 3세^{Maximilian Joseph Ⅲ, 1727~1777}는 뮌헨의 바이에른 과학 아카데미에 퇴마치료를 과학적으로 검증하라는 명을 내렸다. 바이에른 과학 아카데미는 학문과 출판에 대한 가톨릭 교회의 간섭을 없애기 위해서 막시밀리언 요제프 3세가 직접 설립한 학술단체였다. 학문적 연구는 반드시 합리적 이성을 통해서만 이루어져야 한다고 믿었던 그는 그야말로 계몽주의 시대의 선제후였다.

"가스너 신부의 치료는 악마나 퇴마에 의한 초자연적인 현상이 아닙니다. 가스너 신부의 퇴마치료는 그저 동물자기^{動物磁氣}라는 생리적 현상에 지나지 않습니다."

비엔나에서 온 개업의사 메스머는 뮌헨의 바이에른 과학 아카데미에서 이렇게 주장했다. 가스너 신부의 퇴마치료에 대한 가톨릭 조사위원회의 검증작업이 이미 한차례 있었던 1775년의 늦가을이었다. 바이에른 과학 아카데미는 퇴마치료에 대한 검증을 위해서 멀리 비엔나에서 '자기요법^{磁氣療法}'을 시행하던 개업의사 프란츠 메스머를 초청했다. 그리고 그의 앞에 난치성 경련 환자를 데려다 놓았다. 앞서 가톨릭 조사위원회가 가스너 신부의 퇴마치료를 검증하기 위해 내세웠던 아나스타샤와 똑같은 증상을 가진 환자였다. 비엔나의 '자기요법' 의사 메스머에게 제시되었던 경련 환자는 다름 아닌 바이에른 과학 아카데미의 비서였다. 바이에른 과학 아카데미의 회원들이 지켜보는 앞에서 메스머는 단지 손짓만 가지고 그녀에게 경련을 불러일으켰다가 사라지게 했다. 모든 치료과정은 가스너의 퇴마치료와 똑같았다. 다만 메스머는 동물자기^{動物磁氣}, 유체이론^{流體理論}, 조화이론^{調和理論} 등 과학적 용어를 동원하여 치료과정을 설명했을 뿐이었다. 덧붙여 메스머는 가스너 신부의 퇴마치료가 그저 미신에 지나지 않는다고 일갈했다.

　　바이에른 과학 아카데미의 비서를 대상으로 이루어진 메스머의 자기요법은 의심할 여지가 없었다. 더구나 치료과정에 대한 메스머의 설명은 당시로서는 논리적이고 과학적이었다. 메스머의 한 마디 한 마디는 선제후에게 그대로 받아들여졌다. 그날 이후 가스너 신부의 퇴마치료는 금지되었다. 퇴마사 가스너 신부는 그렇게 사람들에게 잊혀졌고 사 년 후에 눈을 감았다. 온 유럽에 유명세를 떨치던 가스너 신부의 신비한 퇴마치료를 일순간에 미신행위로 거꾸러뜨린 메스머는 바이에른 과학 아카데미의 회원이 되는 영광을 안고 비엔나로 향했다. 메스머의 동물자기이론이 처음으로 과학계에서 인정받는 순간이었다. 때는 바야흐로 오랫동안 인류를 억눌러왔던 비합리적 구습과 도그마들을 합리적 이성을 통해 깨부수고, 그 자리에 실험에 기초한 과학과 평등에 기초한 행복을 추구하는 이상사회를 건설하자는 계몽주의가 전 유럽에 꽃망울을 터뜨리던 시대였다.

메스머, 파라켈수스를 만나다

"천문학적 지식이 없는 자는
의술에 필요한 지식을 충분히 갖췄다고 할 수 없습니다."
파라켈수스

프란츠 메스머^{Franz Mesmer, 1734~1815}는 비엔나 의대를 졸업한 의사였다. 그는 보덴 호숫가 근처에 자리 잡은 이츠낭이라는 작은 시골마을에서 태어났는데, 아버지 안톤 메스머는 대주교의 산지기였고, 어머니 마리아 우르슐라는 아들이 사제가 되기를 소망하던 평범한 시골아낙이었다. 가난한 집안의 아들 메스머는 수도원의 장학금을 받아 열다섯 살에 바이에른 지방에 있는 딜링엔 예수회 대학에 입학했다. 처음에는 오직 사제가 되는 것이 목표였다. 하지만 딜링엔 예수회 대학에서 메스머의 가슴을 뜨겁게 달군 것은 성경 속의 선지자가 아니라 의사이자 연금술사였던 파라켈수스였다. 파라켈수스를 만나는 순간 사제 지망생 메스머의 인생 방향은 완전히 바뀌었다. 이미 이백 년 전에 파라켈수스가 세상을 떠난 시점이었다.

검은 성모상 수세기에 걸쳐 양초에 그을려 검어지면서 붙은 이름 으로 유명한 베네딕토회 수도원이 위치한 스위스 아인지델른에서 테오프라스투스 봄바스투스 아우레올루스 필리푸스 폰 호엔하임 $^{\text{Theophrastus Bombastus Aureolus}}$ $_{\text{Philippus von Hohenheim, 1493~1541}}$ 이라는 긴 이름을 가진 아이가 태어났다. 테오프라스투스는 훗날 파라켈수스(Paracelsus)라는 이름으로 유명해졌다.

파라켈수스의 고향 아인지델른은 당시 스위스 인문학의 중심지인 바젤과 멀지 않았고, 또한 스위스 종교개혁이 시작된 취리히에서도 아주 가까워서 혁신적인 사상이 한 발 앞서 전파되던 지역이었다. 매해 수천 명의 가톨릭 신자들이 검은 성모상에 참배하기 위해 아인지델른을 찾았다. 소나무 숲 사이로 질 강이 흐르는 순례길에 파라켈수스의 아버지가 운영하는 병원이 있었다. 어린 파라켈수스는 병이 치유되는 기적이 일어나기를 기대하며 성지순례에 나섰던 신자들이 힘든 여행에 오히려 병이 악화되어 아버지의 진료를 받는 장면을 종종 목격했다. 아버지는 왕진 길에도 어린 파라켈수스를 데리고 다녔다. 아버지는 길을 걸으며 알프스의 식물들이 가진 멋진 치료효능에 대해서 가르쳐주었다. 파라켈수스는 어려서부터 아버지의 어깨너머로 실제적인 의술을 익혔다.

파라켈수스가 아홉 살이 되던 해에 가족 모두는 오스트리아 남부의 빌라흐 지역으로 이주했다. 빌라흐는 광산마을이어서 광산 전문학교가 있었다. 파라켈수스는 이 광산 전문학교에서 학업을 시작했다. 청년 파라켈수스는 광산과 제련소에서 실험실 조수로 일하면서 오늘날 화학이나 야금학으로 분류될 만한 연금술을 익혔다. 열여섯 살이 되던 해에 대학공부를 위해서 빌라흐를 떠난 파라켈수스는 3년여간 비엔나 대학을 다녔으며, 이후 긴 여행길에 올라 유럽의 여러 대학에서 공부를 했고 마침내 이탈리아 페라라 대학에 이르렀다. 르네상스 시기의 페라라 대학은 이탈리아에서 가장 좋은 대학들 가운데 하나였으며, 파라켈수스가 입학하기 십 년 전 코페르니쿠스가 법학과 신학 박사를 취득한 곳이기도 했다. 특히 페라라 의과대학은 전통과 경험을 아우르는 학풍으로 유럽 전역에서 그 명성이 드높았다. 1516년 스물셋 파라켈수스는 '두 가지 약의 박사'라는 연구로 이탈리아 페라라 대학에서 학위를 받고 의사가 되었다. 박사학위를 받았을 때 당시 인문학자들의 유행에 따라서 파라켈수스라는 라틴어 이름을 지었다. 여기에는 로마의 위대한 의학자 켈수스^{Celsus}를 능가하겠다는 의지가 담겨 있었다.

파라켈수스가 의학자가 되었을 때 의학계에는 4체액설이 지배했다. 히포크라테스^{Hippocrates, 기원전 460~377}의 저작물 중 하나인 4체액 학설은 위대한 의학자로 추앙받는 갈레노스^{Galen, 129~199}에 의해서 체계화된 이후 수세기에 걸쳐서 유럽 의학을 지배해왔다. 4체액설이란 네 가지 기본적인 체액, 즉 혈액, 점액, 황담즙, 흑담즙이 인체에 존재한다는 학설이었다. 그리고 이런 네 가지 체액이 몸에서 적당히 균형 상태를 유지해야 건강할 수 있다는 가설이었다. 따라서 어느 한 체액이 우세해져서 균형이 깨지면 질병이 발생하며, 체액의 불균형 탓에 초래된 질병을 치료하기 위해서는 사혈 치료를 위해 환자의 몸에서 피를 뽑아내는 행위 이나 흡각 염증이나 고름을 빨아내는 행위 을 통해서 과도한 체액을 뽑아내거나 우세한 체액에 반대되는 성질을 가진 약재를 처방해야 한다고 가르쳤다. 예를 들면, '열기'를 가진 병에는 '한기'를 돋우는 약재를 사용하는 방식이었다. 이런 4체액설은 확실한 근거 없이도 위대한 권위자의 매력에 의해서 탄탄하게 유지되고 있었으며, 현실적인 경험과 모순되는 점에 대해서는 대부분 침묵으로 일관했다. 하지만 아버지의 어깨

너머로 실제적인 의술을 먼저 접했던 파라켈수스는 달랐다. 대학에서 의학 공부를 하는 동안에 파라켈수스는 실용적 의술은 무시한 채 중세 권위자들의 라틴어 교과서나 앵무새처럼 외우도록 강요하는 탁상공론식 교육에 반감을 품었다. 그는 라틴어로 된 어려운 질병 이름들을 누구나 알 수 있는 실용적인 언어로 바꿔야 한다고 생각했다. 그는 또한 의학이란 경험적이고 실용적인 학문이어야만 한다고 믿었다. 그래서 그는 평생 유럽 곳곳을 띠돌며 의학박사들뿐만 아니라 오늘날의 외과의사라고 할 수 있는 이발사, 공중목욕탕에서 사혈이나 흡각을 하던 욕탕사, 산파나 주술사, 연금술사와 수도사 등 용한 의술을 가졌다고 알려진 치료자라면 신분을 가리지 않고 찾아다녔다. 이런 경험을 바탕으로 파라켈수스는 1536년에 자신의 대표적인 저서 『대외과학』을 독일어로 출판했다. 이 책에서 그는 "나는 언제 어디에서나 확실하고 믿을 만한 의술을 찾으려고 열심히 질문했고, 연구했습니다."라고 밝혔다.

"자석이 지닌 인력은 흔한 현상인데도 자석이 철을 끌어당기는 현상이 의료에 어떤 도움을 줄 수 있는지를 연구하는 의료인이 채 열 명도 되지 않는 현실은 통탄할 일입니다."

경험적이고 실용적인 의학을 추구했던 파라켈수스가 관심을 가졌던 치료법 가운데 하나가 자석치료였다. 그는 1525년 저술한 『본초학』에서 자석치료에 대한 의사들의 무관심에 대해서 이렇게 질타했다. 그리고 스스로 자석에 의해서 끌어당겨지는 모든 병을 화성병 여기서 화성은 행성 이름이기도 하지만 철을 의미하기도 한다. 이라고 정의하면서, 자석치료의 효과를 다음과 같이 소개했다.

"경험에 따르면 자석은 화성병을 끌어당겨 한 부위에서 다른 부위로 이동시킬 뿐만 아니라, 거기서 스며나온 분비물을 모두 끌어모아 적절한 신체 부위에 집중시키기도 합니다."

아울러 그는 자석을 이용해서 경련을 치료할 수 있으며, 임신부가 경련을 일으킬 때도 자석치료가 가장 효과적이라고 밝혔다. 같은 해 초여름 파라켈수스는 잘츠부르크에서 농민전쟁에 관여했다가 시 당국의 감시를 피해 다니는 처지가 되는데, 이때 당국에 압수된 그의 소지품 가운데 자석이 있었을 정도로 자석치료에 심취했었다.

개혁적 사상을 가지고 경험적이면서 실용적인 의학을 추구했던 파라켈수스였지만, 치료과정에 작용하는 의학의 원리를 추론하는 데 있어서는 당시에 널리 퍼져 있던 신비주의적 세계관을 넘어서지 못했다. 그는 1530년에 완성한 자신의 책 『파라그라눔』에서 의학의 원리를 다음과 같이 소개했다.

"인간은 땅과 하늘로부터 생기기 때문에 땅과 하늘이 겪는 것을 함께 겪을 수밖에 없으며, 땅과 하늘에 있는 것을 자신에게 끌어와야만 합니다. 인간은 하늘과 땅과 같은 것을 가지고 있기 때문에 하늘과 땅에 지배됩니다. 인간은 왜 먹기를 원할까요? 흙으로 만들어졌기 때문입니다. 왜 마시기를 원할까요? 물로 만들어졌기 때문입니다. 왜 숨쉬기를 원할까요? 공기로 만들어졌기 때문입니다. 왜 따뜻함을 원할까요? 불로 만들어졌기 때문입니다."

즉, 파라켈수스는 인간이란 우주 전체와 그것을 구성하는 원소들로 이루어진 소우주라고 여겼다. 아울러 우주는 소우주인 인간의 몸을 구성하며 또한 몸에 영향을 미친다고 믿었다. 이런 믿음을 가지고 그는 자신의 또 다른 저서 『사람으로부터 이성을 빼앗는 병』에서 달이나 별이 질병을 일으킨다고 주장했다.

"별은 우리의 몸에 상처를 내거나 허약하게 해서 건강과 질병에 영향을 미치는 힘이 있습니다. 그런 힘은 물질적인 형태로 우리에게 도달되는 것은 아닙니다. 자석이 철을 끌어당기는 것처럼, 보이지 않고 느낄 수 없는 형태로 이성에 영향을 미치는 것입니다."

그의 신념에 따르자면 인간의 모든 질병은 우주에서 기원하는 것이었다. 그리고 그는 이와 같은 천문학과 의학 사이의 영향력을 밝혀줄 수 있는 열쇠가 마법이라고 생각했다.

"약초, 나무, 뿌리, 그리고 돌들에 숨겨진 요소를 찾아내려면 반드시 마법에 기초해서 사연을 탐구해야 합니다. 오직 마법만이 신비에 접근할 수 있게 해줍니다."

파라켈수스는 우주와 자력, 허브와 광천수 등 모든 자연의 효력을 알고 있는 마법사라야 의사를 할 수 있다고 생각했다. 그가 1537년 완성했던 『대천문학』에서 "하늘의 힘을 매개체로 끌어들여 그 매개체 속에서 하늘이 움직이도록 하는 기술이 마법입니다. 여기서 매개체라는 것은 인간을 가리킵니다. 마법사는 별의 힘을 자신이 지시하는 물체로 옮기는 것이 가능합니다."라고 주장했다.

한편 파라켈수스는 전통 의학계뿐만 아니라 전통 가톨릭에 대해서도 강력한 비판의식을 가졌다. 그는 1529년부터 1535년 사이에 자신의 종교적 사상을 담은 40권이 넘는 저서들을 발간했고, 유럽 여러 지역을 방랑하면서 성서에 대해서 설교했다. 가톨릭에 대한 '7가지 반박문'이라는 파라켈수스의 유명한 주장을 살펴보면 그의 종교적 사상을 엿볼 수 있다.

첫째, 기존 교회의 무의미한 미사나 의식은 시간 낭비일 뿐이다.
둘째, 교회의 기념물들을 위해 기도하는 사람들은 경멸을 당해야 한다.
셋째, 사치스럽고 형식적인 종교 축제일들은 천국으로 가는 길을 왜곡시킨다.

넷째, 우상숭배와 가톨릭에서 행하는 금식은 악마를 위한 것이다.

다섯째, 빈곤한 자들에게 사랑 없이 자선을 베푸는 행위는 잔인한 행동이다.

여섯째, 아인지델른과 같은 성지를 순례하는 행위는 쓸데없는 시간낭비이다.

일곱째, 교회나 수도원의 내부와 외관에 진열된 성상들은 경멸을 받아야 한다.

파라켈수스의 이런 종교적 사상은 동시대에 가톨릭을 비판했던 루터^{Martin Luther, 1483~1546}의 사상과 매우 비슷했다. 실제로 가톨릭 교회는 파라켈수스를 위협적인 신교도로 의심하기도 했다. 르네상스기 개혁가였던 파라켈수스가 남긴 저작들은 그의 사후 백 년 이상 뜨거운 논쟁을 일으켰고 의학계에 커다란 영향을 미쳤다. 훗날 괴테는 그를 모델로 삼아 『파우스트』를 썼고, 뒤를 이어 나치는 독일 민족주의를 선전하기 위해 파라켈수스에 관한 시와 소설, 오페라와 연구 논문을 쏟아내며 우상화 작업을 하기도 했다. 파라켈수스는 그렇게 신화가 되었다. 열다섯 메스머는 신화적 인물 파라켈수스의 책을 딜링엔 예수회 대학에서 만났다.

열여덟 청년이 된 메스머는 딜링엔 예수회 대학을 떠나 뮌헨 북쪽에 위치한 가톨릭 대학인 잉골슈타트 대학으로 학교를 옮겼다. 그는 잉골슈타트 대학에서 6년을 더 신학 공부에 매진했지만 결국 사제의 길을 포기했다. 파라켈수스가 남긴 엄청난 영향에 덧붙여 신학적 교리도 과학적 검증을 해야 한다는 기독교 철학자 크리스찬 볼프^{Christian Wolff, 1679~1754}의 사상까지 만났던 메스머는 사제로 살아갈 종교적 믿음을 지킬 수 없었다. 사제가 되기를 포기한 메스머는 더 이상 수도원의 장학금을 받을 수 없었다. 메스머는 가정교사로 생계를 해결하면서 비엔나 의대에 입학했다. 그의 나이 스물다섯이었다. 비엔나 대학은 루돌프 4세가 1365년에 설립한 유럽의 명문 대학이었다. 특히, 메스머가 입학할 즈음에는 마리아 테레지아 여황제가 의학부를 매우 중시하면서 비엔나 의대는 유럽에서 가장 앞서나가는 의대로 자리매김하고 있었다.

「행성의 영향에 대하여」

메스머가 비엔나 의대에 제출했던 논문 제목이었다. 이 논문이 통과되어 메스머는 서른한 살에 의사가 되었다. 언뜻 천문학 논문을 연상시키지만, 실은 행성의 영향 때문에 질병이 생긴다는 파라켈수스의 주장을 발전시킨 의학 논문이었다. 이 논문에서 메스머는 자기磁氣 혹은 전기電氣처럼 눈에 보이지 않지만 우주에 퍼져 있는 어떤 유동물질을 통해서 우리 몸이 행성의 영향을 받는다고 주장했다. 눈으로 볼 수 없고 만질 수도 없는 힘들을 과학적으로 입증하는 뉴턴의 만유인력이나 쿨롱의 전자기 법칙이 발표되던 당대에 메스머의 주장은 그럴듯한 논리였다. 이런 범우주적 스케일의 졸업논문에도 불구하고 막상 비엔나에 개업한 메스머의 진료는 여느 의사와 다를 바가 없었다. 「행성의 영향에 대하여」라는 거창한 제목의 논문이 훗날 '자기요법磁氣療法'이라는 새로운 치료법의 단초가 되리라는 것을 그때는 아무도 상상하지 못했다. 메스머 자신조차 말이다.

비엔나 대학은 1365년에 합스부르크 왕가의 루돌프 4세가 설립한 유럽의 명문 대학이다. 법학, 의학, 문학, 신학부를 갖추고 있었고, 특히 메스머가 입학했을 즈음에는 마리아 테레지아 여황제가 의학부를 중시하면서 비엔나 의대는 유럽에서 가장 앞서나가는 의대였다. 변변치 않았던 비엔나 의학부를 유럽 최고 수준의 임상 교육 대학으로 탈바꿈시켰던 인물은 제라르 판 스비에텐이었다. 그는 네덜란드의 대학도시 라이덴 출신의 의사로 마리아 테레지아 여황제의 여동생을 치료하면서 여황제의 신임을 얻었다. 여황제의 주치의로 비엔나에 온 네덜란드 의사 스비에텐은 비엔나 대학 의학부의 지도자 및 총재에 임명되었다. 스비에텐은 고향 라이덴 병원을 모델로 삼아서 비엔나 의대의 낡은 해부학 교실을 보수했고, 식물원과 화학실험실을 새로 만들어 유능한 해부학자와 식물학자를 불러들였다. 이렇게 해부학과 병리학을 근간으로 의학 교육을 개혁해서 완전히 새로운 의학부를 탄생시켰다. 또한 이전까지 예수회 수도사들이 독점했던 궁정 도서관장을 맡아서 논문 간행에 대한 예수회의 권력을 상당 부분 제한시키면서 철저하게 과학적인 검열관 역할을 수행했다. 이후 스비에텐은 「귀신의 존재에 대한 담론」이라는 논문을 통해서 과학으로부터 미신적인 측면을 타파해야 한다고 주장했다. 그의 계몽주의적 사상은 비엔나 의학계에 속속들이 스며들어 이후 비엔나 의학계에서 메스머의 자기요법이나 프로이트의 정신분석에 대해 거부감을 일으키는 단초가 되었다. 링스트라세에 자리잡은 현재의 본관 건물은 프로이트가 의대를 다니던 시절인 1877년부터 착공하여 1884년에 완공되었으며, 역시 비엔나 의대 출신이었던 하인즈 코헛이 이곳에서 공부했다.

비엔나 대학의 본관 회랑에 놓인 프로이트의 흉상이다.
지그문트 프로이트의 이름과 함께 비엔나 대학에서 의대 강사 자격을 얻었던
1885년부터 비엔나 의대 교수로 있었던 1934년까지 기간이 새겨져 있다.

메스머, 아마데우스 모차르트를 만나다

(라이벌 음악가 살리에리가 자신을 독살하고 있다고 의심하면서)
"나는 얼마 살지 못할 것 같아요. 누군가 내게 독을 먹이는
것이 분명해요. 이런 생각을 도저히 지울 수가 없어요."
볼프강 아마데우스 모차르트

"너무 늦었네. 그녀에겐 이미 다른 남자가 생겼어!"

마법사 코라스가 바람둥이 바스티앙에게 말했다. 순간 바스티앙
의 얼굴이 일그러졌다. 종종 다른 여자들에게 한눈을 팔면서도 언제나
의기양양했던 그였다.

"바스티엔이 그럴 리가 없어요. 거짓말이죠?"

바스티앙은 마법사 코라스의 이야기를 그저 농담처럼 받아넘겼
다. 하지만 마법사 코라스의 표정은 사뭇 진지했다. 마치 말벌에 쏘인
살갗처럼 시간이 흐를수록 바스티앙의 마음에서 질투심이 시뻘겋게 부
풀어 올랐다.

"제겐 오직 바스티엔밖에 없다는 것을 이제야 깨달았어요!"

언제나 자기 곁에 있을 줄만 알았던 바스티엔에게 다른 남자가 생겼다는 말에 바스티앙은 잔뜩 초조해졌다. 바스티앙은 잠시도 가만히 있지 못하고 방안을 서성거렸다. 새삼스레 바스티엔이 없이는 한 순간도 살 수 없을 것 같았다.

"제발 그녀의 마음이 돌아오도록 도와주세요!"

바스티앙은 마법사 코라스의 옷깃을 잡으며 매달렸다. 마법사 코라스는 짐짓 못이기는 체 두꺼운 마법책을 뒤적이면서 말했다.

"가만 있자, 사랑을 회복시키는 주문을 어디선가 본 것 같은데…."

엄지와 검지에 침을 발라가며 마법책을 뒤적이던 코라스가 "옳지 여기 있군!" 하고 말했다. 그리고는 주문을 읽었다.

"디기, 대기, 슈리, 머리, 호룸, 하룸, 리룸, 라룸!"

마법사 코라스가 주문을 읽자 바스티앙과 바스티엔의 사랑은 회복되었다.

"사내의 바람기를 잠재우는 최고의 방법은 질투심을 유발시키는 거라네!"

알고 보면 모든 것은 마법사 코라스의 꾀였다. 바스티앙의 바람기 때문에 고민하던 바스티엔이 마법사 코라스를 찾아 도움을 청하면서 모든 일이 시작되었다. 마법사 코라스는 바스티엔에게 다른 남자가 생긴 것처럼 쌀쌀맞게 바스티앙을 대하라고 충고했다. 그리고 바스티앙이 질투심에 한껏 몸이 달았을 때, 사랑을 회복시키는 주문을 읽어주었다. 주문처럼 바스티앙과 바스티엔의 사랑은 원래 상태로 돌아왔다.

모차르트(『바스티앙과 바스티엔』, 1768)

1768년 9월 비엔나 란트스트라세에 있는 한 저택에서 박수소리가 울려 퍼졌다. 가을바람에 살랑살랑 흔들리던 정원수 이파리들을 부르르 떨게 만들 정도로 요란한 박수소리였다. 오페라 '바스티앙과 바스티엔'이 막 공연을 마쳤다. 오페라 공연이 성공적으로 끝나자 자그마한 남자아이가 해맑은 표정을 지으며 허리 굽혀 청중에게 인사했다. 붉은 벨벳 수트를 입고 하얀 가발을 쓴 남자아이는 볼프강 아마데우스 모차르트^{Wolfgang Amadeus Mozart, 1756~1791}였다. 그때 모차르트의 나이 열두 살이었다.

'징슈필'이라 부르는 독일어 오페라 '바스티앙과 바스티엔'의 원작은 프랑스 오페라 '마을의 점쟁이'였다. 원작 오페라 '마을의 점쟁이'는 1752년 프랑스 국왕 루이 15세 앞에서 공연될 정도로 큰 인기를 모았던 장 자크 루소^{Jean Jacques Rousseau, 1712~1778}의 작품이었다. 오페라야말로 순수예술의 가장 고양된 형식이라고 말했던 루소의 오페라 작품 '마을의 점쟁이'를 토대로 개작된 대본 '바스티앙과 바스티엔의 사랑'을 줄거리 삼아 열두 살 모차르트는 첫 번째 독일어 오페라 '바스티앙과 바스티엔'을 작곡했다.

징슈필 '바스티앙과 바스티엔'의 주제는 '질투'였다. 삼각관계 속에서 내가 갈망했던 사랑을 경쟁자에게 빼앗겼다고 느꼈을 때 솟구치는 감정이 질투이다. 질투라는 감정은 사랑하는 이가 경쟁자를 더 좋아할 것이라는 막연한 의심을 불러일으킨다. 이런 뜬금없는 의심은 들불처럼 독점욕에 불을 댕기고, 마침내 경쟁자를 제거하려는 사악한 욕구를 활활 타오르게 만든다. 바람둥이 바스티앙과 순정녀 바스티엔, 그리고 마법사 코라스. 이렇데 달랑 세 명의 등장인물이 질투를 일으키고 해소하는 사십여 분 남짓의 오페라 '바스티앙과 바스티엔'은 개업의사 메스머의 특별한 요청으로 작곡되었다. 메스머는 상

처 입은 천재 모차르트의 마음을 달래주고자 일부러 오페라 작곡을
의뢰했다.

'신을 닮은 천재' 모차르트의 마음에 상처를 준 이들은 바로 비
엔나의 음악인들이었다. 매서운 칼바람이 비엔나에 몰아치던 1768년
초였다. 모차르트는 마리아 테레지아 여황제의 아들 요제프 2세Joseph II,
1741~1790로부터 '오페라 부파'라고 부르는 이탈리아 오페라를 작곡해달
라는 의뢰를 받았다. 오페라 극장에서 악기 조율하는 소리만 들어도
미쳐버릴 것만 같다고 말했을 정도로 오페라를 좋아했던 모차르트는
장장 6개월에 걸쳐서 이탈리아어 오페라 '라 핀타 셈플리체 보아라. 바
보 아가씨'를 작곡했다. 모차르트의 오페라 작품을 받아든 요제프 2세는
당장 비엔나 오페라 극장에서 공연을 올리라고 명령했다. 그렇게 모
차르트의 첫 오페라 '라 핀타 셈플리체'를 공연하기 위한 준비 작업이
시작되었다.

"맙소사! 열두 살짜리가 작곡한 오페라라니!"

한껏 부풀었던 모차르트의 기대와 달리 공연 연습은 조금도 진
행되지 못했다. 유럽 전역에 명성이 자자했던 비엔나 오페라 극장에
서 고작 열두 살 꼬마의 오페라가 공연되는 것을 비엔나 궁정음악가
들은 도저히 용납할 수 없었다. 그들은 가수와 연주자들을 뒤에서 사
주하여 사사건건 트집을 잡으며 연습을 지연시켰다. 결국 모차르트의
첫 번째 오페라 공연은 취소되고 말았다.

장장 550쪽에 달하는 악보를 작곡했던 어린 모차르트는 '라 핀
타 셈플리체'의 비엔나 오페라 극장 공연이 취소되면서 마음에 커다
란 상처를 입었다. 이때였다. 상처 입은 어린 천재의 마음을 달래주
기 위해 메스머는 자신의 저택에서 공연할 수 있도록 작은 독일어 오
페라를 작곡해달라고 부탁했다. 그리고 1768년 9월에 드디어 메스머

의 란트스트라세 저택에서 박수소리가 울려 퍼졌다. 모차르트의 첫 번째 오페라 공연은 그렇게 메스머의 저택에서 이루어졌다.

어린 모차르트가 천재적인 오페라 작곡 능력을 선보였던 바로 그 날 많은 비엔나의 궁정음악가들은 시기심에 휩싸였다. 자신이 오매불 망 갖고 싶었던 것을 다른 이가 갖고 있는 현실. 그런 현실을 마주하기 가 불편하고, 억울하고, 수치스러워 못 견디겠다는 감정. 그런 감정을 '시기심'이라고 부른다. 시기심은 마음속에 수 없는 갈망과 억누르기 힘 든 분노를 몰고 온다. 모차르트의 천재적 재능을 시기했던 궁정음악가 들 가운데 살리에리가 있었다. 그래서 시기심에서 비롯된 열패감에 시 달리는 현상을 '살리에리 증후군'이라고 부른다.

"그것은 마땅히 내가! 내 것이었어야만 해! 나는 그것이 없으면 견딜 수 없어! 만일 내가 가질 수 없다면 그것을 가진 너라도 망가뜨 리겠어!"

질투와 시기는 모두 치명적인 독을 품은 감정이다. 특히, 자존감 이 낮아서 허세를 일삼던 이들에게는 사소한 질투와 시기도 파괴적인 결과를 가져온다. 천재 작곡가 모차르트에 대한 비엔나 궁정음악가들 의 '살리에리 증후군'처럼 '자기요법磁氣療法'으로 승승장구하는 메스머 에 대한 비엔나 동료의사들의 시기심은 심리학의 역사를 바꿔놓았다.

비엔나 의대를 졸업한 메스머는 경제적으로 넉넉하지 못했다. 그저 그런 개업의사로 지내던 메스머가 당대의 아이돌 음악가 모차 르트의 오페라를 집안에서 공연할 수 있을 만큼 부유하게 살게 된 계 기는 마리 안나 폰 보쉬와의 만남이었다. 그녀는 왕실의 고위관리였 던 폰 보쉬의 미망인으로 3만 굴덴이 넘는 재산을 가진 비엔나의 명 사였다. 비늘구름이 낮게 깔린 1768년 1월 10일이었다. 176센티미터 의 키에 갈색 머리와 갈색 눈동자를 가진 매혹적인 서른세 살의 청년

의사 메스머는 자신보다 열 살 연상이었던 마리 안나 폰 보쉬와 비엔나 시내의 성 슈테판 대성당에서 성대하게 결혼식을 올렸다. 결혼 이후 메스머는 란트스트라세에 위치한 아름다운 저택에 모차르트나 하이든과 같은 당대 최고의 음악가들을 초청하여 음악회를 열면서 지냈다. 그렇게 메스머의 사교계 생활은 시작되었다.

메스머는 원래 어려서부터 음악적 재능이 뛰어났다. 수도원의 장학금을 받아 대학에 진학할 수 있었던 것도 알고 보면 그의 음악적 재능이 수도사들의 눈에 들었기 때문이었다. 메스머는 첼로와 피아노 연주에 능했고, 특히 '아르모니카'라고도 불리는 유리 하모니카 연주를 즐겼다. 유리 하모니카는 피뢰침의 발명자로 유명한 벤자민 프랭클린의 또 다른 발명품이었다. 유리접시의 사이즈와 공명의 관계를 수학적으로 계산하여 만들어낸 유리 하모니카는 신비한 음색을 통하여 환상의 세계로 이끌어서 '천상의 소리'라고 불렸다. 하지만 다른 한편으로는 유리 하모니카 연주를 듣던 여성들이 종종 히스테리 발작을 일으켜서 '악마의 악기'라고 불리기도 했다. 메스머는 어린 음악천재 모차르트에게 직접 유리 하모니카 연주를 가르쳤다. 메스머에게 유리 하모니카를 배웠던 제자 모차르트는 나중에 유리 하모니카를 위한 두 곡의 작품을 작곡하기도 했다.

메스머처럼 유리 하모니카를 좋아했던 마리아 테레지아 여황제의 막내딸 마리 앙투아네트가 프랑스 왕비에 올랐던 1774년이었다. 부유한 개업의사로 지내던 메스머는 자석을 통해서 병을 치료한다는 막시밀리안 핼Maximilian Hell, 1720~1792 신부의 소문을 들었다. 핼 신부는 예수회 신부이자 비엔나 대학의 천문학 교수였지만 의학에는 문외한이었다. 당시 비엔나 의학계의 강력한 권력자 제라르 판 스비에텐Gerhard van Swieten, 1700~1772이 의사가 아닌 핼 신부의 치료행위에 반감을 가지고 있었기 때문에 다른 의사들은 헬 신부의 자석치료에 관심을 가질 수 없었다. 스비에텐은 메스머의 박사학위증에 서명을 했던 당시 비엔나에서 막강한 영향력을 가진 의학자였으며 마리아 테레지아 여황제의 절대적인 신임을 받는 궁정주치의였다. 비엔나 대학의 지도자이자 총재였던 스비에텐은 의사 시험, 학위수여, 개업허가에 대한 최종 결정권을 갖고 있었다. 하지만 「행성의 영향에 대하여」라는 제목의 졸업논문을 쓰던 시절부터 자기磁氣에 대해 관심이 많았던 메스머는 잠시의 망설임도 없이 헬 신부에게 연락을 취했다.

자석을 통한 메스머의 첫 번째 성공적 치유 사례는 아내의 절친한 친구였던 '오스터린'이었다. 그녀는 스물여덟 살의 히스테리 환자였다. 오스터린은 종종 경련을 일으켰다. 거의 매일을 구토와 장염에 시달렸고, 치통을 달고 살았다. 어떤 날은 눈이 안보이기도 했으며, 조그마한 일에도 숨이 막혀서 가슴이 답답해졌다. 통증, 무감각, 마비, 경련 등 다양한 신체 증상이 계속 반복되면서 고통스러운 나날을 보내고 있었다.

메스머는 통상적인 치료법으로 수년간 그녀를 치료했지만 증상은 도통 낫지 않았다. 마침 헬 신부의 소문을 들은 메스머는 그녀에게 자석치료磁石治療를 시도해야겠다고 결심했다. 그는 자석치료를 위해서 헬 신부에게 치료용 자석을 빌려왔다. 빌려온 자석은 모두 세 개였는데, 두 개는 막대기 모양이었고, 다른 하나는 하트 모양이었다. 메스머는 먼저 두 개의 막대기 모양 자석을 오스터린의 발에 연결했다. 그리고 남은 하나의 하트 모양 자석을 오스터린의 목에 걸었을 때였다.

"아얏! 너무 아파요!"

오스터린은 갑자기 발에서 살을 도려내는 듯한 통증을 호소했다.

곧바로 한쪽 팔에 강력한 마비가 생겼다. 잠시 후 통증이 가라앉았지만 이번에는 전신의 모든 관절에 불타는 석탄을 집어넣은 듯한 열감이 뻗쳐올랐다. 이런 고통이 한차례 휩쓸고 지나가자 마치 폭풍 뒤의 고요처럼 편안함이 찾아왔다. 그날 이후 그녀에게 통증이나 경련 증상이 나타날 때마다 메스머는 자석치료를 반복했다. 그리고 마침내 오스터린은 모든 증상에서 벗어났다.

"란트스트라세에 있는 메스머 씨 댁에 갔습니다. 메스머 부인은 댁에 계시지 않더군요. 그런데 우연히 오스터린 양을 만났습니다. 처음엔 알아보지 못했습니다. 그녀는 풍만하고 건강한 모습이었고, 아이도 셋이나 두었더군요."

메스머가 오스터린에게 자석치료를 시행한 지 이미 5년이 지난 어느 날이었다. 메스머의 집에 들렀던 아마데우스 모차르트는 우연히 오스터린을 만났던 일을 아버지에게 보내는 편지에 이렇게 적었다. 메스머의 첫 자석치료 환자는 이처럼 임상적으로 완치되었던 셈이다.

헬 신부는 의학에 대한 지식은 없었지만, 자석치료의 효과를 퇴마와 관련시켜 생각하지는 않았다. 이미 이백 년 전에 파라켈수스가 자석치료를 시행했다는 사실을 알고 있었기 때문이었다. 헬 신부는 철을 끌어당기는 자석의 힘이 질병을 치유한다는 파라켈수스의 광물자기설鑛物磁氣說을 신봉했다. 이미 비엔나 의대를 졸업할 때 행성의 영향 탓에 질병이 생긴다는 파라켈수스의 주장을 발전시킨 『행성의 영향에 대하여』라는 논문을 썼던 메스머였다. 그는 자기磁氣 혹은 전기電氣의 흐름처럼 눈에 보이지 않지만 우주에 퍼져 있는 어떤 유동물질의 흐름이 질병을 일으키고 질병을 치유한다는 믿음을 가지고 환자들에게 자석치료를 시술했다.

"어디가 아프세요?"

메스머가 자석치료에 집중하던 어느 날이었다. 통증을 호소하는 여성 환자를 마주하고 앉았는데 치료실에 자석이 보이지 않았다. 그래서 우선 통증 부위를 살펴보려 메스머가 환자에게 손을 댔다. 그때였다. 갑자기 환자가 경련을 일으키며 쓰러졌다. 자석치료를 할 때 자석을 환자의 몸에 대었을 때 보였던 전형적인 경련 반응이었다. 경련이 지나간 후 환자는 자석치료를 했을 때와 동일한 치유효과를 보였다. 즉, 메스머의 맨손을 환자에게 접촉했을 때에도 자석과 똑같은 치료효과가 나타났다. 그래서 메스머는 자기요법의 치료효과가 자석에서 발산되는 '광물성' 자력 때문이 아니라 마치 눈에 보이지 않는 전기의 흐름처럼 자신의 몸에서 건강을 주는 어떤 물질, 즉 '동물성' 자기磁氣 유동물질이 흘러나오기 때문이라는 결론에 도달했다. 이런 까닭에서 메스머는 처음에 자석과 자신의 손을 번갈아 가며 환자를 치료하다가 1775년 후반부터 더 이상 자석을 사용하지 않았다. 대신에 그는 자신의 손바닥을 환자에게 접촉시켜서 동물성 자기磁氣 유동물질을 직접 불어넣었다.

치료경험이 쌓이면서 굳이 메스머 자신이 환자에게 직접 손을 접촉시키지 않아도 동물성 자기磁氣 유동물질을 전달할 수 있다는 것을 알게 되었다. 그래서 메스머는 자신이 미리 동물성 자기磁氣 유동물질을 불어넣어 자기화시킨 물을 환자에게 마시게 하거나, 자기화시킨 책을 읽게 하거나 혹은 자기화시킨 침대에서 잠을 자도록 처방했다. 그런 실제적 경험들이 쌓이면서 메스머는 한발짝 한발짝 비엔나의 '자기요법磁氣療法' 의사로 탈바꿈했다.

'아름다운 샘'이라는 뜻의 쇤부른 궁전은 프랑스의 베르사유 궁전을 본떠 만들기 시작했으며, 정면 입구 왼쪽에는 마리아 테레지아 여황제가 세운 합스부르크가 전용 궁전 극장이 있어서 지금도 이곳에서 음악회가 개최되고 있다.

"감사합니다. 오늘 이 은혜에 대한 보답으로 제가 나중에 어른이 되면 당신과 결혼하겠어요."
여섯 살 모차르트는 넘어진 자신을 안아 일으켜준 여인에게 이렇게 대답했다.
모차르트를 안아서 일으켜준 여인은 마리 앙투아네트 공주였다. 1762년 여섯 살 모차르트는 처음으로 비엔나 궁정에서 연주회를 열었다. 이어서 모차르트가 황제의 여름 별장인 쇤부른 궁에 초대되어 마리아 테레지아 여황제 앞에서 연주했을 때였다. 어린 모차르트는 다짜고짜 여황제의 무릎에 안기려 달려가다가 그만 넘어졌다. 이때 마리 앙투아네트 공주는 어린 모차르트를 살포시 안아 일으켜 주었다. 모두에게 사랑 받기를 바랐던 모차르트는 만나는 사람마다 이렇게 묻곤 했다.
"나를 좋아하세요?" 이때 "그럼, 좋아하지."라는 대답을 들으면 행복한 표정을 지었지만, 싫다고 하면 금방 눈물을 글썽였다.

열두 살 모차르트의 오페라 '바스티앙과 바스티엔'이 초연되었던 메스머의 란트스르라세 집
터에 지금은 밋밋한 콘크리트 건물이 서 있다. 기록에 의하면 메스머의 저택은 1920년에
철거되었다. 모차르트 생애의 첫 번째 오페라 공연은 도나우 강이 멀지 않은 이 집터에서
1768년 9월에 열렸다.

비엔나 시내 중심부에 위치한 호프부르크 왕궁 뒤편에 있는 왕궁정원을 걷다 보면 대리석으로 세워진 모차르트 동상을 만나게 된다.
보면대에 손을 얹은 모차르트는 붉은 꽃으로 장식된 커다란 높은음자리표 화단을 마주하고 서 있다. 어느 날 모차르트의 연주를 감상하던 다른 음악가가 감탄하며 말했다.

"오 하느님! 난 연주를 위해서 얼마나 땀 흘리며 고생하는지 모르는데 이 친구에게 연주는 그저 놀이로군요."

모차르트는 이렇게 대답했다.

"맞아요, 하지만 놀이처럼 보이기 위해서 미리미리 힘겨운 연습을 해야만 했죠."

하인즈 코헛은 마지막 저서 『분석은 어떻게 치유하는가?』에서 모차르트의 이 삽화를 사례로 들어서 분석가가 어떻게 정신분석 작업을 진행해야 하는가를 다음과 같이 설명했다.

"천재 모차르트도 세부사항을 신경 쓰지 않고 연주하려면 힘겨운 연습이 꼭 필요했다는 사실을 되새길 필요가 있습니다. 거장 피아니스트는 일단 레퍼토리에 숙달되면 적어도 의식적으로는 세부사항에는 일차적 관심을 두지 않고, 연주하는 곡의 전체적인 분위기에 자신을 몰입시킵니다. 그렇게 작곡가의 예술적 메시지와 소통하면서 작곡가의 의도에 자신을 동일시시키는 것입니다. 정신분석 과정에서도 세부적인 심리적 기제에 초점을 맞추면서 전체적인 윤곽을 파악하는 작업을 동시에 진행해야 합니다. 이런 식의 정신분석을 진행하기 위해서는 두말할 나위 없이 경험이 중요합니다."

평생을 분석가로 살았던 코헛이 후학에게 남겼던 마지막 충고는 경험(연습)의 중요성이었다.

비엔나 시내의 중심부에는 슈테판 대성당이 우뚝 서있다.

바로 이 성당에서 가난한 청년의사 메스머와 부유한 미망인 안나 마리 폰 보쉬가 1768년 1월 10일 성대한 결혼식을 올렸다. 아름다운 모자이크 지붕을 얹은 슈테판 대성당을 향해 훗날 프로이트는 '저 혐오스러운 첨탑'이라고 표현했다. 어머니와 유모로부터 모든 관심을 받았던 어린 시절의 프라이베르크와 달리 청년 프로이트에게 비엔나는 견디기 힘든 기억투성이였기 때문이다. 사춘기 시절 프로이트는 심지어 비엔나를 '역겨운 곳'이라고까지 말했다. 유태인에 대한 오스트리아인의 노골적인 혐오 속에서 가난과 좌절을 견뎌야 했던 프로이트에게는 비엔나의 아름다운 성당조차 살풍경했을 뿐이다. 그래서 프로이트는 시간이 날 때마다 비엔나 시내를 떠나 외곽의 빈 숲에 위치한 그린칭이나 칼렌베르크를 찾아 산책을 즐겼다. 프로이트의 말을 빌리자면 빈 숲에서 산책은 고향 프라이베르크로 돌아가는 일시적 퇴행이었다.

메스머, 마리아 테레지아 폰 파라디스를 만나다

"저는 가슴으로 음악을 익혔습니다."
마리아 테레지아 폰 파라디스

메스머의 자기요법에 대한 소문은 금세 오스트리아와 독일 전역으로 퍼져나갔다. 여기저기서 자기요법에 대해 알려달라는 요청이 쏟아졌다. 쇄도하는 질문에 답하기 위해 메스머는 1775년에 『외국의 의사들에게 보내는 편지』라는 제목의 소책자를 발간했다. 이 소책자는 다음과 같은 구절로 시작했다.

"우주에 퍼져 있는 자기磁氣 유동물질은 우리 몸 구석구석에 스며들기 마련입니다. 그런 자기磁氣 유동물질은 우리 신경에 직접적으로 영향을 미칩니다. 즉, 우리 몸에는 활동적인 자기력이 있습니다."

메스머는 이처럼 몸에 있는 활동적인 자기력을 동물자기動物磁氣라고 불렀다. 이 소책자에서 '동물자기'라는 용어가 처음으로 등장했다.

여기서 메스머가 이름 붙인 동물자기는 자석과 같은 광물자기鑛物磁氣에 대응하는 개념이었다. 이 소책자는 메스머를 자기요법의사로 더욱 유명하게 만들었다. 이제 그는 통상적인 진료를 접고 자기요법에만 매달렸다.

자기요법 치료실이 된 메스머의 클리닉에는 항상 자줏빛 커튼이 드리워져 있었고, 벽마다 커다란 거울이 붙어 있었다. 메스머의 몸에서 뿜어져 나오는 동물자기를 지료실 안에 모으기 위해서였다. 치료실 한쪽에서는 유리 하모니카를 연주했다. 유리 하모니카의 신비로운 음색이 울려 퍼지는 치료실 한가운데에는 '바케'를 설치했다. '바케'는 한꺼번에 여러 환자에게 자기요법을 시술하기 위한 장비였다. 커다란 오크 욕조통에 메스머가 미리 동물자기를 불어넣어 자기화시킨 유리 조각과 쇳조각을 집어넣고 물을 가득 채운 다음 뚜껑을 덮고 쇠막대를 여러 개 꽂아서 환자들이 욕조 주위에 빙 둘러앉아 붙잡고 있도록 했다. 즉, 메스머가 불어넣은 동물자기를 물과 쇠막대를 통해서 환자에게 전달하는 장비였다. 이렇게 단체치료를 위한 '바케'라는 장비를 써야 할 정도로 자기요법을 받고자 메스머의 비엔나 클리닉을 방문하는 환자들이 점점 늘어났다.

"내 눈동자를 바라보세요!"

보라색 벨벳 수트에 황금빛 긴 조끼를 겹쳐 입은 메스머가 귀부인에게 다가가 이렇게 말했다. 귀부인은 화려한 레이스 장식이 달린 소맷부리 밖으로 작고 하얀 손을 내밀어 바케의 쇠막대를 잡고서 유리 하모니카 연주를 듣고 있었다. 지시에 따라 오로지 메스머의 눈동자에 집중하는 귀부인에게 메스머가 살며시 손을 얹었다. 그러자 패티코트로 잔뜩 부풀린 드레스 속에서 귀부인의 몸이 떨리기 시작했다. 얼마 후 심한 경련으로 진행되었다. 메스머의 조수들은 귀부인을 부축하여 회복실로 옮겼다. 이렇게 한 차례 경련이 지나가자 귀부인의 증상은 호전되었다.

메스머는 이런 경련 반응이 자신의 건강한 동물자기로 인해서 환자의 흐트러진 병적인 동물자기가 바로잡히는 신호라고 믿었다. 즉, 메스머의 눈동자와 손을 통해서 환자에게 '동물자기'라는 유동물질을 불어넣어 주면 평형이 깨진 환자의 자기磁氣 흐름이 원활하게 복구되면서 경련 사람들은 그것을 '메스머의 발작'이라고 불렀다. 을 일으키며 그 후에 자기의 흐름이 '조화'를 되찾아서 병이 낫는다는 치유 모델이었다. 메스머는 눈동자를 동물자기가 들고나는 통로라고 여겼다.

자기요법을 시행하면서 메스머는 동물자기를 통해서 치유되는 환자도 있고, 치유되지 않는 환자도 있다는 것을 깨달았다. 이런 현상을 설명하기 위해서 메스머는 '라포르 이론'을 만들었다. '라포르 이론'이란 환자가 치유되려는 갈망을 가지지 않으면, 자신으로부터 발산되는 치료적 유동물질이 효과를 발휘하지 못한다는 이론이었다. 즉, 의사와 환자의 정신적 소통관계인 '라포르'와 의사의 손에서 발산되는 '동물자기'가 합쳐져야만 치유가 이루어진다는 주장이었다. 오늘날 '치료적 소통관계'로 발전되는 '라포르' 현상은 심리치료에서 두고두고 쓰이게 될 위대한 발견이었다. 비록 메스머는 모든 현상을 오로지 생리학적 관점에서 바라보았지만 자신도 모르는 사이에 '치료적 소통관계'라는 심리치료에서 가장 중요한 요소를 최초로 발견했던 것이다. 메스머가 처음 사용했던 '라포르'는 프랑스어로 '관계'라는 뜻이었다.

『외국의 의사들에게 보내는 편지』를 발간하고 한창 바쁘게 자기요법을 시행하던 1775년 11월이었다. 메스머는 바이에른 과학 아카데미로부터 당시 유럽의 논란거리로 등장한 가스너 신부의 퇴마치료에 대해 검증을 해달라는 요청을 받았다. 메스머는 직접 뮌헨을 방문하여 자기요법을 시연한 후 다음과 같이 말했다.

"가스너 신부의 치료는 악마나 퇴마에 의한 초자연적인 현상이 아닙니다. 가스너 신부의 퇴마치료는 그저 동물자기動物磁氣라는 생리적 현상에 지나지 않습니다."

그리고 가스너 신부의 퇴마치료가 동물자기를 이용한 미신행위에 지나지 않는다는 것을 입증한 대가로 바이에른 과학 아카데미의 회원이 되었다. 자기요법에 대해서 비판적인 시각을 가졌던 스비에텐은 이미 삼 년 전에 죽었지만, 비엔나 의료계에서는 메스머의 자기요법을 여전히 마땅치 않게 여기고 있었다. 메스머는 이제 바이에른 과학 아카데미의 회원이 된 자신을 비엔나의 동료의사들이 인정해줄 것으로 기대했다. 하지만 메스머의 기대와는 달리 비엔나 동료 의사들의 시선은 더욱 싸늘해졌다. 메스머의 명성이 높아질수록 동료 의사들은 그를 경계하였고 심지어 그가 악마의 짓거리를 한다는 비난도 서슴지 않았다. 비엔나 의료계의 이런 분위기는 결국 메스머를 비엔나에서 몰아내는 사건을 일으켰다. 끓어오르는 거품이 냄비뚜껑을 뒤엎듯이 부풀어 오른 시기심이 결국 파국을 몰고 온 것이었다.

파국적 사건은 메스머가 '파라디스'Maria Theresia Paradies, 1759~1824라는 여성을 만나면서 싹텄다. 여덟 살 꼬마 나폴레옹 보나파르트가 고향 코르시카 섬을 떠나 파리에 도착했던 1777년이었다. 마리 앙투아네트가 즐겨 입었다는 폴로네즈 드레스를 세련되게 차려입은 열여덟 아가씨가 아버지와 함께 메스머의 클리닉을 찾았다. 마리아 테레지아 여황제의 법률고문이자 상무장관을 지낸 아버지 안톤 파라디스는 평소 사교계 친분으로 메스머와 잘 알고 지내던 사이였다. 여황제의 이름을 따서 '마리아 테레지아'라는 이름을 가진 아리따운 외모의 파라디스는 불행히도 앞을 보지 못했다. 하지만 천재적인 피아노 연주 실력으로 마리아 테레지아 여황제의 후원을 받으며 어린 나이에 유럽 전역에서 유명해진 아이돌 피아니스트였다.

파라디스는 세 살 때 갑자기 안구경련을 일으키면서 앞을 볼 수 없게 되었다. 비엔나 의대 교수인 슈퇴르크는 그녀를 진찰한 후 시신경은 온전한데 시력을 잃은 것으로 미루어 히스테리성 실명이라고 진단했다. 슈퇴르크 교수는 그녀의 시력을 회복시키기 위해서 당시 유행하던 전기자극요법을 시행했지만 전혀 나아지질 않았다.

슈퇴르크 교수의 치료가 실패로 끝나자 파라디스의 아버지는 당시 비엔나 사교계에서 명의로 소문난 메스머에게 딸의 시력을 회복시켜달라고 요청했다. 메스머가 파라디스의 주치의를 맡은 지 얼마 되지 않아서 놀라운 기적이 일어났다. 자기요법을 통해 파라디스의 시력이 점차 회복되기 시작했던 것이다. 파라디스가 시력을 회복하면서 그녀의 아버지는 뛸 듯이 기뻐하며 온 비엔나 시내에 '파라디스의 개안'에 대해서 떠들고 다녔다. 하지만 기쁨은 잠시였다. 파라디스의 시력이 회복되면서 전혀 예상치 못했던 불행한 사건들이 줄줄이 터졌다. 시력이 회복되면서 파라디스의 피아노 연주실력은 오히려 줄어들었다. 오랜 세월 암흑 속에서 오로지 소리에만 집중해온 탓에 세상의 빛을 보기 시작하면서 연주 집중력이 떨어졌기 때문이었다. 더 나아가 주변에서는 그녀의 시력이 회복되면 맹인 피아니스트라는 대중적 매력이 사라질 것이라고 걱정했다. 또한 마리아 테레지아 여황제의 후원이 중단될지 모른다는 경고까지 들려왔다. 천재 피아니스트로서의 명성에 금이 가고 벌어들이던 수입마저 줄어든다는 생각에 불안해진 파라디스의 아버지는 치료를 중단시키려고 했다. 하지만 암흑 세계에서 살아온 파라디스는 메스머의 치료를 계속 받아 세상의 빛을 보길 원했다. 메스머의 치료를 둘러싸고 파라디스와 그녀의 아버지가 실랑이를 벌이는 와중에 그녀의 시력은 다시 악화되었다.

파라디스의 문제는 법정으로 비화되었다. 비엔나 법정은 파라디스의 사례를 빌미 삼아 메스머의 자기치료 전반에 대해 조사하기로 결정했다. 파라디스에 대한 메스머의 치료성과를 시기했던 슈퇴르크 교수가 주축이 되어 조사위원회가 꾸려졌다.

"메스머의 치료는 망상이며 단지 상상의 산물일 뿐입니다."

조사위원회는 법정에 이렇게 보고했다. 이를 토대로 조사위원장이자 법정 의사인 오스트는 "메스머의 사기치료를 중단시켜라."라고 명령했다. 이와 함께 메스머는 비엔나 의학계에서 제명되었다.

끝내 시력을 되찾지 못한 파라디스는 맹인 피아니스트이자 작곡가로서 삶을 마쳤다. 훗날 모차르트는 파라디스를 위해 피아노 협주곡 18번을 작곡했고, 살리에리에게 작곡을 배웠던 그녀 자신도 '시실리안느'라는 아름다운 곡을 남겼다. 나아지면 곤란한 병도 있는 법이었다.

이제 메스머는 의업을 접거나 혹은 비엔나를 떠나야만 했다. 결국 메스머는 비엔나에서의 모든 것을 정리하기로 결심하고 1778년 파리로 떠났다.

메스머, 벤저민 프랭클린을 만나다

"존재하는 것은 진실입니다. 그러나 우둔한 인간들은
큰 사슬의 가장 가까이에 있는 한 고리만을 바라볼 뿐,
모든 것을 균형 잡는 평평한 저울대가 있지만 인간의 눈은
그에 미치지 못합니다."
벤저민 프랭클린이 1725년 논문에서 인용했던
영국 시인 존 드라이든의 시구

"학문과 예술의 발전이 도덕성의 향상에 기여하는가?"

과학이 급속히 발전하면서 합리적 사고가 맹목적 신앙을 대체하던 계몽주의 시대에 그 답은 당연히 "예술과 학문은 인간의 도덕성을 향상시킨다."처럼 여겨졌다. 하지만 『메르퀴르 드 프랑스』 잡지를 읽다가 디종 아카데미에서 내건 이런 현상 논문 주제를 접한 장 자크 루소 Jean jacques Rousseau, 1712~1778 는 정반대의 주장을 펼쳤다. 그의 주장은 이랬다.

"본디 인간은 자연 속에서 소박하고 순수한 삶을 살았습니다. 하

지만 학문과 예술은 인간을 본래의 자연스러움에서 벗어나게 하였고, 사치와 무절제로 몰아넣었습니다. 학문과 예술을 하는 이들은 남들의 노동에서 나오는 물자로 한가하게 지내며 사색의 결과물을 만들어냈습니다. 그리고 학문과 예술의 결과물들로 자신들의 게으름을 정당화시켰습니다. 그렇게 학문과 예술은 사람들을 더 심한 게으름과 무절제 속으로 몰아넣었으며, 인류를 점점 더 큰 사치와 방탕으로 몰고 갔을 뿐입니다."

학문과 예술이 인간의 참된 행복에 아무런 기여를 하지 못했고, 오히려 인간성을 타락시켰다는 루소의『학문과 예술론』이 1750년 디종 아카데미 논문 공모에서 대상을 차지했다. 루소는 일약 프랑스 지식계의 유명인사로 부상했다. 그로부터 이년 뒤에는 루소가 작곡한 오페라 '마을의 점쟁이'가 프랑스 국왕 루이 15세 앞에서 공연될 정도로 음악적으로도 커다란 성공을 거뒀다.

"인간 불평등의 기원은 무엇인가? 그 불평등은 자연법에 의해 허락될 수 있는가?"

1753년『메르퀴르 드 프랑스』잡지에는 이런 주제의 또 다른 디종 아카데미 논문 공모가 실렸다. 이때 루소는 다시『인간 불평등 기원론』을 썼으나 공모에서는 떨어졌다. 하지만 루소의『인간 불평등 기원론』은 책으로 발간되어 훗날 왕정을 뒤엎고 새로운 정부를 세우는 프랑스혁명의 이념적 씨앗이 되었다.

사상가이자 작곡가였던 루소가 세상을 떠난 1778년이었다. '동물자기요법'을 시행하다가 비엔나 의학계에서 제명당한 프란츠 메스머는 파리로 이주했다. 파리에 도착한 메스머는 뱅돔광장 근처에 다시 자기요법 치료실을 열었다. 파리에 새로 꾸민 자기요법 치료실에는 비엔나의 치료실보다 더 고급스러운 자줏빛 벨벳 커튼을 둘러쳤다. 커튼에는 더 커다란 프린지를 달았고 더 화려한 레이스를 둘렀다. 사방 벽에는 더 커다란 거울들을 붙였다. 집단치료를 위한 '바케' 역시 비엔나에서보다 더 커다랗게 제작하여 치료실 한가운데 설치했다. 신비스러운 유리 하모니카 연주도 다시 울려 퍼졌다.

메스머의 자기요법 클리닉은 문을 열자마자 용하다는 입소문을 타고 프랑스 귀족들로 북적이기 시작했다. 얼마 지나지 않아서 마리 앙투아네트 왕비의 후원까지 받게 되었다. 그렇게 메스머의 자기요법 클리닉은 프랑스 사교계에서 큰 인기를 끌었다. 하지만 비엔나에서 사기치료라는 오명을 안고 쫓겨났던 메스머의 가장 큰 소망은 자신의 동물자기설을 과학계로부터 인정받는 것이었다. 메스머는 다양한 경로를 통해 프랑스 의학계와 과학계에서 인정받으려고 애썼다. 하지만 갑자기 나타난 비엔나 의사에게 귀족들이 몰려들자 프랑스 의사들은 시기심에 휩싸였다. 프랑스 과학 아카데미는 동물자기설이 일고의 가치도 없다고 무시했다. 의사협회의 시기심 어린 비난과 과학계의 철저한 무시에도 불구하고 메스머의 자기요법은 파리 사교계의 유행으로 자리 잡았다. 그의 진료실 앞에는 늘 화려한 마차가 줄을 섰고, 그를 따르는 귀족 환자와 제자들이 하루하루 늘어났다. 그렇게 메스머는 파리 사교계의 우상이 되었다.

프랑스 과학 아카데미가 자기요법을 계속 무시했기 때문에 메스머의 제자들은 1781년 독자적으로 학회를 결성하고 '조화調和 학회'라고 이름을 지었다. 메스머의 제자 103명으로 구성된 조화학회는 프리메이슨을 모델로 삼은 일종의 비밀조직이었다. 조화학회가 창설된 이후 메스머의 학설은 점차 교조주의로 변질되었다.

"메스머 선생님께서 말씀하시되⋯."

메스머의 한 마디 한 마디는 제자들에게 믿음과 암송의 대상이었다. 메스머는 신격화되었고, 동물자기설은 과학의 영역을 벗어나 메스머리즘이라는 도그마가 되었다. 자기요법은 세기말 프랑스 파리에서 가히 '메스머 열풍'이라 할 만큼 엄청난 인기를 끌었다.

이처럼 프랑스 전역에 메스머리즘 치료사들이 난무하자 1784년 3월 프랑스 국왕 루이 16세는 전염병처럼 번지는 메스머리즘에 대해 조사하라고 프랑스 과학 아카데미에 왕명을 내렸다. 프랑스 과학 아카데미는 기다렸다는 듯이 왕명을 받들어 조사위원회를 꾸렸다. 조사위원회에는 피뢰침을 발명했던 전기유체설電氣有機體說의 주창자이자 미국대사였던 벤저민 프랭클린, 파리 대학의 해부학 교수이자 의사였던 기요틴 인도적인 참수를 위해서 모든 사형수에게 단두대를 사용할 것을 제안하여 통과시켰기 때문에 단두대에 그의 이름을 붙여 기요틴이라 부른다, 또한 세금징수원의 전력 때문에 훗날 프랑스혁명에서 단두대의 이슬로 사라질 화학자 라부아지에, 의사이자 식물학자였던 앙투안 드 쥐시에 그리고 파리 대학의 여러 의료진이 참가했다. 조사위원들의 구성에서 짐작할 수 있듯이 조사는 철저하게 물리화학적 관점에서 이루어졌다.

"동물자기라는 유동물질이 진짜로 인체에 존재하는가?"

조사위원회의 관심은 오직 이 질문에 답하는 것이었다. 애당초 메스머의 자기요법이 어째서 다양한 환자들에게 치유효과를 보이는가 따위는 관심도 없었다. 더구나 직접 메스머를 찾아가 동물자기에 대해 조사한 것도 아니었다. 조사위원들 가운데 몇몇이 찾아간 곳은 메스머의 제자이자 파리에서 명망 높은 의사였던 데슬론Charles d'Eslon, 1750~1786의 자기요법 클리닉이었다. 실제로 메스머가 데슬론을 제자로 인정한 것도 아니었다. 오히려 데슬론이 따로 자기요법 클리닉을 열고 자기요법에 대한 책을 펴내는 것에 대해서 메스머는 그가 배신자이며 자신의 아이디어를 도둑질해갔다고 분개했다.

처음에 조사위원들은 데슬론의 자기요법 치료과정을 관찰하여 '동물자기'에 대해 검증하려고 시도했다. 하지만 대부분 사회지도층 귀족들이었던 데슬론의 환자들은 조사위원들이 치료과정을 참관하는 것을 거부했고, 간단한 질문조차 못마땅하게 여겼다. 벽에 부딪힌 조사위원들은 하는 수 없이 자신들이 직접 데슬론에게 자기요법을 시술받기로 했다. 며칠에 걸쳐서 조사위원들이 돌아가면서 데슬론과 그의 제자들에게 자기요법을 시술받았지만 어느 누구도 동물자기의 효과를 경험하지 못했다. 게다가 전위계측기와 나침반을 가져가 데슬론의 '바케'에서 '전기'나 '자기'를 측정했지만 아무것도 잡히는 것이 없었다.

조사위원들은 동물자기란 존재하지 않는다는 심증을 굳혔다. 하지만 이 실험만으로는 동물자기가 존재하지 않는다는 결정적 증거가 되지는 못했다. 왜냐하면 조사위원들 모두가 환자가 아닌 건강한 사람들이었고, 동물자기에 대해 비판적인 사람들이었기 때문이었다. 즉, 애초에 '라포르'가 없었다. 그래서 조사위원회는 환자들을 대상으로 동물자기 치유효과에 대한 실험을 실시하기로 결정했다. 이를 위해서 조사위원들은 각자 자기요법을 배워서 환자들을 대상으로 실험을 진행했다.

환자들을 대상으로 한 실험은 벤저민 프랭클린의 집에서 이루어졌다. 센 강 서쪽 끝자락에 위치한 파리의 파시 지역에 위치한 프랭클린의 집에서 14명의 환자들을 대상으로 자기요법 실험이 실시되었다. 자기요법의 치료효과를 전혀 믿지 않는 조사위원들에 의해서 자기요법이 시행된 것이다. 그리고 실험에 참가한 환자들 역시 자기요법에 대해 들은 바 없는 하층민들로만 모집했다. 실험결과는 조사위원들이 기대했던 것과 같았다. 14명의 환자들 가운데 단지 5명만이

자기요법에서 약간의 효과를 경험했을 뿐이었고, 나머지 환자들은 전혀 효과를 느끼지 못했다.

이제 마지막으로 남겨진 실험은 사물에 불어넣은 동물자기에 대한 실험이었다.

"나무에 불어넣어진 동물자기가 네 몸으로 들어오면 경련이 생길 것이다!"

조사위원회는 한 소년을 데려다가 이렇게 말해주고 나무에 불어넣어진 동물자기를 느껴보도록 했다. 조사위원회는 미리 여러 그루의 나무가 심어진 정원에서 단 한 그루의 나무에만 동물자기를 불어넣어 자기화시켰다. 차례차례 정원에 심어진 나무들을 짚어나가던 소년은 네 번째 나무에서 심한 경련을 일으키면서 쓰러졌다. 동물자기를 불어넣었던 나무와는 전혀 상관없는 나무였다. 이런 일련의 실험들을 바탕으로 조사위원회는 다음과 같이 결론을 내렸다.

"위원회는 어떠한 자기 유동물질도 발견할 수 없었습니다. 이것은 자기 유동물질이란 것이 애초에 존재하지 않았기 때문입니다. 위원회는 또한 압박과 접촉이 해로운 상상을 일으킬 수 있다고 판단했습니다. 동물자기와 무관하게 상상에 대한 실험만으로 경련을 만들어낼 수 있었지만, 상상을 없앤 동물자기는 어떤 현상도 만들어내지 못했습니다. 즉, 상상이 전부였고, 자기 유동물질 따위는 없었습니다. 덧붙여 접촉과 상상에 의해서 만들어진 경련은 위험성이 있었습니다. 그러므로 모든 자기치료는 결국 해로운 결과를 가져올 수 있습니다."

그해 8월 이렇게 결론을 내린 조사위원회의 결과보고서에 프랭클린과 기요틴 그리고 라부아지에가 서명했다. 하지만 조사위원회

전부가 그런 결론에 동의했던 것은 아니었다.

"인간의 육체는 다양한 요인들의 영향을 받습니다. 이런 영향들 가운데는 정신적인 면도 있을 것입니다. 즉, 메스머의 치료는 단순히 상상의 결과만은 아닐 것이며 상상은 메스머의 치료에서 그저 중요한 요인들 가운데 하나였을 것입니다."

의사이자 식물학자였던 앙투안 드 쥐시에는 조사위원회의 결과 보고서에 사인을 거부한 채 이런 의견을 피력했다. 하지만 당시에 쥐시에의 주장은 소수 의견으로 묻혀버렸다.

자기요법에 대해 철저히 무시하는 입장을 취했던 프랑스 과학 아카데미. 메스머의 살롱 프랑스 의사들은 메스머의 클리닉을 그렇게 불렀다. 에 귀족들이 몰려드는 것을 못마땅하게 여겼던 프랑스 의사들. 이들이 주도한 조사위원회가 어떤 결론을 내릴지는 메스머와 그 제자들에게 충분히 예견된 일이었다. 조사위원회의 결과가 발표되자 메스머와 그 제자들은 프랑스 사회에서 조롱거리로 전락했다. 하지만 동물자기의 효과를 체험했던 대다수 환자들과 제자들은 여전히 메스머를 신봉했다. 그의 제자들은 오히려 메스머가 기득권을 지키려는 프랑스 의학계로부터 핍박을 받는 '순교자'라고 생각했으며, 프랑스 과학 아카데미의 조사결과에 맞서 동물자기설의 효과를 역설한 『메스머 어록』을 출판했다.

메스머리즘의 교조적 성향이 점차 짙어지는 상황에서 자기요법을 근대적 최면요법으로 발전시키는 획기적 발견이 이루어졌다. 역사적 발견의 주인공은 메스머의 제자 가운데 한 명이었던 아르망 자크 드 샤스뜨네 퓌세귀르 후작 Armand Jacques de Chastenet, Marquis of Puységur, 1751~1825 이었다. 점잖은 귀족 퓌세귀르 후작은 메스머에게 배운 대로 동물자기요법을 시행하는 과정에서 환자들이 경련을 하는 대신에 잠자는 것과 유사한 상태에 빠지는 현상을 발견했다. 그는 이런 현상을 '자기수면磁氣睡眠'이라고 불렀다.

주로 자신의 영지에서 일하는 하인들을 대상으로 자기요법을 시행했던 퓌세귀르 후작은 자기요법에서 경련이 반드시 필요한 과정은 아니라는 것을 깨달았다. 그는 자기수면 상태에 빠진 환자와 대화를 나눴고, 더 나아가 이 상태에서 환자에게 특정한 행동을 지시하면 정상적인 의식상태에 돌아온 후 그대로 행동하는 훗날 '최면후 암시'라고 불리게 되는 현상까지 발견했다.

이제 자기요법의 과정에서 더 이상 '메스머의 발작'은 필요가 없었다. 자기수면 상태에 들어간 대상자는 자신의 속마음을 솔직하게 털어놓았고 자기요법 치료자의 지시에 매우 잘 따랐다. 퓌세귀르 후작은 자기수면 상태에서는 치료자와 환자 사이에 동물자기의 교류가 일어나기 때문에 한 사람의 의지에 다른 사람이 복종하게 된다고 생각했다. 그는 이런 현상을 광물성 자기에서 관찰되는 철과 나침반 자침 사이의 인력에 비유했다. 즉, 자석의 성질을 가진 쇳덩이에 나침반 자침이 복종하듯이 자기수면 상태에 들어간 환자는 자기요법 치료자에게 복종한다는 설명이었다. 퓌세귀르 후작은 이런 현상을 '친밀한 라포르'라고 불렀다. 치료자와 환자 사이의 치료적 소통관계를 일컫는 '라포르'는 이렇게 스승 메스머에서 제자 퓌세귀르 후작으로 이어졌다.

퓌세귀르 후작의 '자기수면磁氣睡眠'은 자기요법을 근대적 최면요법으로 도약시키는 촉매제가 되었다. 이후 퓌세귀르 학파가 형성되었고 자기수면이 치료의 한 형태로 자리 잡았다. 비록 의사들에 의한 최면은 여전히 터부시되었지만, 비의료인에 의한 메스머리즘이나 자기수면은 파리를 비롯한 유럽 전역에서 흔한 치료법이 되었고 메스머도

건재했다.

"자, 여기 자기요법사를 데려왔소. 비엔나에서 생겨났고 프랑스에서 유명해진, 메스머가 창시한 자기요법 말이요."

1790년 1월이었다. 이제 오페라의 거장이 된 모차르트가 비엔나에서 오페라 '코지 판 투테'를 공연하면서 이렇게 자기요법사를 등장시켜서 죽어가는 사람을 살려내는 장면을 연출했다. 이렇게 자기요법사 메스머의 위상은 유럽에서 여전히 탄탄했다. 메스머의 자기요법을 통해서 드라마틱하게 병이 완치되는 과정을 직접 목격했던 모차르트는 메스머를 다시 만나지 못한 채 '코지 판 투테'를 공연한 이듬해에 눈을 감았다.

프랑스 과학 아카데미의 조사가 끝난 지 오 년이 지났을 때 실제로 메스머를 파리에서 내모는 사건이 발생했다. 그것은 프랑스 혁명이었다. 1789년 폭양이 쏟아지던 날에 파리에서는 루소가 씨앗을 뿌린 급진적 계몽사상이 프랑스 혁명을 일으켰다. 혁명의 와중에 메스머의 후원자였던 마리 앙투아네트 왕비를 비롯하여 자신을 추종했던 귀족 환자들의 대다수가 연행되었고, 끝내 콩코르드 광장에 설치된 단두대에서 목숨을 잃었다. 환자가 없는 의사는 더 이상 존재할 가치가 없었다. 더구나 혁명이 휩쓸고 간 파리에서는 귀족들 사이에 유행했던 메스머리즘에 대한 비난이 더욱 거세게 일었다. 귀족들에 대한 반감이 고스란히 메스머리즘에 대한 반감으로 옮겨갔던 것이다. 메스머는 모든 것을 버리고 도망치듯 파리에서 탈출할 수밖에 없었다.

파리를 떠난 메스머는 프랑스 국경에 있는 독일 도시 바덴으로 향했다. 그곳에는 메스머의 책을 출판해주었던 출판업자가 살고 있었다. 명칭 '바드'는 독일어로 목욕이라는 뜻이다. 에서 알 수 있듯이 유명한 온천지였던 바덴에서 메스머의 생활은 평온했지만 지루했다. 뿌리가 잘려

나간 방랑객으로 살아가는 삶에서 메스머는 의미를 찾지 못했다. 빈둥거림을 견디지 못한 메스머는 1793년 가을에 비엔나로 다시 돌아왔다. 비엔나를 떠난 지 15년 만이었다. 영원한 군주일 것만 같았던 마리아 테레지아 여황제가 승하한 지도 얼추 10년이 넘었고, 자신이 사랑했던 음악가 모차르트마저 이미 세상을 떠나서 마치 시골뜨기 메스머가 처음 발을 디뎠을 때처럼 비엔나는 낯설었다.

오랜만에 해후한 비엔나 의사들은 프랑스 혁명을 피해 돌아온 메스머에게 온갖 조롱과 모욕을 쏟아부었다. 심지어 메스머의 동물자기가 비엔나에 유행하면 프랑스처럼 혁명이 일어나서 황실을 위협할 수 있다는 정치적 모함도 서슴지 않았다. 당시 집권한 지 일 년밖에 안 된 오스트리아 황제 프란츠 2세^{Franz II, 1768~1835}는 프랑스 혁명의 여파가 행여 비엔나까지 번질까 노심초사하고 있었다. 결국 메스머는 두 번째로 비엔나 법정에 서게 되었다. 법정에서 메스머는 자신이 프랑스에서 행했던 일이 과학적 작업이었다고 해명했지만 통하지 않았다. 이번에는 오스트리아 감옥에 갇히는 사태까지 벌어졌다.

매서운 칼바람이 비엔나에 몰아치던 1793년 12월 18일이었다. 두 달의 감옥살이 끝에 풀려난 메스머는 비엔나에 대한 미련을 깨끗이 버렸다. 비엔나에서 두 번째로 쫓겨난 메스머는 이곳저곳을 떠돌다 아름다운 자연을 가진 스위스 북부의 도시 프라우엔펠트에 터를 잡았다. 메스머는 시시때때로 솟구쳐 오르는 좌절감과 분노를 삭이며 글쓰기에 몰입했다. 프랑스 혁명의 와중에 잃어버린 동물자기에 대한 원고들의 기억을 더듬어 복원시켰다. 신기하게도 글을 쓰면서 메스머의 마음속에 들끓던 분노가 조금씩 잦아들었다.

프랑스 혁명 와중에 사단장까지 오른 스물아홉 살 나폴레옹 보나파르트^{Napoléon Bonaparte, 1769~1821}가 프랑스군을 이끌고 1798년 아인지델른을 침공하는 바람에 수도원에서는 황급히 검은 성모상을 비엔나로 피신시켰다. 같은 해에 나폴레옹은 이집트 원정에 나서서 카이로까지 입성했다. 프랑스 혁명 이후 혼란스럽던 정세가 나폴레옹의 등장 이후 차츰 안정을 되찾고 있었다. 꼬박 오 년 동안 스위스에 은둔하면서 저작에 전념하던 메스머는 파리로 돌아가기로 결심했다. 프랑스 혁명 시기에 잃어버린 재산을 돌려받기 위해서였다. 이제 64세가 된 메스머는 탐스럽게 빛나던 갈색 머리가 군데군데 희끗희끗해졌지만 여전히 건강한 모습이었다.

프랑스로 돌아온 메스머는 베르사유 궁 근처에 거처를 잡았다. 그가 파리에서 지낼 때 사용했던 프랑스 신분증은 여전히 유효했다. 메스머는 우선 재무성을 찾아가 재산권 회복을 신청했다. 베르사유에 머무는 동안에 몇몇 의사들이 메스머의 동물자기에 호기심을 보였으나 그는 묵묵히 재산권 회복에만 매달렸다. 메스머는 이미 프랑스에 유력하게 자리 잡은 퓌세귀르 학파를 탐탁지 않게 여겼다. 자신의 동물자기 이론은 그 자체로 충분히 완벽하다고 믿었기 때문이었다.

이듬해인 1799년에 이제 갓 서른이 된 나폴레옹은 쿠데타를 일으켜서 제1통령이 되었다. 안정을 찾은 프랑스 정부는 메스머에게 연간 삼천 프랑에 이르는 연금을 지급하기로 결정했다. 연금을 받은 메스머는 조용히 스위스 프라우엔펠트로 돌아왔다. 프랑스에 남아 동물자기에 대한 소모적인 논쟁에 휩쓸리기보다는 후대를 위해 글을 쓰면서 여생을 보내고 싶었기 때문이었다. 그렇게 스위스로 돌아온 메스머는 얼마 후 모든 짐을 정리하여 고향인 이츠낭 근처의 보덴 호숫가에 접한 메어즈부르크로 돌아갔다. 간혹 그의 명성을 좇아 보덴 호수까지 찾아온 이들은 그가 여전히 동물자기에 대한 믿음을 가지고 자기요법으로 치료하는 모습을 목격했다. 그를 찾았던 한 의사가 메스머에게 물었다.

"당신은 어째서 환자들에게 온천욕 대신 호수에서 씻으라고만 처방하시나요?"

"그것은 태양이 호수를 비추기 때문입니다. 내가 이십 년 전에 태양에 동물자기를 불어넣었거든요."

동물자기의 존재에 대한 메스머의 믿음에는 일자일획의 변함도 없었다. 그는 여든 살까지도 자기요법에 대한 책을 출판했다.

"언젠가 과학이 발전하면 동물자기가 입증되는 날이 반드시 올 것이다."

죽는 순간까지도 메스머는 이렇게 믿었다. 보덴 호숫가의 메어즈부르크로 귀향하여 홀로 자기요법을 연구하면서 여생을 보내던 메스머는 1815년 삼월 초에 뇌졸중으로 이 세상을 떠났다. 그의 나이 여든한 살이었다. 메어즈부르크에 세워진 메스머의 묘비에는 프리메이슨의 상징으로도 사용되는 '올 씽 아이' _{모든 것을 보는 눈} 와 태양을 중심으로 운항하는 행성의 궤적을 그린 '태양계'가 앞뒤로 새겨져 있다. 메스머는 그렇게 생의 마지막까지 눈동자를 통해서 동물자기가 들고 난다고 생각했고, 태양계가 인체에 영향을 미친다고 믿었다.

메스머의 죽음 이후에도 그의 발자취는 유럽 전역에 남겨졌다. 유럽 곳곳에서 메스머 어록을 신봉하는 자기요법사들이 활약했고, 동물자기를 시행할 때 연주했던 유리 하모니카는 여전히 광란을 일으킨다고 여겨졌다. 작곡가 도니체티^{Gaetano Donizetti, 1797~1848}는 1835년 나폴리에서 초연된 오페라 '람메르무어의 루치아'에서 유리 하모니카를 '천상의 소리'이자 '악마의 악기'로 등장시켰다.

"천상의 소리가 들리지 않나요? 아, 결혼 축가 소리가 들리네요!"

집안의 강요로 정략결혼을 할 수밖에 없었던 여주인공 루치아는 첫날 밤 자신을 껴안으려는 남편을 칼로 난자한다. 순백색 잠옷에 붉은

피를 잔뜩 묻힌 루치아는 유리 하모니카 소리를 들으며 이렇게 노래했다. 바로 이 장면 '광란의 아리아' 부분에서 도니체티는 유리 하모니카를 광기의 상징으로 삼아 작곡했다. 하지만 불행히도 나폴리 극장에 유리 하모니카 연주자가 마땅치 않아서 부랴부랴 플루트로 악기를 바꿨다. 그런 연유에서 오늘날에도 간혹 유리 하모니카로 '광란의 아리아'를 끌어가는 오페라 '람메르무어의 루치아'가 공연되기도 한다.

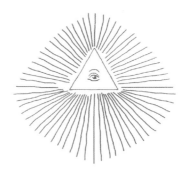

Chapter 2

심리학 위한 심리치료, 정신분석학

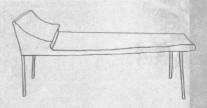

프로이트, 프란츠 메스머를 만나다

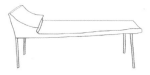

"모든 환자에게 최면을 걸 수 있는 방법만 찾아낸다면
그것은 가장 강력한 치료법이 될 것입니다."
앙부르와즈 오귀스트 리보

메스머가 파리에 뿌렸던 '동물자기動物磁氣'의 씨앗은 퓌세귀르 후작의 '자기수면磁氣睡眠'이란 바람을 타고 민들레 홀씨처럼 유럽 전역으로 퍼졌다. 그리고 바람에 날리던 씨앗 한 톨이 영국에 떨어졌다. 1841년 맨체스터의 한 산부인과 병원에서 동물자기에 대한 강연회가 열렸던 것이다. 강연자는 자기요법사 찰스 라퐁텐Charles Lafontaine, 1803~1892 이었다. 얼마 전 런던 동물원에서 수사자에게 동물자기를 시도해서 세간의 화제를 일으킨 인물이었다. 그는 무모하게도 사자 우리에 들어가 사자의 눈을 뚫어져라 응시하면서 동물자기를 시도했다. 그때 놀라운 일이 벌어졌다. 으르렁대던 수사자가 꼼짝 못하고 주저앉았던 것이다. 사자에 대한 동물자기 일화로 유명세를 타던 자기요법사 라퐁텐이 열었던 맨체스터 강연회에 몇몇 의사들이 참가했다. 그 강연회에 참석한 의사들 가운데 스코틀랜드에서 존경받던 외과의사 제임스 브레이드^{James Braid, 1795~1860}가 있었다.

"내가 눈을 뜨라고 하기 전까지 당신은 눈꺼풀을 뜰 수 없을 겁니다."

맨체스터 강연회에서 라퐁텐은 청중이 보는 앞에서 실제 환자를 대상으로 동물자기를 통한 자기수면을 실연했다. 그는 자신의 눈동자를 응시하도록 지시하여 환자를 자기수면에 빠뜨린 뒤에 이렇게 암시를 주었다. 그 후에 자기수면에서 깨어난 환자는 정신이 맑았지만 "눈이 떠지질 않아요."라고 말하며 눈꺼풀을 밀어 올리지 못했다. 라퐁텐은 자신의 눈동자를 통해서 빠져나간 동물자기가 환자를 자기수면 상태에 빠뜨렸기 때문에 이런 현상이 벌어진다고 설명했다.

"저것은 분명히 시신경과 관련된 현상일 거야!"

라퐁텐이 자기수면을 시연할 때 브레이드가 정작 주목했던 현상은 감겨진 눈꺼풀이 아니라 눈꺼풀이 감겨지기 전에 보였던 일시적인 안구의 마비였다. 브레이드는 환자의 눈꺼풀이 감기기 전에 안구가 위로 치켜 올라가는 현상을 목격했다. 그래서 브레이드는 자기수면이 동물자기와는 상관없이 시신경을 포함한 신경계의 생리적 작용 때문에 일어나는 것이라고 추측했다.

"선반에 얹힌 포도주병을 계속 지켜보게나."

라퐁텐의 강연회에서 돌아온 브레이드는 우연히 집에 들른 친구에게 이렇게 시켜보았다. 엉뚱한 주문이기는 했지만 친구는 브레이드가 시키는 대로 포도주병을 뚫어져라 쳐다보았다. 선반이 머리맡에 높이 달려 있었던 탓에 친구는 목을 잔뜩 빼고 눈동자를 치켜 올린 채 포도주병을 봐야만 했다. 그런데 얼마 지나지 않아 놀라운 일이 일어났다. 포도주병을 바라보던 친구가 얼굴을 잠시 찡그리더니 저절로 눈꺼풀이 감기면서 깊은 수면에 빠져든 것이었다. 브레이드는 친구의 곁에서 멀리 떨어져 있었기 때문에 접촉이라곤 전혀 없었다. 브레이드는 시선을 한 곳에 집중시키는 과정에서 신경의 마비가 온다는 생각에 도달했다. 브레이드는 친구를 자기수면에서 깨운 후 당장 부엌으로 달려갔다.

"여보, 여기 앉아서 저기 설탕통을 계속 지켜보시오."

결과는 똑같았다. 영문도 모른 채 설탕통을 지켜보던 아내가 얼마 후 자기수면에 빠져들었다. 이제 브레이드는 메스머의 동물자기가 전혀 신비로운 현상이 아니며 그저 신경계의 특별한 반응이라는 확신을 가졌다. 그런 확신을 가지고 브레이드는 자신의 환자를 대상으로 자기수면을 시행하기 시작했다.

외과의사 브레이드에게 자기요법사의 역할은 포도주병이나 설탕통과 다름이 없었다. 즉, 자기수면을 유도하는 데 자기요법사 따위는 필요가 없으며 그저 시선만 고정시키면 된다고 생각했다. 그는 치료자와 환자 사이의 라포르 따위는 안중에도 없었다. 그렇게 쌓인 임상적 경험을 바탕으로 브레이드는 다음과 같은 결론에 도달했다.

"자기수면 현상은 신경이 잠들기 때문에 나타납니다."

브레이드는 신경을 의미하는 '뉴로'라는 단어와 그리스 신화에서 잠의 신으로 등장하는 '힙노스'라는 단어를 조합하여 '뉴로힙노로지'라는 새로운 용어를 만들어냈다. 훗날 줄여서 '힙노시스', 즉 최면^{催眠}이라 불리는 용어는 이렇게 멀고 오랜 여정을 거쳐서 세상에 등장했다.

"시선과 주의를 한 물체에 고정시킴으로써 도달되는 신경계의 평형이 깨지는 특별한 상태가 최면이며, 최면을 이용해서 치료적 효과를 거두려면 암시가 중요합니다."

1843년에 브레이드는 자신의 경험을 집대성하여 저술한 『질병의 완화 및 치유에 성공한 수많은 사례들에 의해서 입증되는 동물자기와 관련된 뉴로힙노로지 혹은 신경 수면의 이론적 원리』에서 최면의 치료적 효과를 이렇게 설명했다. 최면현상을 신경계의 특별한 상태라고 신경학적 관점에서 정의를 내리는 제임스 브레이드에게 더 이상 의학계의 맹목적 비난이나 집어치우라는 압력은 없었다.

십 년 후에는 브레이드는 『최면요법』이라는 논문을 공식 의학잡지에 발표했고, 환갑이 되던 1855년에는 『홀린 상태의 생리학』을 출판했다. 일련의 출판물을 통해서 브레이드는 시선 고정을 통해서 최면을 유도하고, 치료적 암시를 통해서 치료하는 오늘날의 최면치료기법을 확립시켰다.

에이브러햄 링컨Abraham Lincoln, 1809~1865이 대서양 건너 미국에서 대통령으로 당선된 1860년이었다. 해리엇 비처 스토Harriet Elizabeth Beecher Stowe, 1811~1896 여사가 노예제도에 항의하는 소설 『톰 아저씨의 오두막』을 출판하면서 촉발된 노예제도를 둘러싼 남북갈등은 노예제도를 증오했던 링컨이 대통령으로 당선되면서 극에 달했다. 노예제도를 고집했던 남부 주들이 줄줄이 연방에서 탈퇴하면서 남북전쟁의 씨앗이 움트기 시작했다. 그 즈음 브레이드는 친구였던 파리 대학의 외과의사 벨포Alfred-Armand Velpeau, 1795~1867에게 자신의 연구성과를 정리하여 보내면서 프랑스 과학 아카데미에서 자신의 이론을 공식적으로 다뤄줄 것을 부탁했다. 마침내 1860년 프랑스 과학 아카데미에서 브레이드의 최면에 대한 공식적인 학술모임이 개최되었다. 이렇게 메스머의 '동물자기'는 도버해협을 건너가 브레이드의 '최면'이라는 새 옷으로 갈아입고 파리로 다시 돌아와 프랑스 과학 아카데미에서 공식적으로 인정받았다. 메스머가 세상을 등진 지 사십오 년의 세월이 흐른 뒤였다.

1860년 프랑스 과학 아카데미에서 주최했던 최면 학술모임에 참가한 청중 가운데 앙부르와즈 오귀스트 리보^{Ambroise-Auguste Liébeault,} ^{1823~1904}라는 의사가 있었다. 그는 파리에서 이백여 마일 떨어진 소도시 낭시 근교의 세인트 빈센트라는 시골 마을에서 일하던 서른일곱의 젊은 의사였다. 리보는 의과대학을 다니던 시절에 메스머리즘에 대해서 들었던 적은 있었지만 시행해본 경험은 없었다.

"최면이 정말 치료적 효과가 있을까?"

과학 아카데미의 학술모임에 다녀오면서 리보는 이런 의문을 품었다. 그래서 그는 최면의 치료적 효과에 대한 확신이 설 때까지 자신의 클리닉을 찾는 환자들에게 수년간 돈도 받지 않고 최면치료를 시술했다. 리보가 경험한 최면치료의 효과는 실로 놀라웠다. 리보는 "눈꺼풀이 무거워지면서 잠에 빠져듭니다."라는 아주 단순한 암시를 사용하여 최면 상태를 유도했다. 그리고 신체적 질환에 맞춰서 증상이 좋아질 것이라는 치료적 암시를 제시하면 다양한 신체 질환이 호전되었다. 최면치료를 위해서 메스머가 믿었던 동물자기도 필요 없었고, 브레이드가 말했던 시선 고정도 필요 없었다. 그렇게 6년간의 최면치료 경험을 쌓은 리보는 1866년 책을 출간했다.

『정신이 신체에 미치는 작용의 관점에서 바라본 수면 및 수면 유사 상태』

자신의 최면치료 경험을 정리한 책에 리보는 이렇게 긴 제목을 붙였다. 그는 "암시가 최면을 일으키며, 암시를 통해서 정신이 신체에 치료적 영향을 미칩니다."라고 그 책에 적었다. 리보의 책에 대한 프랑스 의학계의 반응은 브레이드 때와 사뭇 달랐다. 프랑스 의학계는 "정신이 신체적 질병을 치유할 수 있습니다."라고 주장하는 시골 의사 리보를 '동물자기의 존재'를 주장했던 메스머보다 더한 미친놈으로 취급했다. 이미 칠 년 전에 찰스 다윈[Charles Darwin, 1809~1882] 이 『자연선택의 방법에 의한 종의 기원에 관하여』를 발표하여 생물학적 진화론이 정론으로 자리를 잡았고, 한 해 전에는 영국 외과의사 리스터[Joseph Lister, 1827~1912] 가 석탄산에 의한 무균수술법을 발견하여 수술 감염을 획기적으로 감소시켰던 시절이었다. 계몽주의 정신을 이어받은 물질주의 의학이 푸르고 싱싱한 떡잎을 펼치던 시기에 눈으로 관찰할 수 있는 신경세포가 아니라 눈에 보이지 않는 정신이 신체 질병을 치유할 수 있다는 리보의 주장은 프랑스 의학계로부터 거센 비난을 받았다. 프랑스 의학계는 리보를 시대착오적 인물로 낙인찍었다. 리보의 주장은 그렇게 프랑스 의학계의 관심에서 멀어졌다. 하지만 시골 의사 리보는 세상의 시선에 아랑곳 않고 암시치료를 계속했다.

"엉덩이부터 발가락 끝까지 불에 달군 인두로 지지듯이 아파요."

리보가 책을 펴낸 지 어느덧 십여 년이 흘렀을 때였다. 이제 백발이 성성해진 리보에게 어떤 좌골신경통 환자가 찾아와 이렇게 고통을 호소했다. 지독한 통증을 호소하던 그 환자는 리보를 만난 지 육 개월 만에 놀랄 만큼 호전되었다. 그 환자는 당시 대학의 신경과 교수였던 이폴리트 베르넴이 육 년간 치료하다가 희망이 없다고 포기했던 환자였다.

좌골신경통 환자의 치유 소식은 마침내 베르넴[Hippolyte Bernheim, 1840~1919] 교수의 귀에도 들어갔다. 자신이 불치 판정을 내렸던 좌골신경통 환자가 치유되었다는 소식을 접한 베르넴은 오기가 발동했다. 베르넴은 그 소식이 정말인지 확인하기 위해서 의심 반 기대 반으로 리보의 클리닉을 찾았다.

"이제 점점 눈꺼풀이 무거워지면서 잠에 빠져듭니다."

오귀스트 리보는 환자에게 자신의 눈동자를 바라보라고 지시한 다음 이렇게 말했다. 그리고는 직접 손으로 살며시 환자의 눈꺼풀을 덮어주었다. 이렇게 눈을 감고 최면에 빠져든 환자에게 리보가 따뜻한 목소리로 말했다.

"이제 점점 증상이 좋아지고, 기분도 나아질 겁니다."

패기만만했던 마흔 살의 의대교수 베르넴은 백발이 성성한 리보의 단순한 암시치료를 직접 목격했다. 군데군데 거미줄까지 쳐 있는 세인트 빈센트의 허름한 클리닉에서 시행되는 단순한 암시치료의 효과는 매우 놀라웠다. 최면에서 깨어난 대부분의 환자들이 증상이 좋아졌다고 느꼈다. 베르넴은 직접 목격하면서도 믿기 힘들었다. 이후 베르넴 교수는 낭시 병원의 환자들에게 리보의 이론을 적용한 암시치료를 시행하면서 그 원리를 탐구해나갔다. 리보와 베르넴을 중심으로 하는 최면치료의 낭시학파는 그렇게 시작되었다.

낭시 병원을 찾은 다양한 환자들에게 암시치료를 시행하는 동안에 베르넴 교수는 환자의 마음이 불안해지면 심장이 빨리 뛰지만, 의사가 괜찮아질 것이라는 암시를 주면 환자의 마음이 편안해지면서 호흡과 심장박동이 실제로 느려진다는 사실을 발견했다. 즉, 암시는 실제로 신체에 영향을 미쳤던 것이다. 또한 암시는 비단 최면 상태뿐만 아니라 깨어 있는 상태에서도 작용했다. 최면은 그저 암시의 효과를 극대화시키는 특수한 심리적 상태에 지나지 않았다. 베르넴은 이런 경험을 묶어 1886년에 『암시와 그 치료적 적용』이라는 책을 출판했다. 이 책은 유럽의 많은 정신과 의사들에게 인기를 끌었으며 낭시학파를 유명하게 만들었다.

"이제 최면에서 깨어난 뒤 당신은 양손 엄지손가락을 입속에 집어넣을 것입니다. 하지만 내가 지시했다는 사실은 기억하지 못할 것입니다."

베르넴은 최면 상태의 환자에게 이런 암시를 준 다음 최면에서 깨웠다. 최면 상태를 벗어난 환자는 곧바로 입을 벌리더니 양쪽 엄지 손가락을 입 안에 집어넣었다. 우스꽝스러운 모습이었다. 곁에서 지켜보던 베르넴이 정색을 하며 물었다.

"어째서 손가락을 입에 넣으셨습니까?"

잠시 어리둥절해하던 환자는 이렇게 대답했다.

"제가 어제 간질 발작을 했는데 그때 혀를 깨문 것 같아요. 그 후로 혀가 얼얼하거든요. 그래서…."

환자는 최면 상태에서 베르넴에게 지시받은 바를 그대로 행동에 옮겼지만, 자신이 암시에 따라 행동했다는 사실을 전혀 깨닫지 못하고 엉뚱한 이유를 댔다. 환자가 진료실을 나간 후 베르넴은 곁에서 지켜보던 젊은이에게 이렇게 말했다.

"보게, 이것이 암시의 힘일세!"

유난히 무더운 날씨가 계속되던 1889년 여름이었다. 베르넴의 곁에서 콧수염과 턱수염을 더부룩하게 기른 젊은 의사가 최면치료를 배우고 있었다. 비엔나에서 온 그 젊은 의사의 이름은 지그문트 프로이트Sigmund Freud, 1856~1939였다. 그는 한 해 전에 베르넴의 저서 『암시와 그 치료적 적용』을 독일어로 번역하여 비엔나에서 출간한 번역자였다. 프로이트는 두 주가량 낭시에 머물면서 자신이 번역한 책의 저자인 베르넴이 시행하는 암시치료를 직접 보았고, 또한 그의 스승인 리보가 가난한 환자들을 치료하는 것을 곁에서 관찰했다.

비엔나의 개업의사 프로이트는 취리히 대학 정신과 교수였던 오귀스트 포렐Auguste Forel, 1848~1931의 추천으로 베르넴의 저서 『암시와 그 치료적 적용』을 읽기 시작했다. 당시 프로이트는 한창 최면치료를 시행하던 시절이었다. 베르넴의 책을 번역 출간한 이듬해 프로이트는 책으로만 접했던 암시요법을 직접 체험하고 싶어서 낭시까지 찾아갔다. 낭시에 머무르는 동안 프로이트는 가족에게 보낸 편지에서 "나는 지금 암시의 기적에 몰두하고 있소."라고 적었다.

프로이트가 처음 최면을 만난 것은 낭시를 방문하기 사 년 전으로 거슬러 올라간다. 1885년 봄에 비엔나 의대에서 강사 자격을 획득한 프로이트는 브뤼케Ernst Brücke, 1819~1892 교수의 도움으로 연구장학금을 받아 그해 10월 파리에 있는 살페트리에르 병원을 방문했다. 그 병원의 병리학 연구실에서 뇌성마비 아동의 뇌 표본을 연구하기 위해서였다. 사 개월 정도 머물면서 현미경으로 신경병리 표본을 들여다보기 위해 살페트리에르 병원을 찾았던 프로이트는 엉뚱하게도 최면을 만났다.

"뿌리가 흔들린 느낌이오. 샤르코 교수는 위대한 의사이자, 천재이며, 완벽한 인물이라서 내가 가졌던 관점과 계획을 완전히 뿌리째 흔들어 놓았소."

파리에 머무는 동안 프로이트는 약혼자였던 마르타 베르나이스Martha Bernays, 1861~1951에게 이렇게 편지를 썼다. 지금껏 현미경의 좁은 시야에서 신경세포를 찾아 헤매던 프로이트에게 살페트리에르 병원 신경과장 쟝 마르탱 샤르코Jean-Martin Charcot, 1825~1893 교수의 강의는 실로 경이로움 그 자체였다. 샤르코 교수는 매주 한 번씩 넓은 강의실에서 많은 청중을 앞에 두고 히스테리 환자에게 최면을 걸어 신경마비를 유도하고 다시 마비 증상을 치유하는 과정을 시연했다.

클리닉을 방문하는 다양한 병증의 환자들에게 암시치료를 시행했던 낭시학파와 달리 샤르코 교수는 살페트리에르 병원에 입원해 있는 몇 명의 히스테리 여성 환자들을 대상으로 반복해서 최면치료를 시연했다. 샤르코 교수는 히스테리가 뇌와 관련된 질환이라는 브뤼케의 주장에 동의했다. 또한 그는 일상적인 의식을 만들어내는 대뇌의 영역과 독립적으로 작동하는 또 다른 대뇌 영역에서 신경계가 흥분하면서 나타나는 병적인 상태가 최면이라고 믿었다. 그러므로 최면이란 인위적으로 만들어진 병적 상태, 즉 신경증 상태이며, 뇌에 이상을 가진 신경증 환자, 특히 히스테리 신경증 환자만이 최면에 걸린다고 믿었다. 의학계의 거목이었던 샤르코 교수는 최면과 히스테리에 대해 이렇게 주장하는 살페트리에르 학파를 이끌고 있었다. 따라서 최면이 순수하게 암시의 문제이며, 건강한 사람들도 최면에 걸린다고 주장하는 베르넴의 낭시학파와 학문적으로 대립하는 라이벌 관계를 유지하고 있었다.

오랫동안 신경해부학에만 매달려 왔던 프로이트에게 샤르코 교수와의 만남은 인생의 전환점이 되었다. 프로이트는 샤르코 교수의 저서에 대한 독일어 번역을 자원하면서 개인적으로 가까워져서, 이듬해 초에는 샤르코 교수의 저택에서 열린 연회에 초대까지 받았다.

"이미 인체 해부학은 거의 완성되었고, 기질적 질환에 대한 연구나 이론도 완성 단계에 접어들었네. 이제 해부학을 통해서는 밝힐 수 없는 신경증의 시대가 도래할 것이네."

환갑의 신경학자 샤르코 교수는 비엔나에서 온 스물아홉의 젊은 의사 프로이트에게 이렇게 말했다. 훗날 프로이트가 도래하는 신경증 시대에 주역이 되리라는 것을 당시에는 아무도 상상하지 못했다. 프로이트 자신조차 말이다. 살페트리에르 병원에서 연구를 마치고 비엔나로 돌아온 1886년 말에 프로이트는 샤르코 교수의 『신경계의 질병에 관한 강의』를 번역, 출간했다. 그리고 두 해가 지난 1888년에는 베르넴의 저서 『암시와 그 치료적 적용』을 독일어로 번역하여 출간했다. 청년 의사 프로이트는 샤르코 교수와 베르넴 교수를 섭렵하면서 최면의 본질을 탐구해나갔다.

파리의 루브르 박물관 입구 광장

"꿈에서 보는 세상 같았습니다."

1885년 가난한 유학생으로 파리에 갔던 프로이트는 루브르에서 이집트 유물들을 마주한 소감을 이렇게 적었다. 필립손 성서에서 보았던 이집트 신상과 상형문자가 새겨진 비문을 실제로 마주한 프로이트는 "나에게 이집트 유물들은 미학적 가치보다 역사적 가치가 있었습니다."라고 말했다. 이후 프로이트는 돈만 되면 이집트 유물들을 구입하여 분석치료실에 가져다 놓았다.

지금은 연인들이 사랑의 밀어를 속삭이는 콩코르드 광장.

그곳은 오랫동안 파리, 아니 유럽 역사의 중심지였다. 비엔나에서 쫓겨나 파리에서 새로 클리닉을 시작한 비엔나 의대 출신의 자기요법 의사 메스머는 한편으로 마리 앙투아네트 왕비의 후원을 받았지만, 다른 한편으로 그의 남편인 루이 16세의 명에 따라 구성된 조사위원회로부터 상상이 만들어낸 허구라는 조롱을 받았다. 그리고 몇 년 후 루이 16세와 마리 앙투아네트 왕비가 콩코르드 광장에 설치된 기요틴에서 목이 잘리는 현장을 목도하고 파리를 떠나야 했다.

세월이 흘러 비엔나에서 연구장학금을 받아 신경병리학을 연구하러 파리에 왔던 청년의사 프로이트는 콩코르드 광장에 배꼽처럼 서 있는 진짜 오벨리스크를 보고 감탄사를 내질렀다. 어린 시절부터 필립손 성서에서 보았던 이집트 유물이 도시 한가운데 있었기 때문이었다.

훗날 인턴을 하러 파리에 방문했던 비엔나 의대생 코헛은 콩코르드 광장을 거닐며 진정한 자기를 확인했다. 그리고 그곳에서 처음으로 어머니의 감시를 벗어나 여자친구를 사귀었다.

"그녀의 유해가 안치된 살페트리에르 병원에 꽃다발을 든 많은 인파가 몰려들어
그녀의 죽음을 애도했다."

1997년 8월 30일 저녁이었다. 교통사고를 당한 젊은 여성이 혼수상태로 파리 13구에 위치한 살
페트리에르 병원 응급실로 실려 왔다. 다음 날 새벽 그녀는 과다출혈로 세상을 떠났다. 그녀는 한
때 영국의 왕세자비였던 다이애나였다. 영국 왕실을 떠난 다이애나는 이집트의 부호 알 파예드와
사귀고 있었다. 파리 리츠칼튼 호텔에서 저녁 식사를 마친 두 사람은 메르세데스 600을 타고 호
텔을 떠났다. 호텔 밖에서 기다리던 파파라치가 오토바이를 타고 메르세데스 600을 쫓았다. 파파
라치를 따돌리려고 콩코르드 광장에서 전 속력으로 센 강변의 알마 지하도로 들어서던 메르세데
스 600은 중심을 잃고 기둥을 들이받았다. 메르세데스 600은 형체를 알아볼 수 없을 정도로 파
손되었고 이집트 부호는 그 자리에서 즉사했다. 그리고 혼수상태에 빠진 다이애나는 살페트리에
르 병원에서 숨을 거뒀다.

세기의 신데렐라 다이애나가 죽음을 맞이했던 살페트리에 병원은 프랑스 혁명기 즈음에 전 세계에서 가장 큰 병원이었다. 하지만 창녀와 정신질환자가 뒤섞여 있었던 당시의 살페트리에 병원은 차라리 수용소에 가까웠다. 프랑스 혁명이 얼마 지나지 않았던 1795년에 필리프 피넬 Philippe Pinel, 1745-1862이 수장으로 부임했다.

프랑스 남부 최대의 중심도시 툴루즈에서 의과대학을 졸업한 피넬은 1778년에 파리로 왔다. 메스머가 베엔나에서 쫓겨나 파리에 자기요법 클리닉을 열었던 바로 그 해였다. 청년 의사 피넬은 시테 섬의 노트르담 성당 바로 곁에 붙은 시립병원에 다니면서 학술 저작과 번역에 몰두했으며, 벤자민 프랭클린과 교류했다. 피넬은 당시 파리에 불던 메스머리즘 광풍을 시작부터 끝까지 직접 목격했다. 메스머리즘이 정신에 강력한 영향을 미치는 광경을 목격했던 경험은 훗날 정신질환에 대한 피넬이 관점에 상당한 영향을 미쳤다. 나폴레옹의 개인 주치의이기도 했던 피넬은 살페트리에 병원에 수장으로 부임하자마자 정신질환자에게 채워져 있던 쇠사슬을 풀어주었다.

'도덕적 치료'를 주장하며 정신질환자의 쇠사슬을 풀었던 피넬의 조치는 정신질환을 이성적 관점에서 바라보고 치료하는 현대적 정신의학의 시발점이 되었다. 철학자 미셸 푸코는 "피넬은 육체의 쇠사슬을 걷어 냈지만 정신의 쇠사슬을 채웠다."라고 말했으며, "이로부터 광기狂氣는 이성보다 열등한 것으로 치부됐고 사회규범을 따르는 일이 억압적으로 강요됐다."고 주장하기도 했다.

1795년 필리프 피넬이 살페트리에 병원에 수용된 정신질환 환자들의 쇠사슬을 끊은 지 한 세기 가까이 지난 1885년에 프랑스 학계는 끊어진 쇠사슬을 손에 든 피넬의 동상을 살페트 리에르 병원 정문에 세워서 정신질환자에 대한 그의 사랑을 기렸다. 프로이트가 비엔나에서 연구장학금을 받아 살페트리에르 병원을 방문했던 바로 그해였다. 비엔나에서 온 청년의사 프로이트는 병원 정문을 드나들면서 위대한 정신의학자 피넬의 동상을 보았다.

살페트리에르 병원을 거닐다 보면 '샤르코 강당'이란 간판을 붙인 건물을 만날 수 있다. 강당의 앞에서는 '신경학의 창시자 샤르코'라는 설명과 함께 앙드레 브루이에의 작품 '샤르코의 클리닉'이 그려진 입간판이 세워져 있다. 죽음을 앞 둔 프로이트가 자신의 카우치 위에 마지막으로 걸었던 바로 그 그림이었다.

"노트르담 성당을 둘러보고 나올 때 그랬던 것처럼, 샤르코 교수의 강의를 들었을 때 느낌은 완전함이 무엇인가에 대한 새로운 깨달음이었습니다."

프로이트는 살페트리에르 병원 신경과장 샤르코 교수의 강의를 노트르담 성당에 비유했다. 강의실에서 많은 청중을 앞에 두고 히스테리 환자에게 최면을 걸어 신경마비를 유도하고 다시 마비 증상을 치유하는 과정을 시연하는 샤르코 교수와 만남 이후 프로이트는 자신도 모르는 사이에 현미경에서 떨어져 정신분석을 향해 발길을 돌리고 있었다.

악령으로부터 노트르담 성당을 지키라고 세워 놓은 시메르 석상이 턱을 받친 채 파리 시내를 내려다보고 있다. 석상 아래로 하인즈 코헛이 인턴 수련을 받았던 시립병원과 그 앞에 세워진 앰뷸런스가 보인다. 코헛에게 파리에서의 인턴 생활은 평생 집요하게 외아들에게 집착했던 어머니로부터 벗어날 수 있었던 유일한 시간이었다.

프로이트, 루드비히 필립손을 만나다

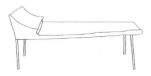

"나는 글을 읽을 수 있게 되자마자 성서 이야기에 심취되었습니다.
이것은 나의 관심의 방향을 결정하는데
지속적인 영향을 미쳤습니다."
지그문트 프로이트

지그문트 프로이트Sigmund Freud, 1856~1939는 비엔나 의대를 졸업한 유태인 의사였다. 그는 빅토리아 시대에 유럽의 변방 마을 프라이베르크에서 태어났다. 프라이베르크는 프라하에서 백삼십 마일 정도 떨어진 체코의 시골 마을이었다. 당시 프라이베르크 주민은 고작 사오천 명 정도였고, 그 가운데 유태인은 백 명이 조금 넘었다. 마을 사람의 대부분은 가톨릭 신자였다. 프로이트의 부모는 대장장이네 집에 방 한 칸을 빌려 세 들어 살았다.

"이 녀석은 장차 큰 인물이 되겠네!"

머리에 양막을 뒤집어 쓴 채 태어난 프로이트를 보고 동네 아낙이 말했다. 방금 해산한 산모의 얼굴에는 환한 미소가 번졌다. 프로이트의 어머니 아말리에는 이런 미신적 징조를 평생 철석같이 믿었다.

프로이트가 태어났을 때 아버지 야곱 프로이트^{Jacob Freud, 1815~1896}가 지어준 이름은 지기스문트 슐로모 프로이트^{Sigismund Schlomo Freud}였다. 지기스문트는 유태인에게 선정을 베풀었던 16세기 폴란드 군주의 이름이었고, 슐로모는 유태인에게 흔했던 친할아버지의 이름이었으며 또한 조상 솔로몬 왕의 이름이기도 했다.

모직물 상인이었던 아버지 야곱 프로이트는 자신보다 스무 살이나 어린 아말리에와 세 번째로 결혼했다. 프로이트가 태어나던 해에 마흔 살이었던 아버지 야곱 프로이트는 이미 손자를 가진 할아버지였다. 근처에 살았던 두 명의 이복형들의 나이는 얼추 프로이트의 어머니 아말리에^{Amalia Nathansohn, 1835~1930}와 비슷했다.

"나의 아들 슐로모 지기스문트는 1856년 5월 6일 화요일에 태어났다. 출생 후 팔 일째 되는 날에 모헬이 와서 할례를 하여 유태인의 일원이 되었다."

아버지 야곱 프로이트는 평소에 읽던 필립손 성서에 이렇게 적었다. 아버지는 유대교회인 시나고그에 다니지는 않았지만, 틈이 나면 히브리어 성경을 읽었고 유월절을 지내면서 유태인의 전통을 지켰다.

프로이트가 칠 개월이 되었을 때 어머니는 둘째아이를 임신했다. 하지만 율리우스라고 이름을 지었던 둘째아이는 태어난 지 칠 개월 만에 죽었다. 얼마 지나지 않아서 어머니가 셋째아이를 임신했기 때문에 어린 프로이트는 유모와 지내는 시간이 더 많았다. 체코 사람이었던 유모는 독실한 가톨릭 신자였다. 주일이면 어린 프로이트는 유모를 따라 성당에 다녔다. 높이 솟은 뾰족탑을 가진 성당은 숲으로 둘러싸인 작은 마을 프라이베르크의 랜드마크였다.

유모를 따라 간 성당은 어린 프로이트에게 경이로움이었다. 높은 중앙 계단을 따라 올라가 육중한 중앙문을 지나면 어둠 속에서 촛불에 비춰진 막달라 마리아의 성화가 눈에 들어왔다. 장엄한 오르간 소리로 미사가 시작되면 성가대의 노랫소리가 성당 구석구석으로 퍼졌다. 유모를 따라 성당에 다녀온 날이면 어린 프로이트는 가족들 잎에서 신의 전능함에 대한 신부의 강론을 따라하곤 했다.

어린 프로이트는 그렇게 유대교 이전에 가톨릭을 접했다. 하지만 유모와 행복했던 시절은 그리 오래가질 못했다. 프로이트가 세 살 무렵이었다. 집에서 하찮은 물건을 훔치던 유모는 이복형에게 붙들려 감옥으로 끌려갔다. 그 즈음 어머니 아말리에는 셋째아이 안나를 해산하느라 집에 없었다. 어린 프로이트는 두 명의 어머니와 한꺼번에 헤어져야만 했다.

유모와 이별한 지 얼마 안 되어 프로이트 가족은 프라이베르크를 떠났다. 체코에 국수주의 바람이 휘몰아치고 부르주아가 성장하면서 농업 경제를 기반으로 삼았던 유태인 상인들이 들어설 자리를 잃었기 때문이었다. 프라이베르크 슐로써가세 117번지의 허름한 대장장이네 집 셋방, 푸른 숲과 아름다운 오솔길, 웅장한 성당과 엄숙한 로마 가톨릭과 이별해야만 했다.

프로이트는 어머니와 함께 라이프치히를 거쳐 비엔나로 이사했다. 비엔나로 향하는 기차 속에서 어린 프로이트는 복잡한 감정을 느꼈다. 한편으로는 헤어진 유모를 향한 애틋한 그리움이 밀려 왔고, 다른 한편으로는 오랫동안 떨어져 있다가 다시 함께한 어머니에게 오이디푸스적 성욕을 느꼈다. 훗날 프로이트는 친구 플리스에게 보내는 편지에 이렇게 적었다.

"두 살에서 두 살 반 사이의 어느 때인가 실제로는 네 살 무렵이었다 프

프로이트, 정신분석의 탄생

라이베르크에서 라이프치히로 가는 기차역에서 가스가 타오르는 불꽃을 보았네. 가스 불꽃을 보았을 때 처음 들었던 생각은 지옥에서 불타는 영혼이었네…. 어머니의 말에 따르면 유모는 못생겼고, 늙었지만 똑똑한 여인이었다고 하더군. 유모는 내게 신의 전능함과 지옥에 대해 가르쳐 주었네…. 후에 라이프치히에서 비엔나로 가는 여행에서 어머니 '어머니'를 프로이트는 굳이 라틴어로 표기했다. 께 향하는 나의 리비도가 깨어났는데, 즉 여행 중에 어머니와 함께 밤을 보내게 되었고, 어머니의 나체 프로이트는 또한 '나체'라는 단어만 일부러 라틴어로 표기했다. 를 보는 기회가 있었던 것이 틀림없네."

프로이트가 네 살 때였다. 1860년 프로이트 가족은 비엔나의 유태인 게토였던 레오폴드슈타트에 정착했다. 그곳은 수천 명의 유태인들이 모여 살던 가난한 동네였다. 이 무렵 비엔나에는 유태인 만오천 명 정도가 살았는데, 그 가운데 절반이 이 동네에 몰려 있었다. 프로이트가 열 살이 되던 해까지 로사, 마리, 아돌핀, 파울린, 알렉산더가 차례로 태어났다. 하지만 어머니에게 프로이트는 언제나 귀한 맏아들이었다. 쪼들리는 살림이었지만 프로이트에겐 항상 자기 방이 주어졌다. 프로이트의 방에는 책상과 오일램프, 책장과 침대가 갖춰졌다. 프로이트의 방은 대가족으로부터 떨어져 홀로 책을 읽고 잠을 자는 유일한 자신만의 공간이었다.

프로이트가 일곱 살 무렵 어느 더운 여름날 밤이었다. 생경한 어머니의 신음소리와 요란스레 침대가 삐걱대는 소리가 어둠 속에서 프로이트의 방까지 들렸다. 호기심에 어린 프로이트가 부모의 침실로 들어서자 어머니와 아버지는 갑자기 움직임을 멈췄다. 창문조차 열지 않은 방은 매우 후텁지근했다. 곧이어 아버지는 잔뜩 곤두선 말투로 소리를 질렀다.

"어서 나가지 못해! 저 녀석은 아무짝에도 쓸모가 없겠어!"

아버지의 고함에 너무 놀란 어린 프로이트는 마룻바닥에 오줌까지 지렸다. 전처소생으로 장성한 두 아들을 두었던 아버지에게 프로이트는 그저 철없는 애송이에 불과했다. 하지만 어머니는 어린 프로이트를 항상 '금동이 지기 골든 지기'라고 불렀고 장차 위대한 인물이 될 것이라고 믿었다. 훗날 이 장면은 프로이트의 대표적 저서인 『꿈의 해석』의 제6장 꿈작업에서 소위 '홀트후른 꿈'의 소재로 등장했다.

"십분 후 홀트후른 정차!"

이렇게 외치는 소리가 들려오면서 '홀트후른 꿈'은 시작되었다. 프로이트는 신사와 숙녀가 이미 자리 잡고 있던 일등칸에 끼어들어 함께 기차를 타고 갔다. 프로이트가 인사를 했지만 꿈속의 신사와 숙녀는 프로이트의 인사에 답례하지 않았다. 무더운 밤인데 창문조차 열지 않았다. 프로이트는 모두 자신이 불청객인 탓이라고 여겼다. 그때 꿈속에서 다시 꿈을 꾼 프로이트는 꿈속의 꿈에서 이들에게 욕설과 경멸이 숨겨져 있는 무서운 복수를 했다. 이런 내용의 '홀트후른 꿈'은 프로이트가 집착했던 성공을 향한 욕망의 큰 부분이 자신에 대한 아버지의 의구심을 꺾으려는 동기에서 비롯되었다는 것을 보여주었다.

"국민의, 국민에 의한, 국민을 위한 정부는 이 땅에서 결코 사라지지 않을 것입니다."

유럽땅 저편 북미대륙에서 처절한 남북전쟁이 벌어졌던 게티즈버그에 국립묘지를 세우면서 링컨 대통령이 이런 명연설을 했던 1863년이었다. 일곱 살 프로이트는 아버지에게 필립손 성서를 선물받았다. 필립손 성서는 19세기 유태인 랍비였던 루드비히 필립손^{Ludwig Philippson, 1811~1889}이 히브리어 성서를 독일어로 번역한 성서였다. 필립손 성서에는 685점이나 되는 목판화가 실려 있었다. 목판화 가운데 211점은 이집트와 관련된 그림이었고, 93점은 이스라엘에 관련된 그림이었다. 독일어를 갓 배우기 시작한 프로이트는 성서를 읽는 데 빠져지냈다. 지저분하고 혼잡한 게토 마을에 문화적으로 갇혀 지내던 프로이트에게 성서의 내용과 그림은 프라이베르크의 성당만큼이나 매혹적이고 놀라운 경험이었다. 어린 프로이트는 필립손 성서를 통해서 이집트의 신들을 만났고, 이집트 파라오에게 꿈을 해석해 주던 요셉을 만났으며, 이집트로부터 이스라엘 민족을 탈출시키던 파라오의 손자 모세를 만났다.

여덟 살에 프로이트는 레오폴드슈타트 코뮤날-레알-운트 오버 김나지움에 입학했다. 김나지움에 입학한 프로이트는 독일어뿐만 아니라 라틴어, 그리스어, 프랑스어, 영어 등을 폭넓게 배웠다. 유태인이 절반 정도였던 그 김나지움에서 학생 프로이트는 내내 일등을 놓치지 않았다. 학생 프로이트는 종교 과목을 가르치던 자무엘 햄머슐라그 선생님을 특히 존경했다. 햄머슐라그 선생님은 프로이트의 집안 사정이 넉넉지 않다는 것을 알고 이따금 경제적 도움도 주었다.

"유대교의 전통적인 뿌리는 '자유롭고 자율적인 인간, 그리고 선천적인 인권'이라는 계몽주의 사상과 상통합니다."

햄머슐라그 선생님은 아이들에게 이렇게 가르쳤다. 그는 유대교의 전통적 예언서를 절대적 교리로 맹신하기보다는 생각하는 길을 열어주는 질문으로 받아들였다. 그래서 종교 과목 시간에는 성서를 단순히 해석하는 대신에 성서의 문구를 제시한 다음 학생들이 스스로 그 핵심적 개념을 찾아보도록 가르쳤다. 졸업 후에도 프로이트는 지치고 힘들 때면 햄머슐라그 선생님을 찾아가곤 했다. 1904년 11월 햄머슐라그 선생님께서 돌아가셨을 때 프로이트는 신문에 직접 부고를 썼다.

"생전에 선생님께서는 제자들을 자식처럼 걱정해 주시던 친구이셨습니다. 그분은 천성적으로 친절하고 연민을 느끼시는 분이셨습니다."

1860년대의 비엔나는 정치적 자유주의가 팽배하면서 유태인에게 가해졌던 법적 제한들이 점차 철폐되었다. 또한 도시민의 평등한 권리에 대한 사상이 자리 잡으면서 반유태인 성향도 많이 줄었다. 유태인에게 완전한 시민권이 부여되었고, 심지어 내각에 참여하여 장관자리에 오르는 유태인까지 생겼다. 비엔나의 유태인 어린이들은 장관을 꿈꾸었고, 어린 프로이트도 그랬다. 프로이트가 사춘기에 들어섰던 열 살 무렵이었다. 함께 산책하던 아버지는 그 즈음의 유태인의 삶이 과거에 비해 얼마나 좋아졌는지 설명하기 위해서 자신이 겪었던 젊은 시절의 이야기를 어린 프로이트에게 들려주었다.

"기독교인이 다가오더니 내 모자를 쳐서 흙바닥에 떨어뜨리고는 '사람 다니는 길에서 나가 유태인 놈아!'라고 소리를 지르더구나."

아버지의 젊은 날 어느 토요일이었다. 정장을 차려입고, 새로 산 모피 모자까지 쓰고 프라이베르크 시내를 걷던 아버지는 기독교인에게 봉변을 당했다. 유태인을 달갑지 않게 생각한 기독교인이 아버지의 모자를 쳐서 흙바닥으로 내팽개치고는 인도에서 나가라고 소리쳤던 것이다.

"그래서 어떻게 하셨어요?"

이 말을 들은 사춘기 프로이트가 물었다.

"그냥 인도에서 내려와서 모자를 집어들었지."

아버지는 아무렇지 않은 듯 대답했다. 아버지의 무덤덤한 반응에 사춘기 소년 프로이트는 실망했다.

"아버지는 내게 영웅적 존재가 아니었다."

프로이트는 훗날 이렇게 냉정하게 잘라 말했다. 아버지 야곱 프로이트는 항상 지나치게 낙천적이었다. 아이들은 점점 많아졌고, 집안 형편은 좀체 나아지질 않았다. 경제적으로 무능하면서도 이해할 수 없을 만큼 낙천적이었던 아버지에 대해 프로이트는 실망에 실망을 거듭했다.

유태인의 성인식인 바르미츠바를 끝마친 프로이트는 지기스문트 슐로모 프로이트라는 이름을 지그문트 프로이트로 바꿨다. 이제 사춘기가 지난 프로이트는 아버지가 지어준 16세기 폴란드식 이름 지기스문트 대신에 신식 독일어 발음의 지그문트로 이름을 바꿈으로써 자신의 정체성을 진취적인 독일식 자유주의자로 자리매김했다.

시간이 흘러 프로이트의 서른다섯 번째 생일날이었다. 아버지는 프로이트에게 필립손 성서를 선물하면서 다음과 같은 편지를 넣어주었다.

"하느님께서 너를 움직이셔서 네가 처음 성서를 읽기 시작한 것이 일곱 살 때였다. 그때 나는 이 책을 네게 보여주면서 '하느님께서 말씀하신다. 이 책을 읽어라. 지식의 근원으로 들어가는 문이 열릴 것이다.'라고 일러주었다. 이것은 책 중의 책이요, 현자들이 파놓은 지식의 샘을 길어내는 우물이다. 너는 이 책에서 전능한 분을 만났고, 그분의 음성을 들었으며, 성령의 날개를 타고 높이 날아올랐다. 그 이후로 나는 이 성서를 보관해 왔다. 자, 이제 너의 서른다섯 번째 생일날, 나는 이 책을 꺼내 늙은 아비의 사랑의 징표로 네게 선물한다."

같은 해에 개업의로 돈을 벌어 베어르그가세 19번지로 이사한 프로이트는 필립손 성서에서 보았던 이집트 유물들을 수집하기 시작했다. 미라와 함께 부장했던 작은 인형 샤브티, 이집트인의 부적이었던 풍뎅이 모양의 돌 스카라베, 이집트신 이시스의 조각상이 차례차례 프로이트의 책상 위에 자리 잡았다. 프로이트의 정신분석 치료실은 자그마한 이집트 박물관으로 변모해갔다.

프로이트가 어린 시절에 살았던 레오폴드슈타트로 향하는 지하철역이다.
비엔나 시내 곳곳에 파랑색 주사위을 달아놓은 장대가
지하철역을 알리는 표지판으로 세워져 있다.

레오폴드슈타트 역에서 나와 동네를 5분 정도 걸어가면 프로이트가 다녔던 김나지움이 나온다. 한때 유태인 게토였던 이 지역은 훗날 프로이트가 개업의사로 돈을 벌어 이사했던 베어그가세에 비해서 허름하다.

1865년 여덟 살 프로이트가 입학했던 레오폴드슈타트 코뮤날-레알-운트 오버김나지움은 지금은 프로이트를 기념하여 지그문트 프로이트 김나지움으로 이름이 바뀌었다.
"김나지움에서 나는 7년 동안 일등을 놓쳐본 적이 없었고, 검사를 받는 일도 거의 없었습니다." 훗날 프로이트는 자신의 김나지움 시절을 이렇게 회고했다. 그의 말처럼 학생 프로이트는 유태인 게토 지역이었던 가난한 마을 레오폴드슈타트에서 살면서도 탐욕스러우리만치 독서와 공부에 몰두하는 우수한 학생이었다.

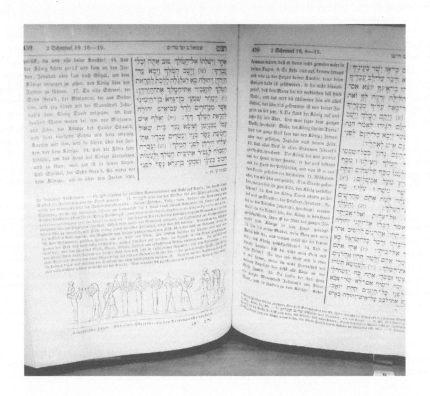

프로이트 박물관에 전시된 필립손 성서이다.

프로이트 가족의 필립손 성서는 제2판으로 1858년에 출간된 책이었다. 필립손 성서의 초판
은 1839년에 출간되었으며, 히브리어와 독일어를 함께 표기한 성서로는 처음이었다. 필립
손 성서에는 685점에 이르는 목판화가 실려 있었는데, 그 가운데 211점이 이집트와 관련된
그림이었다. 펼쳐 놓은 페이지 하단에도 이집트 신들이 보인다.

프로이트의 정신분석 치료실과 연결된 대기실 한쪽 모퉁이에 세워진 유리장에는 생전에 프로이트가 수집했던 골동품의 일부가 전시되어 있다. 고대 이집트의 여신 바스테트를 묘사한 목각 고양이, 작은 이집트 미라 조각들, 이집트 물병과 그릇들, 남근 모양의 부적 등을 볼 수 있다. 유리장 옆에는 쥬세페 데 리베라의 '곤봉발'(절름발이)이란 작품이 걸려 있다. 프로이트는 1897년에 「유아기 대뇌 마비」라는 논문에서 이 그림이 유아기 편마비를 묘사하고 있다고 설명했다. 당시 프로이트는 이미 『히스테리 연구』를 출간했고 자기분석을 통해서 '오이디푸스 콤플렉스'를 밝혀내는 등 정신분석가로 탈바꿈하고 있었지만, 본디 그는 소아마비 분야에서 명성을 얻은 신경학 권위자였다.

프로이트 박물관에 전시된 골동품

프로이트 박물관에는 1890년대 초 지그문트 프로이트(좌측)가 베를린을 방문했을 때 빌헬름 플리스(우측)와 함께 찍은 사진이 걸려 있다. 빌헬름 플리스(Wilhelm Fliess, 1858~1929)는 베를린의 이비인후과 의사였다. 프로이트는 1887년 연수를 받으러 비엔나를 방문한 플리스와 처음 만났다. 플리스는 마치 카우치의 뒤편에 앉아 환자의 이야기를 듣는 분석가처럼 프로이트의 자기-분석 과정에서 눈에 보이지 않는 가장 중요한 파트너 역할을 했으며, 두 사람의 끈끈한 우정은 1902년까지 지속되었다.

프로이트 박물관에 걸려 있는 요제프 브로이어와 그 아내 마틸다가 함께 찍은 사진이다. 브로이어는 비엔나 과학 아카데미의 회원이었으며, 존경받는 내과의사였다. 스물한 살 의대생 프로이트는 연구결과를 발표하러 갔던 비엔나 과학 아카데미에서 브로이어를 처음 만났다. 브로이어는 프로이트에게 아버지 같은 친구였고, '안나 O' 증례를 통해서 프로이트에게 정신분석의 길을 열어준 선배 의사였다.

프로이트가 살았던 베어르그가세 19번지에서 트램(비엔나 시내를 다니는 노상 전차)을 타면 얼마 멀지 않은 곳에서 빈 숲을 만날 수 있다. 빈 숲에 자리 잡은 마을 그린칭에 내리면 프로이트의 단골 식당이었다는 '루돌프스호프'가 제일 먼저 기다린다. 노란 건물은 카페이고, 그 안뜰에는 호이리게가 자리 잡고 있다. 호이리게는 가게에서 소유한 포도원에서 직접 만든 술을 내는 술집이다. 프로이트가 『꿈의 해석』에서 첫 번째 꿈으로 소개한 '이르마의 꿈'도 이곳에서 가까운 칼렌베르그 등성이에 지어진 리조트 벨뷔에서 꾼 꿈이었다.

안나 프로이트의 정신분석 치료실이 있었던 자리에는 1974년 지그문트 프로이트 도서관이 문을 열었다. 도서관이 처음 개관할 때 많은 기증했던 분석가들 가운데 커트 아이슬러가 있었다. 현재 지그문트 프로이트 도서관은 유럽에서 가장 많은 장서를 가진 정신분석 도서관 가운데 하나이며, 독일어로 출판된 『꿈의 해석』 초판본과 프로이트 전집 초판본 등 정신분석 역사에서 소중한 자료들을 소장하고 있다. 1998년에는 세계각국의 방문객이 프로이트에 관한 책을 읽을 수 있도록 다양한 언어로 번역된 책을 소장한 방문객을 위한 도서관이 문을 열었다.

정신분석의 대표적인 상징물인 '카우치'를 모티브로 삼은 비엔나 작가
프란츠 웨스트Franz West, 1947~의 '눕는 의자Liège'라는 작품이 프로이트 박물관에 전시되어 있다.

프로이트, 요제프 브로이어를 만나다

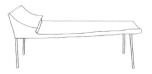

"대부분 환자에게 단순히 물어보는 것만으로는 히스테리의
시작 지점을 파악하기가 불가능할 때가 많습니다.
그 이유 중 하나는 발병을 일으킨 사건이 환자들이
이야기하기를 꺼리는 사건이기 때문입니다."
브로이어와 프로이트(『히스테리 연구』)

김나지움에서 졸업시험을 치르기 직전에 괴테의 '자연에 대하여'
라는 강연을 들은 프로이트는 깊은 감명을 받고 의대에 진학하기로
결심했다. 1873년 졸업시험에서 우등상을 받은 프로이트는 결심했던
대로 비엔나 의대에 진학했다.

"사실 질병으로 고통받는 사람들을 도우려는 열망을 가지고 의과
대학을 택했던 것은 아니었다. 그저 우리가 살아가는 세상의 수수께
끼를 이해하고 그것을 푸는 데 일조하고 싶었다."

훗날 이렇게 스스로 고백했던 것처럼 프로이트는 질병 치유에

프로이트, 인간에 대한 너무 많은

대한 열망이나 경제적 여유를 위해서가 아니라 자연과학자가 되고 싶다는 포부를 가지고 의과대학을 선택했다. 자연과학자를 꿈꾸던 프로이트가 롤모델로 삼았던 인물은 비엔나 의대의 생리학 교수였던 에른스트 브뤼케Ernst Brücke, 1819~1892였다. 실제로 프로이트는 비엔나 의대 3학년이 되던 때부터 브뤼케 교수의 생리학 연구실에 틀어박혀 생식샘을 찾으려고 4백여 마리의 뱀장어를 해부하거나, 신경계를 찾는다고 현미경으로 수백 장의 칠성장어 척수 슬라이드를 들여다보면서 장장 육년의 세월을 보냈다. 비엔나 의대에 입학한 이후 줄곧 브뤼케 교수는 그야말로 프로이트의 우상이었다.

한창 칠성장어의 중추신경계 연구에 매달리던 1878년이었다. 스물한 살 의대생 프로이트는 비엔나 과학 아카데미에 연구결과를 발표하러 갔다가 훗날 자신의 운명을 바꿔줄 요제프 브로이어Josef Breuer, 1842~1925를 처음 만났다. 프로이트보다 열네 살 연상이었던 브로이어는 이미 비엔나에서 존경받는 유태인 내과의사였다. 그의 아버지 레오폴드 브로이어는 비엔나 김나지움의 종교 과목의 수석교사였으며, 프로이트를 포함하여 비엔나의 학생들이 사용했던 종교 교과서의 저자였다.

"하느님에 대한 신앙은 인간의 타고난 본성이며, 인간의 도덕적 본성 그리고 영적 본성과 긴밀한 연관이 있습니다. 이성만 가지고는 하느님에 대해 올바로 알 수 없으며, 진실은 하느님의 계시로부터 드러나는 것입니다."

아버지 레오폴드 브로이어는 자신이 집필한 종교 교과서 서문에 이렇게 적었다. 어머니 베르다 브로이어는 불행히도 요제프 브로이어를 낳은 지 삼 년 만에 세상을 떠났다. 평생 어머니에 대한 그리움을 가슴에 품고 살았던 요제프 브로이어는 큰딸의 이름조차 '베르다'라고 지었다.

1881년 의학부 졸업시험을 통과하여 의사가 된 후에도 프로이트는 자연과학을 하는 의대교수가 되려는 꿈을 버리지 않고 계속 브뤼케 교수의 연구실에서 근무했다. 하지만 연구실의 월급은 터무니없이 적었고, 일흔이 다 되어가는 아버지에게 경제적 도움 따위를 기대할 수도 없었다. 더구나 1882년 봄에 만나 사랑에 빠진 마르타 베르나이스와 결혼하기 위해서는 경제적 기반이 반드시 필요했다. 이제 그가 선택할 수 있는 길은 임상의사로서 개업뿐이었다. 하는 수 없이 자연과학자의 길을 포기한 프로이트는 임상의사가 되기 위해서 1882년부터 비엔나 종합병원에서 근무하기 시작했다. 이듬해에 그는 마이네르트 정신병리학 교실에서 임상조교 자리를 얻었다. 그래도 그의 관심은 임상 치료보다는 해부병리 이론에 쏠려 있었다. 그래서 그는 진료하는 틈틈이 뇌 해부학 실험실에서 동물의 신경세포와 인간의 중추신경계에 대한 연구를 계속했다.

프로이트가 비엔나 의대에서 강사 자격을 얻었던 1885년이었다. 브뤼케 교수는 당시 신경학의 메카였던 파리 살페트리에르 병원에서 연구할 수 있도록 장학금을 얻어주었다. 장학금을 받아 신경병리학을 연구하러 파리에 왔던 청년의사 프로이트는 살페트리에르 병원에서 샤르코 교수의 최면요법에 마음을 빼앗겼다. 살페트리에르 병원 신경과장이었던 샤르코 교수는 최면과 암시를 사용해서 히스테리 신경증 환자를 치료했다. 샤르코 교수의 히스테리 환자들은 최면 상태에서 어린 시절 성폭행 경험이나 근친상간에 대해서 이야기했지만, 최면에서 깨어나면 아무것도 기억하지 못했다. 샤르코 교수는 히스테리 신경증은 분명히 어떤 성적인 원인을 갖고 있으며, 남성 히스테리도 존재한다고 강연했다. 프로이트는 살페트리에르 병원에서 그렇게 무의식의 세계를 처음 만났다.

파리에서 최면요법을 경험하고 비엔나로 돌아온 프로이트는 비엔나 종합병원을 사직하고 라트하우스스트라세 7번지에 클리닉을 열었다. 1886년 4월의 부활절 날이었다. 그리고 그해 가을에 사랑하는 약혼녀 마르타와 사 년의 연애 끝에 마침내 결혼식을 올렸다.

서른 살 개업의사 프로이트는 프랑스에서 배워 온 최면요법을 시행하면서 주변의 냉대를 감내해야만 했다. 비엔나 의대 선배였던 메스머가 파리로 쫓겨난 지 이미 백 년 이상이 흘렀지만 비엔나에서 최면은 여전히 금기시되고 있었다.

"최면과 암시를 통해서 히스테리 증상을 유발시키거나 제거할 수 있으며, 남성 히스테리도 존재합니다."

비엔나 의사회의 요청으로 이렇게 자신이 보고 배운 샤르코 교수의 최면요법을 소개했던 프로이트는 비엔나 대학 의학부로부터 호된 비난을 당했다. 특히 스승인 마이네르트 교수는 최면요법을 환상에 휘둘린 터무니없는 짓거리로 몰아붙였고, 비엔나 종합병원은 아예 프로이트의 신경병리학 강사 자격을 박탈해 버렸다. 그 후 1902년 비엔나 의과대학 교수로 다시 임용되기까지 무려 15년 동안이나 프로이트는 비엔나 의학계의 차가운 모멸을 견뎌야 했다. 더욱이 치료받는 환자와 그 가족들조차 최면에 대해서 아주 꺼림칙하게 생각했다.『최면에 의한 성공적 치유』라는 글에서 프로이트는 최면에 대한 거부감 때문에 겪었던 비엔나의 최면치료자로서 고충을 여러 차례 토로했다.

이런 어려움을 극복하는 데 프로이트의 멘토이자 후원자였던 브로이어가 큰 도움을 주었다. 브로이어는 새내기 개업의 프로이트에게 따뜻한 조언을 아끼지 않았고 환자도 의뢰해 주었다. 실제로 브로이어가 프로이트에게 도움을 주기 시작한 것은 개업하기 훨씬 전부터였다. 그는 프로이트가 마이네르트 교수의 정신병리학 교실에서 일하던 시절부터 여러 차례 경제적 도움도 주었다. 하지만 브로이어가 프로이트에게 주었던 가장 커다란 도움은 정신분석의 단초를 제공한 것이었다.

"벌써 이년이나 흘렀군. 흥미로운 히스테리 환자를 치료했다네."

낙엽이 을씨년스럽게 거리에 흩날리던 1882년 11월이었다. 프로이트와 마주앉아 저녁 식사를 하던 브로이어는 자신이 치료했던 어떤 히스테리 환자에 관한 이야기를 꺼냈다.

히스테리 환자의 이름은 브로이어의 어머니, 브로이어의 큰딸과 같은 '베르다'였다. 베르다 파펜하임^{Bertha Pappenheim, 1859~1936}은 스물한 살의 매력적이고 총명한 유태인 처녀였다. 그녀는 엄격한 가풍의 중상류층 가문에서 자랐다. 어린 시절부터 몸통을 조이는 코르셋처럼 갑갑한 상황이 닥치면 그녀는 스스로 '나만의 극장'이라고 이름 붙인 백일몽에 빠지는 것이 유일한 탈출구였다.

치료는 1880년 여름에 시작되었다. 당시에 베르다의 아버지는 결핵이 악화되어 흉막 주위에 농양이 들어차서 임종을 앞두고 있었다. 아버지의 간병을 떠맡은 그녀는 날로 심신이 지쳐갔다. 점차 식욕을 잃었고, 발작적인 신경성 기침이 생겼다. 가끔은 심한 두통과 함께 눈동자가 돌아가거나 손이 마비되었다. 이듬해 봄이 되면서 증상은 더욱 심해졌다. 검은 뱀과 해골이 나타나는 환각을 겪었고, 때로는 비엔나에서 사용하던 독일어를 할 수 없었고, 오직 영어와 프랑스어, 이태리어만 할 수 있었다. 매우 상반되는 인격이 나타나기도 했는데, 다른 하나의 인격은 평소의 그녀와 달리 옷을 찢어대거나 사람들에게 욕설을 퍼붓는 등 매우 포악했다. 그러다가 정상적인 인격으로 돌아오면 필름이 끊어졌었다고 괴로움을 호소했다. 브로이어의 치료는 그녀에게 강력한 암시를 주거나 어르고 달래며 설득하는 것이 전부였다. 밤에는 수면제 클로랄을 처방하기도 했다.

1881년 4월에 그녀의 아버지가 사망하면서 증상은 더욱 심해졌다. 낮에는 심한 환각에 시달렸고, 해가 질 녘이면 잔뜩 먹구름이 낀 것과 같은 최면 상태에 빠졌다. 최면 상태에서 브로이어에게 그날 경험했던 환각들을 털어놓는 날에는 정신이 명료해지면서 마음이 진정되었다. 브로이어는 거의 매일 저녁 그녀를 방문하여 그녀와 대화를 나누었다. 심지어 어떤 날은 하루에 두 차례 방문하기도 했다.

"이것은 마치 막혔던 굴뚝을 청소하는 것처럼 속이 뻥 뚫리는 느낌이네요."

베르다는 브로이어와 대화하다가 스스로 자기-최면 상태에 빠져들어가 이런저런 이야기들을 털어놓았다. 그리고 그때마다 증상이 호전되었다. 베르다는 이런 현상을 진지하게 말할 때는 '대화 치유'라고 했고, 장난삼아 말할 때는 '굴뚝 청소'라고 불렀다. 브로이어는 강력한 감정이 맺혀 있어서 기억하지 못했던 중요한 기억을 토해냈기 때문에 나타나는 '카타르시스 효과'라고 생각했다 '카타르시스'는 깨끗하게 한다는 의미이다. 이후에도 이야기를 털어놓으면 일시적으로 증상이 나아졌다가 다시 악화되는 일이 지루하게 반복되었다.

또 다시 한 해가 지난 1882년 무더운 여름날이었다. 그때 베르다는 6주째 공수병과 비슷한 증상을 겪고 있었다. 입이 바짝바짝 말랐지만 물 한 모금을 넘길 수 없었다. 그래서 멜론 따위의 과일을 먹으면서 겨우 갈증을 달래고 있었다. 여느 날처럼 브로이어와 '대화 치유' 시간에 최면 상태에 빠져들어 간 그녀는 영국인 친구와 관련된 기억을 떠올렸다.

"끔찍한 짐승에게 물잔의 물을 주는 것이 아니겠어요!"

그녀가 별로 좋아하지 않았던 한 영국인 여자 친구가 사람이 마시는 물잔의 물을 개에게 마시게 했던 기억이었다. 베르다는 개를 '끔찍한 짐승'이라 부를 만큼 아주 싫어했다. 당시에 베르다는 예의상 아무 말도 못 한 채 그 시간을 넘겨야만 했다. 이렇게 '물잔의 물을 마시는 개'와 연관된 메스껍고 비위가 상했던 기억을 이야기하자마자 놀랍게도 베르다의 공수병 증상은 씻은 듯 사라졌다. 베르다는 즉시 물을 달라고 하여 많은 양의 물을 마신 후 최면에서 깨어났다.

바로 이 장면. 이런 베르다의 '대화 치유'는 심리치료의 역사에서 전환점이 되었다. 아니 심리치료에 새로운 길을 열었다. "증상이 좋아질 겁니다."라고 말하는 암시치료의 수준에서 벗어나 증상을 만들어낸 트라우마 정신적 충격으로 인한 마음의 상처를 말한다. 를 밝혀내어 억압되었던 감정을 해소시키는 심리치료, 즉 무의식적으로 유배된 심리문제를 다루는 정신분석적 심리치료가 시작된 것이다.

이후 브로이어는 정통적인 치료법은 아니었지만 최면을 사용해서 그녀의 증상에 얽혀 있는 트라우마들을 파헤치기 시작했다. 브로이어는 아침나절에 한 차례 베르다를 방문하여 최면을 걸어서 기억나는 사건들을 이야기하도록 했다. 그리고 저녁때면 다시 방문하여 최면을 걸고 아침에 이야기했던 사건에 대해 보다 상세하게 이야기를 나누었다.

"내일 아침 내가 눈을 뜨라고 하기 전까지 당신은 눈꺼풀을 뜰 수 없을 겁니다."

어느 날 필름이 끊어졌다가 정상 인격으로 돌아온 베르다가 밤에 누군가 자신을 집 밖으로 옮겼다며 난동을 피웠다. 그래서 브로이어는 밤마다 그녀의 침대 곁에서 눈을 감겨주면서 이렇게 암시를 주었다. 그리고 다음 날 아침이면 브로이어가 다시 그녀의 침대 곁으로 가서 눈을 뜨도록 해주었다. 이렇게 매일 아침과 저녁으로 이어지는 트라우마 파헤치기 작업을 통해서 그해 6월 즈음에 증상은 거의 호전되었다.

베르다는 스스로 6월 7일에 치료를 종결하겠다고 결정했다. 여러 증상에서 자유로워진 그녀는 비엔나를 떠나 여행길에 올랐다. 이후로 꽤 시간이 흐른 다음에야 그녀는 정신적 균형을 완전히 회복할 수 있었지만 일단 회복한 뒤로는 완벽하게 건강했다.

베르다 파펜하임의 증례는 1895년 프로이트와 브로이어가 함께 저술한 『히스테리 연구』라는 책에서 '숙녀 안나 O.'라는 가명으로 여기까지 보고되었다. 숙녀 안나 O.의 사례는 『히스테리 연구』에서 제시되었던 다섯 사례 가운데 첫 번째 사례였다. 하지만 '숙녀 안나 O.' 사례에서 보고된 바와 달리 그녀가 여행을 떠났던 이유는 증상이 호전되었기 때문이 아니었다.

"도대체 어디가 아픈 겁니까?"

배를 움켜쥐고 거실을 나뒹구는 베르다를 향해 브로이어가 물었다.

"당신의 아이를 임신했어요."

고통으로 일그러진 베르다의 얼굴에서 만족스러운 미소가 스쳐 지나갔다. 순간 브로이어의 얼굴은 하얗게 질렸다. 매일 아침과 저녁의 트라우마 파헤치기 작업을 통해서 증상이 거의 호전되어가던 1882년 6월 초였다. 브로이어가 집안으로 들어섰을 때 베르다는 갑자기 배를 움켜쥐며 복통을 호소했다. 어디가 아프냐고 브로이어가 물었을 때, 그녀는 브로이어의 아이를 가졌다고 주장했다.

매일 저녁이면 눈을 감겨 재워 주고, 아침이면 다정하게 깨워주면서 '카타르시스 치료'를 진행하는 동안에 브로이어에게 사랑의 감정을 품은 베르다가 상상임신을 했던 것이다.

"내게 악마가 씌웠던 게야!"

'베르다의 상상임신'을 두고 브로이어와 그의 아내 마틸다는 심하게 다투었다. 브로이어의 결혼생활은 파경 직전까지 치달았다. 베르다의 상상임신에 당황한 브로이어는 자신에게 악마가 씌웠던 것 같다고 말했다. 자신이 정통 치료기법을 벗어났었다고 생각했기 때문이다. 브로이어는 서둘러 베르다를 스위스의 정신과 의사에게 의뢰했다. 그리고 자신은 아내와 함께 베니스로 여행을 떠나버렸다. 훗날 이 사건을 두고 프로이트는 이렇게 말했다.

"브로이어는 심리치료의 열쇠를 발견했지만 사용할 생각을 하지 않았다."

실제로 1882년 6월에 브로이어에게 버림을 받은 베르다는 스위스 크로이츨링겐에 위치한 밸뷔 요양소에 입원했다. 이후 오 년 동안 세 번 이상 비엔나 근교에 위치한 인젠스돌프 요양소에 거듭 입원하여 역시 '히스테리'라는 진단 아래 치료를 받았다. 브로이어와 베르다의 '대화 치유'는 이렇게 미완성으로 끝났다.

"사랑하는 딸들에게!

성경을 비판해도 된다면 이렇게 말하고 싶습니다. 여자의 지위를 부당하게 정한 것을 보면 성경은 천재적인 남자 인간이 쓴 것이지 신의 기록은 아닙니다. 다시 말해서 성경이 정한 바는 하느님이 원하는 남녀의 차이에서 필연적으로 귀결되는 것이 아닙니다."

베르다 파펜하임은 히스테리 신경증에서 회복된 이후 이렇게 주장했을 정도로 전통적 여성상에 저항하는 페미니스트로 평생을 살았다. 훗날 그녀는 자신이 경험했던 브로이어의 치료에 대해서 다음과 같은 말을 남겼다.

"의사와 정신분석의 관계는 가톨릭 신부와 고백성사의 관계와 같습니다. 그것이 훌륭한 도구인지 양날의 칼인지는 사용자와 사용법에 달려 있습니다."

『헤이든호프 박사의 프로세스』

개업의사 프로이트는 베르다의 '굴뚝 청소'와 브로이어의 '카타르시스 치료법'을 주된 최면치료법으로 삼았다. 이 시절 프로이트는 자신의 최면치료법을 『헤이든호프 박사의 프로세스』에 비유했다. 『헤이든호프 박사의 프로세스』는 미국 매사추세츠에서 태어나고 활동했던 소설가 에드워드 벨러미^{Edward Bellamy, 1850~1898}의 소설이었다. 1880년에 출간된 이 소설은 보스턴의 헤이든호프 박사가 '불쾌한 기억을 제거하는 기계'를 가지고 성적 유혹을 받았던 과거 때문에 고통을 겪던 여인을 치료한다는 이야기였다. 이야기가 진행되면서 이 기계는 모르핀에 의해 유도된 꿈이라는 것이 밝혀진다. 즉, 마음에 상처를 입히는 정서적 트라우마가 전환되어 신체적 증상을 일으켰을 때 헤이든호프 박사가 '기억을 제거하는 기계'를 사용하여 불쾌한 기억을 제거했던 것처럼 개업의사 프로이트는 기억을 파헤쳐서 정서적 트라우마에 맺혀 있던 감정을 분출시키는 '카타르시스 치료법'을 시술했다.

'자유연상의 등장'

때는 프로이트가 브로이어로부터 베르다에게 시행한 '카타르시스 치료법'에 대한 이야기를 처음 들은 지 칠 년여 지난 1889년이었다. 그 사이 프로이트는 1885년 겨울부터 이듬해 초까지 파리의 살페트리에르 병원을 방문하여 샤르코 교수의 최면요법을 직접 목격했고, 1889년 여름에는 낭시 병원을 방문하여 베르넴의 암시치료를 곁에서 직접 보고 배웠다. 그렇게 최면치료에 대한 탄탄한 기반을 다진 프로이트가 '카타르시스 치료법'을 시도하면서 깨달은 바는 엉뚱하게도 '최면에 의한 치료는 의미 없고 가치 없는 과정'이라는 것이었다.

프로이트가 '카타르시스 치료법'을 본격적으로 시도했던 첫 번째 환자는 파니 모저 남작부인이었다. 그녀는 브로이어와 프로이트가 오랫동안 함께 알고 지내던 마흔 살의 부유한 미망인이었다. 그녀는 극심한 통증이 온몸 여기저기에 돌아가면서 나타났고, 우울증과 불면증을 앓고 있었다. 때때로 쥐와 뱀, 도마뱀이나 두꺼비와 같은 동물 환각에 시달렸다.

프로이트는 그녀의 증상이 나타날 때마다 브로이어가 그랬던 것처럼 최면 상태에서 증상을 파헤쳐서 기원이 되는 트라우마를 제거하는 작업을 반복했다. 그러던 어느 날이었다. 치료 성과가 지지부진하자 그녀는 최면에 대해서 회의를 품었다. 최면의 효과를 그녀에게 보여주기 위해 프로이트는 한 장의 메모를 준비했다. 그리고 최면 상태에서 그 메모를 그녀에게 읽어주었다.

"오늘 점심 식사 때 당신은 내게 적포도주 한잔을 따라 줄 것입니다. 그리고 내가 잔을 들어 입으로 가져가면 '제게도 한잔 따라주세요.'라고 말할 것입니다. 그리고 내가 포도주 병으로 손을 뻗으면 당신은 '아니에요. 됐습니다. 마시지 않겠어요.'라고 거절할 것입니다. 그런 뒤에 당신은 가방 속에 손을 넣어 이 메모를 꺼내서 읽게 될 것입니다."

오전에 최면치료를 마친 후 프로이트는 계획했던 대로 파니 모저 남작부인과 점심식사를 함께했다. 그녀는 언제나 그랬던 것처럼 프로이트의 잔에 포도주를 따라주었다. 프로이트가 포도주를 마시려고 했을 때 그녀가 말했다.

"제게도 한잔 따라주세요."

사실 파니 모저 남작부인은 결코 포도주를 마시지 않는 사람이었다. 이렇게 말한 그녀는 자신도 이상하다는 듯 난처한 표정을 지었다. 프로이트가 그녀에게 포도주를 따라주기 위해 병으로 손을 가져가자 그녀는 기다렸다는 듯이 말했다.

"아니에요. 됐습니다. 마시지 않겠어요."

그리고는 암시했던 바대로 가방에 손을 넣어 미리 적어둔 메모를 꺼냈다. 메모를 읽은 그녀는 머리를 흔들며 놀라워했다. 예전 낭시에서 베르넴의 곁에서 지켜보았던 '최면후 암시' 현상이 그녀에게 그대로 일어났다. 그렇게 프로이트의 암시에 반응을 잘하는 환자였지만, 그녀의 증상은 암시에도 도통 좋아지지 않은 채 지루하게 호전과 악화를 반복했다.

그날도 파니 모저 남작부인은 복통과 함께 동물 환각을 호소했다. 그녀가 털실 공인 줄 알고 잡으려고 했더니 쥐였고, 산책할 때 두꺼비가 갑자기 뛰어올라 달려들었다고 하였다. 프로이트는 그녀에게 최면을 건 다음 이야기했다.

"당신의 복통이 어디서 비롯된 것인지 떠올려보세요."

파니 모저 남작부인은 아무 기억도 나지 않는다고 말했고, 프로이트는 내일까지 기억을 떠올려보라는 암시를 주었다. 그때였다. 그녀는 부루퉁한 말투로 이렇게 말했다.

"그렇게 언제나 증상이 어디에서 비롯된 것인지 물어보지 말고, 그냥 내가 말하는 대로 내버려두세요."

프로이트가 그러라고 말하자 그녀는 밑도 끝도 없는 이야기를 시작했다.

"사람들이 남편을 들고 나갈 때까지도 나는 남편이 죽었다는 사실을 믿을 수 없었어요."

파니 모저 남작부인은 스물세 살 때 그녀보다 훨씬 나이가 많은 대실업가와 결혼했다. 그녀가 둘째아이를 낳은 지 얼마 안 되어 침대에 누워 있을 때였다. 그녀의 침대 곁에서 아침을 먹던 남편이 갑자기 일어서서 그녀를 이상스레 바라보더니 갑자기 쓰러져 죽고 말았다. 뇌졸중이 왔던 것이다. 결혼한 지 얼마 안 되어 거부였던 남편이 죽자 남편 친척들은 그녀가 남편을 독살했다는 소문을 퍼뜨렸다. 터무니없는 소문을 근거로 지방신문에서는 그녀를 중상모략하는 기사를 실었고, 그녀는 온갖 법 절차를 겪어야만 했다. 그녀는 둘째아이를 낳지 않았다면 남편을 간호해서 건강을 지켜주었을 것이라고 후회했다. 그래서 둘째아이를 오랫동안 미워했다. 더구나 둘째아이는 오랫동안 아주 이상했다. 도통 잠을 자질 않았고, 깨어 있을 때는 항상 소리를 질러댔다. 지금은 건강한 아이이지만, 오랫동안 이유를 알 수 없는 왼발 마비를 앓았고, 걷는 것과 말하는 것이 너무 늦어서 모두 저능아라고 생각했다.

젊은 미망인으로서 남편의 죽음에 대한 상실감, 남편 친척들의 학대에 대한 분개, 둘째아이에 대한 애증 탓에 통증을 앓아온 것이었다. 이렇게 그녀는 질문이 없이도 스스로 병을 일으킨 원인을 회상했다. 정신분석에서 가장 중요한 치료기법으로 삼는 '자유연상'이 심리치료에 최초로 등장하는 순간이었다.

다양한 최면치료 경험을 통해서 프로이트는 브로이어의 '카타르시스'이건 혹은 베르넴의 '암시'이건 그 효과가 지속적이지 못하다는 것에 큰 한계를 느꼈다. 파니 모저 남작부인의 치료 사례는 프로이트에게 심리치료의 새로운 길을 열어주었다. 그녀에 대한 치료 사례는 『히스테리 연구』에서 '부인 에미 폰 N.'이라는 가명을 써서 제시되었다. 부인 에미 폰 N.의 사례는 『히스테리 연구』에서 제시되었던 다섯 사례 가운데 두 번째 사례였다. 이 사례를 설명하면서 프로이트는 다음과 같이 적었다.

"오직 '심리적 분석'을 수행할 수 있었을 때만 영속적으로 증상을 제거할 수 있었습니다."

'최면과의 결별'

『히스테리 연구』를 출판할 때까지도 브로이어는 프로이트에게 없어서는 안 될 멘토였다. 1887년 첫 딸이 태어났을 때 프로이트는 브로이어의 아내 마틸다의 이름을 따서 마틸다 프로이트라고 이름을 지었다. 그리고 브로이어의 아내 마틸다는 프로이트 맏딸의 대모를 맡아 주었다.

1891년 더운 여름날이었다. 개업의사로서 성공하여 경제적 여유가 생긴 프로이트는 비엔나 북쪽에 위치한 부촌 베어르그가세 19번지로 이사했다. 네모난 마름돌이 퍼즐처럼 맞물려 있는 너른 포도를 내려다보는 르네상스 스타일의 고풍스러운 오층 건물이었다. 거리의 한쪽 끝에는 오래된 벼룩시장이 있었고, 다른 쪽에는 고딕 양식으로 지어진 대성당이 있었다. 코멜 정육점과 바이너 식료품 가게 사이로 나 있는 커다란 현관문을 들어서면 안뜰로 향하는 긴 통로가 나타났다. 통로 오른 편의 계단을 따라 올라가면 프로이트가 환자를 치료하는 진료실과 가족들이 생활하는 아파트가 있었다. 입구와 마주한 복도에 프로이트의 모자와 지팡이를 걸어놓는 옷걸이를 달아 놓았다. 그날의 정신분석 치료가 끝나는 늦은 오후에 프로이트는 모자를 쓰고 이 계단을 따라 내려와 빠른 걸음으로 근처 공원을 산책하다가 좋아하는 엽궐련을 사서 집으로 돌아오는 것이 하루의 일과였다. 지금은 프로이트 박물관으로 유명한 비엔나의 베어르그가세 19번지의 시대가 1891년부터 시작되었다.

오래전 브로이어와 베르다 사이에 '상상임신 사건'이 벌어졌을 때 프로이트는 한창 약혼녀 마르타와 편지로 사랑을 주고받고 있었다. 당시 프로이트가 마르타에게 편지로 이 사건을 알리자 마르타가 걱정스레 물었다.

"그런 일이 우리에게 벌어지면 어떻게 하나요?"

"그런 일은 브로이어 선생에게나 있을 법한 일이지!"

프로이트의 약혼녀 마르타는 예전부터 베르다 파펜하임과 잘 알고 지내던 친구였다. 프로이트는 자신에게는 그런 성적인 사건이 벌어지지 않을 것이라고 장담했다. 하지만 프로이트도 예외는 아니었다. 프로이트가 플리스에게 보낸 사적인 편지로 추정하자면 프로이트가 최면치료를 사용했던 기간은 대략 1887년에서 1896년까지였는데, 이렇게 최면치료를 시행하던 어느 날 치료를 받던 어떤 여성 환자가 프로이트의 목을 감싸안았다.

"오랫동안 의심해 오던 일이 벌어졌습니다. 최면을 통해서 놀라울 정도로 통증이 호전되었던 여성 환자가 있었습니다. 어느 날 통증 발작의 근원을 밝혀내는 최면치료 도중에 그녀가 갑자기 일어서더니 팔을 뻗어 내 목을 감싸안았습니다. 하인이 들어오는 바람에 치료는 중단되었습니다. 그 이후로 나는 최면치료를 중단했습니다. 그 사건을 두고 내가 매력적이어서 벌어졌다고 생각해본 적은 없습니다. 그 사건을 통해서 나는 최면의 이면에 있는 신비적 요소의 본질을 깨달았고, 앞으로 그런 사건을 방지하기 위해서 최면을 버려야 했습니다."

여성 환자의 돌발적인 성적 행동을 프로이트는 이렇게 받아들였다. 그 사건 이후로 프로이트는 베르다가 상상임신을 했을 때와 마찬가지로 최면치료에는 환자의 성적인 욕구를 자극하는 어떤 요소가 있다고 확신했다. 또한 히스테리의 바탕에 성적인 요소가 있다고 확신하는 계기가 되었다. 이미 『히스테리 연구』에서 밝혔듯이 최면을 배웠던 스승 베르넴보다 프로이트 자신의 최면 성공률은 훨씬 낮아서 늘 난감해하던 차에 이런 일이 벌어지자 프로이트는 최면치료를 하던 카우치에 환자를 눕히고 더 이상 최면을 걸지 않았다. 대신에 파니 모저 남작부인에게 최면치료를 시행하는 과정에서 발견한 새로운 심리치료법 '자유연상'을 사용했다. 환자에게 떠오르는 생각들을 모두 말하도록 하는 새로운 방식의 치료가 시작되었다.

'최면'과 '자유연상'의 중간 단계로 환자의 이마에 손을 올리고 "내가 손으로 압력을 가하면 바로 생각이 날 것입니다."라거나 "손을 떼는 순간 눈앞에 보이는 것을 말해보세요."라고 말하는 '압박법'을 사용하기도 했다. 하지만 얼마 안 가 그만 두었다. 이제 프로이트는 그저 환자의 눈에 띄지 않는 머리맡에 앉아 환자가 자유롭게 떠오르는 생각을 이야기하면 이 가운데에서 증상과 연관되는 기억을 짜맞추는 작업에 몰두했다.

비엔나 종합병원의 구건물과 신건물이 묘한 대조를 이루고 있다.
의대에 입학할 때부터 자연과학자이자 의대교수를 꿈꾸었던 프로이트는 경제적 어려움 탓에 자연과학자의 길을 포기하고 임상의사가 되기로 마음을 바꿨다. 프로이트는 임상의사가되기 위해서 1882년부터 비엔나 종합병원에 근무하기 시작했다.

요즘은 병원 경영본부로 사용되는 비엔나 종합병원의 구건물 전경이다. 프로이트는 1882년
부터 비엔나 종합병원에서 근무하기 시작했고, 이듬해인 1883년에는 마이네르트 교수의 정
신병리학 교실에서 임상조교로 5개월 정도 근무했다. 정신과 의사로서 프로이트의 실질적
경험은 여기서 시작되었다. 비엔나 종합병원에 근무하던 시절 프로이트는 약혼녀 마르타 베
르나이스에게 이렇게 편지했다.
"마이네르트 교수님은 내게 평범한 친구이기보다는 항상 자극제가 되는 분이요."

비엔나 종합병원의 복도를 걷다 보면 프로이트를 만날 수 있다.
프로이트가 동경했던 자연의 상징인 달과 태양, 다람쥐와 새를 모티브로 삼은 미술 작품은
마치 프로이트가 꿈속에서 만났던 온갖 상징들을 보여주는 듯했다.

프로이트, 소포클레스를 만나다

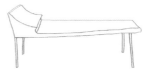

"사랑이나 증오를 품었을 때 인간의 마음은
기묘하게 변하는 법입니다."
소포클레스

"뿌리가 송두리째 뽑혀버린 느낌이라네. 아버지의 죽음이 의식의 저편에 있는 어두운 길을 따라서 나를 뒤흔들고 있네."

1896년 10월 23일 아버지 야곱 프로이트[Jacob Freud, 1815~1896]가 여든한 살을 일기로 세상을 떠났을 때 프로이트는 절친한 친구였던 플리스에게 이렇게 편지했다. 마치 흙구덩이 깊숙이 파묻혔던 나무뿌리가 뽑혀 세상에 드러난 것처럼 아버지가 세상을 떠나자 과거의 일들이 프로이트의 머릿속에 낱낱이 떠올랐다.

허풍선이 낙천주의자였지만 마음이 따뜻했던 아버지를 잃은 후 밀려드는 극심한 상실감을 이해하기 위해서 프로이트는 주마등처럼 스치는 기억들을 그러모으고 분석하는 작업을 시작했다. 그렇게 나이 마흔에 프로이트는 자기분석을 시작했다.

"자기분석은 내게 가장 소중한 작업이네. 자기분석을 통해서 어머니에 대한 사랑과 아버지에 대한 질투가 내게도 있었다는 것을 발견했다네. 나는 이런 현상이 아동기의 보편적인 현상이라고 생각한다네. 오이디푸스 왕이 청중의 흥미를 끄는 이유도 모두의 마음속에 그런 흔적이 남아있기 때문일 거라네. 누구나 한번쯤은 오이디푸스 판타지를 품는다는 말이지."

자기분석을 시작한 지 일 년이 되어가는 1897년 10월 15일에 플리스에게 보낸 편지에서 프로이트는 이렇게 처음으로 오이디푸스 왕에 대한 이야기를 꺼냈다.

그로부터 이 년 후 출간된 『꿈의 해석』에서 '오이디푸스 콤플렉스'라는 용어가 공식적으로 세상에 등장했다. 아버지의 죽음 이후 시작했던 자기분석의 결과를 바탕으로 쓴 『꿈의 해석』에서 프로이트는 오이디푸스 왕의 운명을 신경증의 원인으로 지목했다. 조약돌 하나가 잔잔한 호수에 파동을 일으키듯 아버지의 죽음이 불러온 먹먹한 상실감을 한발짝 떨어져 바라보자 마음속에 웅크린 죄책감이 눈에 들어왔다. 프로이트는 자기분석을 통해서 그 죄책감이 오이디푸스 싸움에서 아버지를 능가하고 끝내 살아남았기 때문에 생겼다는 결론에 도달했다. 그는 『꿈의 해석』에서 이렇게 말했다.

"오이디푸스 왕의 운명이 우리의 마음을 흔드는 것은 그것이 바로 우리의 운명이기 때문입니다. 우리가 태어나기 전부터 우리에게 내려진 오라클 신탁 은 다름 아닌 오이디푸스에게 내려졌던 바로 그 저주였습니다. 최초의 성적 충동은 어머니를 향하도록 운명 지워져 있었고, 최초의 미움과 최초의 폭력적 충동은 아버지를 향하도록 운명 지워져 있었습니다. 꿈은 우리가 그렇다는 것을 확신시켜 줍니다.

아버지 라이오스를 살해하고, 어머니 이오카스테와 결혼한 오이디 푸스 왕은 어린 시절에 우리가 품었던 소원 성취에 지나지 않습니다. 적어도 신경증에 걸리지 않았다면 우리는 오이디푸스 왕보다 다행인 것입니다. 어머니를 향한 어린 시절의 성적 충동은 점차 사그라들고, 아버지를 향한 질투심은 차츰 잊혀지기 때문입니다."

프로이트의 손에 이끌려 정신분석학으로 들어온 오이디푸스 왕은 단순히 그리스 신화 속의 한 인물이 아니었다. 프로이트 이후 정신분석학의 주인공을 차지한 오이디푸스는 극작가 소포클레스에 의해 재창조된 인물이었다. 소포클레스Sophocles, 기원전 496~기원전 406가 살았던 그리스에는 카오스에서 시작하여 우라노스와 가이아, 크로노스와 티탄족, 제우스와 헤라, 헤라클레스와 아킬레스에 이르는 특A급 주인공들이 얼마든지 있었다. 하지만 작가 소포클레스는 이 거대한 신들의 이야기 속에서 지나가는 행인에 불과했던 인간 '오이디푸스'를 과감하게 극의 주인공으로 캐스팅했다. 그리고는 퍼즐을 맞추듯 치밀한 플롯과 관객의 심리를 꿰뚫는 대사를 통해 세기를 뛰어넘는 명작『오이디푸스 왕』을 탄생시켰다. 프로이트는『꿈의 해석』에서 소포클레스의 희곡『오이디푸스 왕』을 부러 상세히 소개했다.

"세상에 나만큼 고통을 당하는 자도 없을 것이네. 도대체 내가 어찌해야 하겠는가?"

오이디푸스 왕이 제사장에게 던지는 장탄식으로 소포클레스는 프롤로그를 시작했다. 신경증 환자가 정신분석가에게 고통스러운 증상을 호소하듯이 말이다. 원인을 알 수 없는 역병이 테베를 휩쓸면서 무수한 백성들이 죽어나갔다. 테베의 왕 오이디푸스는 역병에 대한 해결책을 찾기 위해 처남 크레온을 델포이에 있는 아폴로 신전으로 보냈다.

"왕을 살해한 치욕스러운 자를 찾아내어 이 땅을 정화시켜라!"

델포이에서 받아온 신의 응답 '오라클'은 이것이었다. 살해당한 왕은 라이오스였다. 그는 오이디푸스에 앞서 테베의 왕이었다. 그는 또한 오이디푸스의 왕비인 이오카스테의 전남편이었다. 라이오스 왕은 시종들을 거느리고 델포이로 가던 길에 괴한을 만나 살해당했다. 단서는 오직 그뿐이었다.

"왕을 살해한 자가 누구이건 그 자는 내게도 복수하려고 시도할 것이다. 나는 바로 나 자신을 위하여 그 더러운 자를 찾아내겠노라!"

오이디푸스는 신 앞에 이렇게 맹세했다. 오이디푸스는 본디 또 다른 오라클에 갇혀 살았다. 그는 원래 코린토스의 왕 폴리보스의 아들이었다. 오이디푸스는 자신이 아버지를 살해하고 어머니와 결혼할 운명이라는 오라클을 듣고 비극적 운명을 피하기 위해 코린토스를 떠났다. 아버지가 돌아가시기 전까지는 코린토스 땅에 돌아가지 않을 심산이었다. 방랑하던 오이디푸스는 길에서 우연히 마주친 일행과 싸움이 붙어 노인과 시종들을 죽였다. 이후 테베를 괴롭히던 스핑크스의 수수께끼를 풀어 재앙을 제거했다. 그 공로로 오이디푸스는 테베의 왕비였던 이오카스테와 결혼하여 왕이 되었다. 오이디푸스는 스멀스멀 밀려드는 불안을 느꼈다. 왕비 이오카스테는 라이오스 왕의 죽음이 오이디푸스와 관련이 없다는 것을 확신시켜주기 위해서 오래된 비밀을 꺼냈다.

"나와 라이오스 왕 사이에 아들이 있었습니다. 신의 오라클은 그 아이가 아버지를 죽이고 어머니와 살 것이라 하였습니다. 그래서 라이오스 왕은 아이의 발목에 쇠못을 박아 키타이론 산에 내다버렸습니다. 그러니 라이오스 왕의 죽음은 당신과 상관이 없습니다."

프로이트는 '발'이 '남근의 무의식적 상징'이라고 여러 차례 언급했다. 즉, 아들의 남근을 거세시키는 라이오스 왕의 시도가 애초에 있었다. 발목에 쇠못을 박았던 탓에 부은 발, 라

틘어로 부은 발이 곧 '오이디푸스'였다.

때마침 코린토스에서 전령이 도착했다. 코린토스에서 온 전령은 폴리보스 왕이 세상을 떠났으며, 오이디푸스가 고향으로 돌아와 코린 토스의 왕이 되길 바란다고 전했다. 부음을 전해들은 오이디푸스는 아 버지를 잃은 슬픔과 비극적 운명에서 벗어났다는 기쁨이 교차했다. 오 이디푸스는 숨겨두었던 자신의 오라클을 밝히면서 아직은 어머니와 결 혼하리라는 운명이 남아있기 때문에 코린토스로 돌아갈 수 없다고 말 했다. 그러자 전령은 기쁜 마음으로 오이디푸스가 폴리보스 왕의 친아 들이 아니라는 진실을 밝혔다. 자신의 양치기 친구가 키타이론 산에서 주운 아기를 자신이 폴리보스 왕에게 바쳐서 길러진 아이가 오이디푸 스라는 이야기였다. 미스터리의 전모는 이렇게 드러났다.

"모든 것이 이루어졌구나! 태어나서는 안 될 사람에게서 태어났고, 결혼해서는 안 될 사람과 결혼했으며, 죽여서는 안 될 사람을 죽였구 나!"

마침내 역병을 일으켰던 미스터리 퍼즐은 모두 맞춰졌다. 즉, 증상 을 일으켰던 원인에 대한 통찰에 도달했다. 오이디푸스가 친아버지를 살해했고, 친어머니와 결혼했으며, 네 아이까지 낳았던 것이다. 이 소식을 전해 들은 이오카스테 왕비는 침실에서 목을 매어 자살했다. 올가미에 매 달린 이오카스테를 발견한 오이디푸스는 짐승처럼 목놓아 울부짖었다. 오이디푸스는 싸늘히 식어버린 어머니의 시신을 끌어안고 가녀린 목에 감겨 있는 올가미를 풀었다. 어머니의 시신을 침대에 눕힌 오이디푸스 는 그녀의 옷에 달려 있던 황금 브로치를 떼어 냈다. 그리고 자신의 흑 갈색 눈동자 속으로 황금 브로치를 힘껏 쑤셔 넣었다.

"신은 이미 말씀하셨다. 신은 아버지를 살해할 불경한 살인자를 원하셨다."

눈이 멀어버린 오이디푸스가 말했다. 프로이트는 오이디푸스적 갈등이 모든 인간의 보편적 갈등이며, 신경증은 바로 이런 오이디푸스적 갈등에서 유래되는 것이라고 주장했다. 그의 괭한 얼굴에는 두 눈에서 흘러내린 검붉은 핏자국이 선명했다. 그는 스스로 추방자가 되어 딸 안티고네의 손길을 따라 다시 방랑의 길을 떠났다.

"오이디푸스를 보라. 삶이 끝나서 고통에서 해방될 때까지 누구도 행복하다고 기리지 말라."

소포클레스는 이렇게 엑소더스를 맺었다.

소포클레스(『오이디푸스 왕』, B.C. 425경)

테베에 열병이 휩쓸었을 때 오이디푸스가 병을 일으킨 범인을 추적하는 과정은 프로이트가 자기분석을 해나가는 과정과 다름없었다. 그것은 정신분석에서 증상을 일으킨 무의식적 원인을 탐구하는 방법의 모태였다. 소포클레스는 『오이디푸스 왕』을 통해 프로이트에게 심리적 질병의 원인을 찾아내는 방법을 일러주었다. 『프로이트적 은유』의 저자인 도널드 스팬스는 정신분석 과정을 '셜록 홈즈가 범인을 찾아내는 작업'에 비유했다. 정신분석에서 그 범인은 언제나 신이 오이디푸스에게 씌워 놓은 '아버지를 제거하고 어머니를 차지할 것'이라는 오라클이었다. 프로이트는 오이디푸스에게 내려진 오라클이 인간 공통의 운명이라고 보았다.

"모든 신경증의 핵심은 오이디푸스적 갈등입니다."

때는 1909년 9월이었다. 매사추세츠의 클라크 대학에 운집한 청중에게 프로이트는 모든 신경증의 핵심은 오이디푸스적 갈등이라고 강연했다. 프로이트의 정신분석학과 오이디푸스 갈등이 과학계에서 최초로 인정받는 순간이었다. 비엔나의 개업의사였던 프로이트를 매사추세츠까지 초청한 이는 클라크 대학의 총장 스탠리 홀^{Stanley Hall, 1844~1924}이었다.

스탠리 홀은 청소년기에 대해서 '질풍과 노도의 시기'라고 별명을 붙였던 저명한 미국의 심리학자였다. 1892년에는 미국 심리학회의 초대 회장을 지내기도 했던 진취적인 심리학자 홀 총장은 클라크 대학의 개교 20주년을 기념하기 위해서 프로이트와 그의 제자였던 융^{Carl Gustav Jung, 1875~1961}을 초청했다. 홀 총장이 프로이트에 대해 관심을 갖게 된 것은 이미 10년 전부터였다. 취리히 대학 정신병원장이자 유명한 최면 연구자인 포렐을 초청하여 정신과학의 최신지견을 듣던 자리였다. 포렐은 강연 중에 1895년에 출간된 브로이어와 프로이트의 『히스테리 연구』를 청중에게 소개했다. 홀 총장은 당시까지는 학계의 인정을 받지 못하던 프로이트의 성 이론을 1904년에 출판한 자신의 저서 『청소년기』에서 언급하기도 했다.

"당신의 관점과 연구결과를 소개하는 자리가 미국 심리학의 역사에 신기원을 마련할 수 있을 것이라 기대합니다. 그리고 지금이 가장 적절한 시기라고 믿습니다."

1908년 12월에 홀 총장은 비엔나의 개업의사 프로이트에게 이렇게 편지를 보냈다. 클라크 대학은 보스턴에서 사십 마일 정도 떨어져있는 우스터에 위치한 작은 대학이었다. 쉰 살을 넘어선 프로이트는 고심 끝에 미국 강연을 가기로 결심했다. 우스터로 가기 위해 프로이트는 1909년 8월에 독일의 브레멘까지 가서 증기선 조지 워싱턴호에 승선했다. 프로이트의 제자였던 칼 융과 산도르 페렌찌^{Sándor Ferenczi, 1873~1933}가 동행했다.

비엔나에서 우스터까지 가는 여정은 길고 힘겨웠다. 하지만 프로이트에게 몇 갑절 길고 힘겨웠던 것은 지난 53년간의 인생역정이었다. 유럽의 학계는 그때까지도 프로이트를 경멸하는 분위기였다. 비엔나의 의료계도 마찬가지였다. 십 년 전에 펴냈던『꿈의 해석』은 초판 350부가 팔리는 데 육 년이나 걸렸다. 심지어『꿈의 해석』을 출간한 직후 '꿈에 대하여'라는 주제로 비엔나 대학에서 강연을 열었을 때 청중은 단 세 명뿐이었다. 오 년 전에 출판했던『성욕에 관한 세 편의 에세이』도 별로 다를 바가 없었다. 즉, 프로이트의 정신분석은 비엔나에서 세간의 관심을 끌지 못했다. 하지만 미국의 학계는 완전히 달랐다. 인근 보스턴을 비롯하여 미국 전역에서 모여든 정신과 의사와 사상가들이 프로이트의 강연에 귀를 기울였고, 프로이트를 석학으로 깍듯하게 대접했다. 강연을 마친 프로이트는 클라크 대학으로부터 명예박사학위를 받았다. 프로이트가 받았던 처음이자 마지막 명예박사학위였다. 클라크 대학에서 명예박사학위를 받고 비엔나로 돌아오는 길에 프로이트는 이렇게 회고했다.

"그것은 내게 믿기 힘든 꿈과 같은 순간이었다. 정신분석학은 더 이상 망상의 산물이 아니었다. 이제 정신분석학은 현실세계를 바라보는 중요한 관점이 되었다."

프로이트, 차프낫─파네아를 만나다

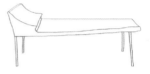

"꿈을 해석할 수 있는 심리학적 기술이 존재하며,
이 방법을 적용하면 모든 꿈의 뜻 깊은
심리적 형성물이 드러납니다."
지그문트 프로이트(『꿈의 해석』)

프로이트는 평생 자신이 쓴 작품 가운데 『꿈의 해석』을 가장 중요한 작품이라고 생각했다. 『꿈의 해석』에서 프로이트는 자신이 개발한 해몽법을 소개하기에 앞서 두 가지 전통적인 해몽법을 소개했다.

첫 번째 해몽법은 꿈의 전체적인 내용을 다른 관점에서 바라보는 방법이었고, 두 번째 해몽법은 꿈의 부분적인 내용을 해몽서에 적혀있는 해독법에 끼워 맞춰 번역하는 것이었다.

프로이트는 첫 번째 방법을 상징적 꿈 해석이라고 불렀고, 이런 상징적인 해몽법을 설명하기 위해 성서에 나오는 요셉의 파라오 꿈 해석을 예로 들었다.

어느 날 파라오가 꿈을 꾸었다. 꿈속의 그는 나일 강가에 서 있었다. 나일 강가의 갈대밭에서는 잘생기고 살진 암소 일곱 마리가 풀을 뜯고 있었다. 그런데 뒤를 이어 못생기고 야윈 암소 일곱 마리가 나일 강에서 올라오더니 잘생기고 살진 일곱 암소를 잡아먹었다. 파라오는 잠에서 깨어났다. 그는 다시 잠이 들어 두 번째 꿈을 꾸었다. 밀대 하나에서 살지고 여문 이삭 일곱이 올라왔다. 그런데 뒤를 이어 야위고 바싹 마른 이삭 일곱이 솟아나더니 살지고 여문 일곱 이삭을 삼켜버렸다. 파라오가 잠에서 깨어보니 꿈이었다.

아침이 되자 불안해진 파라오는 이집트의 모든 마법사와 현자를 불러들여 자기가 꾼 꿈을 이야기하였다. 하지만 아무도 파라오의 꿈을 해석하지 못했다. 그때 시종장이 요셉을 파라오에게 소개했다. 요셉은 시종장이 감옥에 갇혔을 때 함께 갇혀 있던 히브리인 청년이었다. 당시 요셉은 시종장이 꾸었던 꿈을 해석하여 곧 석방될 것이라고 알려주었고 그 해석은 정확히 들어맞았다. 파라오는 사람들을 보내어 즉각 요셉을 불러오게 하였다. 억울한 누명을 쓰고 감옥살이를 하던 요셉은 이집트 임금 파라오 앞에 불려 나왔다. 파라오가 지난밤에 꾸었던 두 개의 꿈 이야기를 들려주었을 때 요셉은 이렇게 해석했다.

"두 개의 꿈은 한 가지 내용입니다. 좋은 암소 일곱 마리는 일곱 해를 뜻합니다. 좋은 이삭 일곱도 일곱 해를 뜻합니다. 그 뒤를 이어 올라온 마르고 흉한 암소 일곱 마리도 일곱 해를 뜻하고, 바싹 마른 이삭 일곱도 일곱 해를 뜻합니다. 그러므로 두 개의 꿈은 한 가지입니다. 앞으로 오게 될 일곱 해 동안 이집트에는 대풍이 들 것입니다. 그러나 뒤를 이어 오는 일곱 해 동안에는 기근이 들 것입니다. 대풍에 뒤따라오는 기근이 하도 심하여 이집트 땅에 대풍이 든 적이 있다는 것을 아는 이조차 없을 것입니다. 그러니 파라오께서는 대풍이 드는 일곱 해 동안 이집트 땅에서 거둔 곡식을 성읍에 비축하여 앞으로 닥칠 일곱 해 동안의 기근에 대비하십시오. 그리하면 이 나라는 기근으로 망하지 않을 것입니다."

요셉의 꿈 해석을 들은 파라오는 손에서 인장반지를 빼어 요셉의 손에 끼워주며 말했다.

"그대처럼 슬기롭고 지혜로운 사람이 또 있을 수 없다. 이제 내가 이집트 온 땅을 그대의 손아래에 두겠다."

파라오는 요셉에게 차프낫─파네아라는 새 이름을 지어주었고, 온의 사제 포티페라의 딸 아스낫을 아내로 주었다. 요셉이 파라오 앞에 섰을 때 그의 나이 서른 살이었다.

(창세기 41장)

프로이트는 어린 시절부터 읽었던 필립손 성서에서 해몽을 통해 히브리인 청년 요셉에서 이집트 총리 차프낫─파네아로 변신했던 성공담을 끄집어내어 자신의 책 『꿈의 해석』에 실었다. 하지만 이런 상징적 해몽법은 오직 직관에 의존하기 때문에 어떤 체계적인 해몽 지침도 찾을 수 없다고 제한점을 지적했다.

다음으로 해몽서을 뒤적이며 꿈의 세세한 내용에 끼워 맞춰 번역하는 두 번째 방법을 프로이트는 '암호해독법'이라고 불렀다. 이 경우에는 해몽서에 따라 꿈의 번역 내용이 달라지는데, 해몽서의 신뢰성을 담보할 만한 어떤 증거도 없다고 제한점을 언급했다.

따라서 이들 두 가지 전통적인 해몽법, 즉 '상징적 해몽법'과 '암호해독법'은 모두 학문적 영역에서 다뤄질 수 없는 탓에 결국 꿈이 비현실적인 상상 속의 주제로 남아 있었다고 결론지었다. 그리고 나서 자신이 개발한 꿈 해석의 심리학적 기법을 설명했다.

"그것은 신앙과 신비에서 빼앗아 온 과학적 처녀지의 한 부분입니다."

프로이트는 자신이 개발한 꿈의 해석법을 이렇게 소개했다.

"잠이 들면 심리적 검열 작용이 약해지기 때문에 낮 동안에 억눌려 있던 마음 깊은 곳에 위치한 충동이 드러나는 것이 꿈입니다."

프로이트는 자신의 해몽 기법을 설명하기 위해서 제일 먼저 꿈을 다시 정의했다. 그리고 충동이 억압되거나 드러나는 과정을 설명하기 위해 마음을 구성하는 세 개의 층을 가정했다. 해몽 기법을 개발하는 과정에서 소위 '지형학적 가설'이라고 불리는 기발한 심리학 발명품이 탄생했다.

『꿈의 해석』 제7장 '꿈 과정의 심리학'에서 프로이트는 '지형학적 가설'에 대해서 상세하게 설명했다. 그는 심리적 현실이 '의식계意識界', '전의식계前意識界', '무의식계無意識界'라는 세 개의 층으로 이루어졌다고 가정했다. 그리고 세 개의 층과 층 사이에는 심리적 검열장치를 배치시켰다.

'의식계'는 눈, 코, 입, 귀와 같은 감각 기관을 통해서 외부 세계로부터 정보를 받아들인다. 또한 몸속에 뻗어 있는 신경망을 통해서 내부 세계로부터 전해오는 신호도 받아들인다. '의식계'는 이렇게 양쪽에서 받아들인 정보와 신호를 처리하여 쾌락과 고통을 인식하는 시스템이다.

'전의식계'는 '의식계'와 '무의식계' 사이에 펼쳐져 있는 넓은 장막과 같은 시스템이다. '전의식계'는 무의식에 웅크린 욕동이 의식으로 뚫고 올라오는 것을 막고 있지만 의식에서 접근할 수 있는 영역이다. 보통 때는 생각 속에 없지만 굳이 떠올리려고 하면 얼마든지 기억해낼 수 있는 영역이다.

'무의식계'는 의식계에서 접근할 수 없는 마음속 깊숙한 부분이다. 여기에는 본능적 욕동이 들어 있으며, 검열장치에 의해서 항시 억압되는 시스템이다.

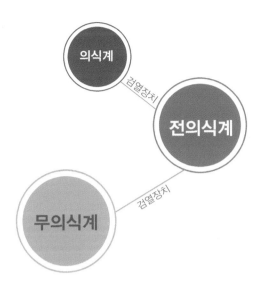

'죄책감에 시달리는 인간'

프로이트가 『꿈의 해석』에서 제시했던 인간상은 무의식계에 웅크린 채 호시탐탐 충족될 기회를 노리는 악마적 욕동 때문에 스스로를 끊임없이 억압하면서 '죄책감에 시달리는 인간'이었다. 이렇듯 무의식계에서 솟구치는 악마적 바람에서 비롯되는 문제들을 다루는 심리학, 즉 의식계를 통해서 접근할 수 없는 무의식계를 다루는 심리학을 프로이트 자신은 '메타심리학'이라고 불렀다.

"국경을 통과할 때 러시아 사람들에 의해 검열된 외국신문을 본적이 있습니까? 단어, 문장, 혹은 문단 전체가 검정 잉크로 덧칠해져서 나머지 부분을 가지고는 신문의 내용을 이해할 수 없습니다."

'검열장치'를 설명하기 위해서 프로이트는 이런 비유를 들었다. 프로이트의 '지형학적 가설'에 따르자면 본능적 욕동은 반드시 검열장치를 거쳐야 하는 탓에 밖으로 드러난 신경증 증상만을 가지고는 본래의 욕동이 지닌 의미를 알 수 없었다. 검열장치를 통해서 검정 잉크로 덧칠해진 혹은 심리적으로 억압된 기억은 본디 환자가 밝히고 싶지 않았던 악마적 욕동을 담고 있다. 그러므로 무의식계에 유배된 악마적 욕동을 다시 의식계로 끄집어내는 과정은 항상 벽에 부딪힐 수밖에 없었다. 정신분석 작업이 진행되는 것을 가로막는 이런 벽을 프로이트는 '저항'이라고 불렀다.

저항은 꿈에서 검열장치로 작동했고 정신분석 과정에서는 자유연상을 방해했다. 그래서 분석가는 환자의 말과 행동을 뒤집어 보고 새로이 짜 맞춰서 저항을 걷어내야만 본능적 욕농을 찾아낼 수 있다고 프로이트는 믿었다. 마치 검정 잉크가 덧칠해진 신문지를 뒤집어 들고 햇볕에 비추어 원래의 활자를 유추해내는 암호해독가의 작업처럼 말이다. 프로이트는 『꿈의 해석』에서 정신분석을 '정당한 의심을 하는 작업'이라고 정의했다.

신경증 환자의 꿈을 일천 예 이상 정신분석하는 동안에 신경증의 원인에 대한 프로이트의 시각이 바뀌었다. 신경증을 일으킨 주범은 더 이상 어린 시절에 일어난 실제 트라우마가 아니었다. 신경증은 마음속 시스템, 즉 '전의식계'와 '무의식계'가 충돌을 일으켜서 생기는 것이었다. 즉, 악마적 욕동을 충족시키려는 '무의식계'와 혹여 그런 욕동이 충족되었을 때 겪게 될 고통을 피하려는 '전의식계' 사이에서 일어난 갈등을 해결하기 위해 타협한 어색한 결과물이 신경증이었다. 프로이트가 새로 지목한 신경증의 진짜 범인은 무의식계에 똬리를 튼 '악마적 욕동'이었다.

프로이트는 무의식에 숨어 있는 악마적 욕동과 거기에서 파생된 온갖 공상들을 찾아내고 짜 맞추는 분석가로 변모했다. 무의식에 억눌려있던 욕동과 공상들이 발굴되고 짜 맞춰지면 증상은 사라진다고 프로이트는 생각했다. 무의식을 의식으로 바꾸는 분석가의 작업을 프로이트는 '해석'이라고 불렀다. 그리고 훗날 분석가의 해석 작업을 직소 퍼즐 맞추기에 비유했다.

　이제 프로이트는 마음의 지층을 파고들어서 무의식 깊은 곳에 자리 잡은 욕동을 찾아내는 정신분석가로 탈바꿈하였다. 그는 더 이상 '헤이든호프 박사의 불쾌한 기억을 제거하는 기계'가 아니었다. 그의 역할은 차라리 시간의 지층을 파고들어 유물을 발굴하는 고고학자와 비슷했다. 그렇게 스스로를 마음의 지층을 파고드는 고고학자로 자리매김한 프로이트는 어린 시절 필립손 성서에서 보았던 이집트 유물들을 수집하기 시작했다. 그것은 성서 속의 '차프낫-파네아'처럼 세상을 바꾸는 위대한 인물이 되고자 했던 프로이트가 스스로 자신의 마음 속 지층을 파고들어 발굴해낸 무의식적 유장품들이었다.

　실제로 『꿈의 해석』이 출판된 해는 1899년이었지만 프로이트는 프란츠 도이티케 출판사에 부탁하여 출판일자를 1900년으로 맞춰달라고 요청했다. 프로이트는 '1900'이라는 숫자를 통해서 자신의 이론이 새로운 세기를 여는 선구적 사상이라는 인상을 사람들에게 심어주길 원했다. 꿈쟁이 요셉이 파라오의 꿈을 해석하여 핍박받는 히브리인 청년에서 이집트 총리 차프낫-파네아로 신분상승을 이루었듯이 비엔나의 개업의사 프로이트는 『꿈의 해석』을 통해 세계적 석학이 되기를 꿈꿨다. 1899년 『꿈의 해석』을 처음 출간했을 때 프로이트는 친구 플리스에게 보내는 편지에서 『꿈의 해석』을 '이집트의 꿈 책'이라 불렀다. 그리고 자신을 '탐험가'라고 지칭하며 이렇게 편지했다.

　"나는 전혀 과학적인 사람이 아니며, 관찰자도 아니며, 실험가도 아니며, 사상가도 아닙니다. 나는 기질로 볼 때 정복자일 뿐이고, 호기심, 과감성, 집요함이라는 특성을 지니고 있다는 의미에서 탐험가일 뿐입니다."

　『꿈의 해석』을 출간한 이후 무의식 세계를 향한 프로이트의 탐험이 본격적으로 시작되었다.

프로이트, 이다 바우어를 만나다

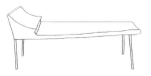

"어둠 속의 문제에 빛을 밝힐 수 있다고 믿는 심리학자라면
자신의 약점까지도 고백해야 합니다."
프로이트가 『꿈의 해석』에서 인용했던
델뵈프의 『수면과 꿈』의 한 구절

자기분석을 통해서 프로이트는 '꿈'이야말로 무의식에 도달할 수 있는 지름길이라는 경험을 했다. 또한 꿈을 해석하여 히스테리 신경증의 어려운 심리적 문제들을 해결할 수 있을 것이라는 믿음이 생겼다. 프로이트가 '꿈은 무의식으로 가는 왕도'라는 자신의 주장을 뒷받침하기 위해 제시했던 첫 번째 꿈이 소위 '이르마의 주사 꿈'이었다.

넓은 홀에서 우리는 많은 손님들을 맞이하고 있었습니다. 손님 가운데 안나 햄머슐라그 리히트하임Anna Hammerschlag Lichtheim이 있었습니다. 나는 그녀를 한쪽으로 불러내서 나의 '해결책'을 받아들이지 않은 것을 꾸짖었습니다. 나는 그녀에게 말했습니다.

"만일 당신이 여전히 아프다면, 그건 정말 전적으로 당신의 잘못입니다."

안나가 내게 대답했습니다.

"저는 그저 지금 제 목과 위장과 배가 얼마나 아픈지 당신이 알았으면 좋겠어요. 저는 통증 때문에 숨이 막힐 지경이에요."

나는 놀라서 그녀를 바라보았습니다. 그녀는 '창백하고 푸석'했습니다. 그 순간 나는 어떤 기질적 질병을 간과한 것이 틀림없다는 생각이 들었습니다. 이때 그녀는 엠마 에크슈타인 Emma Eckstein 으로 변했습니다. 나는 그녀를 창가로 데리고 가서 그녀의 목구멍을 들여다보았습니다. 의치를 한 여느 여인네들이 그러는 것처럼, 그녀도 약간의 저항을 보였습니다. 나는 그녀가 그런 행동을 할 필요가 없다고 생각했습니다. 입을 크게 벌렸을 때, 오른 편에서 커다란 흰색 반점을 발견했고, 다른 곳에서는 마치 콧속의 비갑개골처럼 이상하게 휘어진 형태로 들러붙어 있는 광범위한 회백색의 상처딱지들을 보았습니다.

나는 급히 브로이어를 불렀고, 그도 다시 진찰한 다음에 확진을 해주었습니다. 브로이어는 평소의 모습과 매우 달랐습니다. 그는 매우 창백했고, 다리를 절고 있었으며, 턱수염을 말끔히 밀어버렸습니다. 그때 내 친구 오스카 리도 그녀의 곁에 서 있었습니다.

"좌측 바로 아래에서 둔탁한 느낌이 드네."

내 친구 레오폴드가 그녀의 옷 위로 가슴을 타진하더니 이렇게 말하고는 좌측 어깨에서 침윤된 피부 병변을 찾아냈습니다. 옷으로 가려져 있었지만, 나는 느낄 수 있었습니다.

"그것은 감염이 틀림없지만, 별것은 아니네. 설사를 하고 나면 독소가 제거될 것일세."

브로이어가 이렇게 말했습니다. 우리는 왜 감염되었는지 정확히 알고 있었습니다. 얼마 전, 내 친구 오스카 리가 그녀의 몸 상태가 좋지 않을 때 주사를 놓았는데, 프로필… 프로필스… 프로피온 산… '트리메칠아민' 나는 굵은 활자로 인쇄된 화학식을 볼 수 있었습니다. 주사제였습니다. 그 따위 주사를 분별없이 놓아서는 안 되는 것이었습니다. 또한, 아마도 '주사기'조차 깨끗하지 않았던 모양이었습니다.

이 꿈은 『히스테리 연구』를 출판했던 1895년 여름에 프로이트가 비엔나 외곽의 칼렌베르그 등성이에 지어진 리조트에서 지내는 동안 꾸었던 꿈이다. 프로이트는 이 꿈을 가지고 꿈의 해석이 실제로 어떻게 이루어지는지 설명했다.

프로이트는 잠자는 동안에 꾸는 꿈을 '발현몽'이라고 불렀다. 발현몽은 세 가지 재료를 가지고 만들어진다. 낮 시간에 겪었던 사건들 낮의 잔재들, 밤 시간의 육체적 자극들, 그리고 무의식계의 바람이 그 세 가지 재료이다. 즉, 인간은 밤이 되면 잠을 자려는 욕구가 생기지만, 다른 한편으로 잠을 방해하는 정신적 문제들과 육체적 자극에 시달린다. 낮에 억울하고 화났던 일들이 그렇고, 밤이면 심해지는 통증이나 한밤중에 오줌보를 채우는 소변이 그렇다. 이런 방해물이 무의식계에 웅크린 악마적 바람과 결합되면 어떤 형태로든 바람을 충족시켜야만 계속해서 잠을 잘 수 있다. 하지만 악마적 바람을 충족시키기 위해서는 반드시 검열장치를 통과해야만 한다. 그렇기 때문에 검열장치를 통과할 수 있도록 악마적 바람을 위장시키는 과정이 필요하다. 프로이트는 이 과정을 '꿈 작업'이라고 불렀다.

결국 모든 '꿈'은 '악마적 바람의 충족'이며, 그러므로 '발현몽'을 분석해 보면 그 이면에는 '꿈 작업'에 의해 위장된 '바람'이 들어 있다고 프로이트는 주장했다. 또한 그는 발현몽의 배후에 숨겨진 악마적 바람을 '잠재사고' 혹은 '잠재몽'이라고 불렀다.

프로이트는 아침에 깨어났을 때 기억에 남은 꿈 발현몽 을 가지고 무의식에 있는 '잠재사고'를 찾아나가는 직소 퍼즐 맞추기를 시작했다. '잠재사고 잠재몽'를 찾아내기 위해서 먼저 발현몽을 시간 순서에 따라 도막도막 잘라냈다. 그리고는 동강난 도막들에 대해서 차례차례 연상을 해나갔다.

먼저 '넓은 홀과 손님맞이' 도막에서 프로이트는 아내의 생일파티를 떠올렸다. 임신한 아내는 며칠 후 생일날에 안나 햄머슐라그 리히트하임를 초대할 것이라고 했다. 안나는 아내의 절친한 친구였다. 그녀는 또한 프로이트가 존경했던 햄머슐라그 선생님의 딸이었다. 서른 살 안나는 9년 전에 남편을 잃고 미망인으로 살고 있었다. 그녀는 히스테리 증상을 앓고 있었지만 프로이트의 정신분석적 치료를 통해서 호전되질 않았다.

이어지는 '해결책'에서는 분석가가 제시한 '해결책'을 받아들일 것인가, 말 것인가는 환자의 선택이며, 분석가에게는 책임이 없다는 생각을 떠올렸다. 즉, 분석가의 과업은 증상의 이면에 있는 의미를 알려줄 뿐이며 증상의 호전은 환자의 몫이란 생각이었다.

'기질적 질병을 간과함'의 도막에서는 정신분석이란 단지 히스테리 증상만 없애는 것이기 때문에 만일 기질적 질병이 있다면 안나가 낫지 않았다는 사실에 대해서 자신이 비난 받을 필요가 없다는 연상을 했다.

다음으로 '창가의 진찰'에서 프로이트는 창가로 데려간 환자 안나 햄머슐라그가 갑자기 '창백하고 푸석한' 얼굴의 엠마 에크슈타인으로 바뀌었다는 느낌이 들었다. 엠마는 코피를 자주 흘리고 월경과 관련된 우울증을 앓는 서른 살의 히스테리 환자였다. 정신분석을 통해서 증상이 호전되지 않자 프로이트는 친구였던 베를린의 이비인후과 의사 플리스를 비엔나로 초빙하여 진찰을 받도록 했다. 플리스는 그녀를 '코 신경증'이라고 진단하고 치료방법으로 '비갑개골 제거 수술'을 제안했다. 그래서 그의 집도 아래 비갑개골을 제거하는 수술까지 감행했지만 수술 후에 증상이 더욱 악화되었다. 그녀의 통증은 전혀 나아지질 않았고, 코와 입에서는 심한 출혈과 함께 악취가 계속 되었다. 프로이트는 급히 비엔나 의대의 동창이었던 이비인후과 의사 이그나츠 로잔을 불러서 그녀의 아파트로 갔다. 로잔이 그녀의 콧속에 엉겨 붙은 '상처딱지'를 떼어내자 가느다란 실마리가 따라 나왔다. 실마리를 잡아당기자 오십 센티가 넘는 검붉은 거즈가 따라 나왔다. 수술 부위에 거즈가 남아 있었던 것이다. 거즈가 빠지자 삽시간에 걷잡을 수 없이 코피가 쏟아졌다. 엠마는 금세 '창백하고 푸석'해지면서 맥박이 사라졌다. 노련한 로잔은 재빨리 새로운 거즈로 출혈을 막았고 맥박은 돌아왔다. 수십 초 사이에 일어난 일이라 엠마는 눈치 채지 못했다. 프로이트에게 정신분석을 받고 있던 엠마는 자신의 코피가 섹스와 관련된다고 굳게 믿고 있었다. 이 엄청난 일을 겪은 후에도 엠마는 "그러면 이것은 강력한 섹스네요."라고 말했다.

플리스의 명백한 의료과실에도 불구하고 프로이트는 끝까지 플리스를 보호해 주려고 했다. 프로이트의 모든 주장에 전적으로 동의해주던 플리스는 그에게 없어서는 안 될 존재였기 때문이다. 이 꿈을 꾼 후에 프로이트가 제일 먼저 한 일도 플리스에게 꿈에 관한 편지를 보내는 일이었다. 거즈 사건이 있은 지 일 년 후 프로이트는 플리스에게 보내는 편지에서 "역시 엠마의 코피는 바람을 충족시키기 위한 코피였네."라고 적기도 했다.

‘흰색 반점’은 프로이트로 하여금 이 년 전 큰딸이 앓았던 병을 연상시키면서 당시의 불안을 떠올리게 했다. 브로이어가 “별것은 아니네.”라고 말해주는 것은 프로이트가 자신의 면책을 위해서 멀쩡한 환자를 중환자로 만든 행위에 대해서 안심시키는 말이라고 생각했다.

굵은 활자로 인쇄된 ‘트리메칠아민’의 화학식을 보는 장면은 성적인 주제와 연관되었다. 코 신경증을 주장했던 플리스는 트리메칠아민이 섹스와 관련된 대사물질이라고 주장했다. 프로이트는 안나와 엠마의 히스테리 증상에 대해서 섹스와 관련된 물질이 중요한 영향을 미칠 것이라고 생각했다.

‘주사기’와 관련해서는 자신에게 모르핀 주사를 맞으러 다녔던 여든 살의 할머니 환자를 떠올렸다. 꿈을 꾸기 전날 우연히 그 환자의 아들을 길에서 마주쳤다. 그는 어머니가 프로이트에게 주사를 맞으러 다녔던 지난 이 년간은 아무런 문제가 없었는데, 지방으로 이사 간 후 정맥염이 생겼다고 이야기했다. 프로이트는 자신이 항상 성실하며 조심하기 때문에 자신의 주사기는 항상 완벽하다는 자부심을 떠올렸다.

꿈을 꾸기 전날 프로이트는 아이들을 진료해주던 소아과 의사 ‘오스카 리’를 만났다. 그는 프로이트가 안나를 제대로 치료하지 못한 사실을 비꼬듯 말했다. 즉, 오스카 리의 ‘비난’에서 비롯된 ‘불안한 감정’이 꿈 작업을 통해서 ‘흰색 반점’으로 나타났고, 자신의 자부심은 ‘주사기’로 표현되었다고 프로이트는 꿈을 해석했다.

‘잠재사고’를 가지고 의미를 알기 힘든 ‘발현몽’을 만드는 ‘꿈 작업’에서 무의식적 감정이나 생각이 이미지나 심벌로 바뀌는 과정을 프로이트는 ‘상징화象徵化’라고 불렀다. 또한 안나와 엠마가 번갈아가면서 한 사람으로 표현되는 것처럼 어떤 대상으로 향한 감정이나 생각이 다른 대상으로 옮겨지는 과정을 ‘전치轉置’라고 하였고, 두 가지 이상의 감정이나 생각이 하나의 대상으로 합쳐지는 과정을 '압축^{壓縮}'이라고 이름 붙였다.

프로이트는 상징화, 전치, 압축 등의 '꿈 작업'을 통해서 자신을 비난했던 오스카 리를 꿈속에서 주사기 하나 제대로 소독 못하는 의사로 만들어 보복했다. 또한 자신이 제대로 치료하지 못했던 안나와 엠마의 문제는 기질적 원인으로 돌림으로써 정신분석에 대한 의구심에서 비롯된 불안감을 해소시켰다. 이것이 프로이트의 '잠재사고^{잠재몽}'였다. 안나와 엠마가 합성된 가상의 인물에 대해 프로이트는 '이르마'라는 가명을 사용하여 『꿈의 해석』에서 꿈의 해석 작업을 소개했다. '이르마의 주사 꿈'이 소개되었던 『꿈의 해석』 제2장은 이렇게 끝을 맺고 있다.

"해석 작업이 완성되면 꿈은 바람의 충족이라는 것이 드러납니다."

프로이트와 브로이어가 함께 저술한 『히스테리 연구』를 출판했던 1895년 12월에 프로이트는 막내딸을 얻었다. 당시 프로이트는 막내딸에게 안나 햄머슐라그의 이름을 따서 '안나'라는 이름을 붙였다. 안나 햄머슐라그는 막내딸 안나의 대모를 맡아주었다. 막내딸 안나 프로이트는 훗날 정신분석가가 되어 아버지에 이어서 정신분석학계를 이끌게 된다. 한편 엠마 에크슈타인 역시 '거즈 사건'에도 불구하고 프로이트에게 계속 정신분석을 받아서 정신분석가이자 여성운동가로 살았다.

자신의 꿈이었던 '이르마의 주사 꿈'을 소개하기 직전에 프로이트는 "모든 심리학자는 어둠 속의 문제에 빛을 밝힐 수 있다고 믿으면, 자신의 약점까지도 고백해야 합니다."라는 델뵈프의 말까지 인용했지만, 표본으로 삼았던 꿈들이 주로 자신의 꿈이었던 까닭에 꿈을 상세하게 해석하려 들수록 자신의 은밀한 사생활을 드러내야만 하는 상황은 여전히 딜레마였다. 또한 '꿈의 이론'을 히스테리 환자에 대한 실제 치료에 적용할 수 있는가라는 의문도 여전히 풀리지 않은 채 남아 있었다.

'히스테리 환자의 꿈을 만나다'

『꿈의 해석』이 출간되었던 1900년의 음침한 시월 초순이었다. 체크 바지에 회색 프록코트를 차려입은 중년 남성이 사춘기 딸과 함께 베어그가세 19번지에 위치한 프로이트의 진료실을 방문했다. 그 남성은 육 년 전에 신경마비와 혼돈 증상으로 프로이트에게 치료를 받은 적이 있는 필립 바우어 씨였다.

"딸아이가 자꾸 이웃집 남자를 의심합니다. 그가 자기를 겁탈하려 한다네요. 제발 딸아이가 제정신으로 돌아왔으면 합니다."

아버지 필립은 딸이 이웃 남자에 대해서 공연한 의심을 품는다고 믿었고, 프로이트에게 이런 의심을 없애달라고 주문했다. 검정 벨벳 장식이 어우러진 꽃무늬 비단 드레스를 입은 딸의 이름은 이다 바우어^{Ida Bauer, 1882~1945}였다. 이지적이고 아리따운 열여덟 유태인 처녀였던 이다는 당시에 신경성 기침과 호흡곤란, 간헐적인 실어증과 같은 전형적인 히스테리 증상을 앓고 있었다. 프로이트는 이 년 전에 호숫가 리조트에서 잠시 그녀를 진찰한 적이 있었다.

아버지 필립은 방직공장을 소유한 부르주아 유태인이었다. 그는 언뜻 보기에도 호탕해 보이는 사업가였다. 필립은 스물여덟 살이 되던 해에 자신보다 아홉 살 연하의 카타리나와 결혼했다. 필립은 결혼 전에 이미 매독에 걸려 있었기 때문에 아내였던 카타리나도 병이 옮았다. 카타리나는 그리스어로 '청결함'을 의미하는 자신의 이름만큼

이나 청결 강박증을 가진 여성이어서, 프로이트는 그녀에게 '주부 정신병'이 있다고 했을 정도였다.

필립과 카타리나 부부는 프로이트의 집에서 멀지 않은 베어그가세 32번지에 살면서 이다를 낳았다. 이다가 여섯 살이 되던 1888년에 바우어 부부는 비엔나에서 이백오십 마일 떨어진 메라노로 이사했다. 아버지 필립이 서른다섯 살 즈음에 결핵에 걸렸기 때문이었다. 알프스 산기슭에 위치한 메라노는 작은 산골마을이었지만 치료효능이 있다고 알려진 온천과 맑은 공기로 유명한 휴양지였다. 청결 강박증이 있는 어머니 카타리나는 결핵에 걸린 남편의 방에 들어가기를 꺼렸다. 때문에 이웃에 살던 열여덟의 페피나 젤렌카 부인이 간병인으로 병수발을 들었다. 그녀의 동갑내기 남편인 한스 젤렌카는 메라노 시내에 위치한 중앙 광장에서 가게를 하고 있었다. 이런 인연으로 두 부부는 이다의 가족과 가깝게 지냈다.

메라노로 이사한 이후 이다에게 야뇨증이 생겼다. 그래서 아버지는 한밤중에 소변을 누이기 위해 이다를 깨우곤 했다. 이다는 싸늘하고 강박적인 성품의 어머니보다는 따뜻하고 너그러운 아버지에게 많이 의지했다. 아버지는 어머니에게 보석상자를 비롯해서 이런저런 선물을 자주 했다. 아버지는 이다에게도 여러 선물을 주었는데 이다에게 줄 선물은 페피나 젤렌카 부인이 고르는 경우가 많았다.

이다가 열두 살 되던 해인 1894년에 아버지 필립은 신경마비와 혼돈 증상이 생겨서 비엔나로 프로이트를 방문했다. 프로이트는 매독에 의한 척수마비로 진단하고 필립에게 매독에 대한 치료를 시행했다. 아버지가 비엔나에서 치료를 받느라 메라노를 비운 동안 이다는 심한 두통과 기침을 앓았고, 목소리도 나오지 않았다. 시간이 흐르면서 아버지 필립은 간병을 해주던 나이 어린 이웃집 여인 페피나와 사랑에 빠졌다. 반면에 페피나의 남편 한스는 이제 사춘기에 들어선 이다에게 흑심을 품기 시작했다.

한창 감수성이 예민해지던 열네 살 때였다. 이다는 광장에서 열리는 교회 축제를 보기 위해서 한스의 가게에 들렀다. 한스는 이다를 반갑게 맞이하면서 이층으로 향하는 계단으로 안내했다. 그때였다. 한스는 갑자기 가게문을 잠그더니 계단 앞에서 이다에게 키스를 퍼부었다. 이다는 스물여섯 유부남의 겁탈에 심한 역겨움을 느꼈다. 이다는 힘껏 그를 뿌리치고 뒷문을 통해서 황급히 가게를 빠져나왔다. 하지만 이다는 그 사건을 아무에게도 알리지 않았다.

그 사건이 있은 지 두 해가 지난 1898년 여름이었다. 이다는 이웃집 페피나 부인으로부터 초대장을 받았다. 페피나 부인은 이다의 가족을 가르다 호수에 있는 오두막으로 초대했다. 가르다 호수는 알프스 빙하가 녹아서 만들어진 벽옥 빛 호수였다. 잔잔한 호수면에 울창한 숲이 고스란히 비치는 아름다운 휴양지였다. 이다는 아버지와 함께 호숫가 리조트로 여행을 떠났다. 그곳에 도착하던 날 이다는 아버지의 소개로 휴가를 즐기던 프로이트를 잠시 만났다. 그곳에는 젤렌카 가족과 그 집 아이의 가정교사가 함께 지내고 있었다. 당시 한스는 아이의 가정교사와 바람을 피우다가 싫증이 나서 차버린 상태였다.

"난 아내에게 아무것도 기대하지 않아. 난 오직 너의 사랑만을 간절히 원해!"

실연당한 가정교사는 한스가 처음 자신에게 이렇게 사랑을 속삭였다고 이다에게 털어놓았다. 그녀는 가능하다면 한스의 마음을 되돌리고 싶다고 하소연했다. 이런 와중에 아버지 필립은 호숫가에서 매일 아침 이웃집 여자 페피나와 밀월관계를 즐겼다. 아버지 필립은 며칠간만 호숫가 리조트에서 머물다 먼저 떠나고 이다는 남아서 젤렌카 가족과 몇 주간 여름휴가를 함께 보낼 예정이었다.

날씨가 유난히 맑았던 어느 여름 아침이었다. 한스는 이다에게 호수 저편으로 나들이를 가자고 했다. 이다는 한스가 노를 젓는 보트를 타고 호수를 건너갔다. 저편 호숫가에 내렸을 때 한스는 이다에게 다가와 짐짓 진지하게 사랑을 고백했다.

"난 아내에게 아무것도 기대하지 않아. 난 오직 너의 사랑만을 간절히 원해!"

하지만 그 레퍼토리는 뻔뻔스럽게도 가정교사에게 건넸던 속삭임 그대로였다. 이다는 한스의 뺨을 갈기고 도망쳤다. 이다는 무작정 걸었다. 얼마를 걸었을까? 걷다 지친 이다가 지나가던 남자에게 물었다.

"여기서 호수 저편까지 얼마나 걸리죠?"

"두 시간 반 정도."

그 남자는 두 시간 반 정도가 걸린다고 알려주었다. 이다는 하는 수 없이 다시 보트로 돌아와 한스와 함께 보트를 타고 집으로 돌아왔다.

그날 오후 심신이 지쳐버린 이다는 깜박 낮잠이 들었다. 얼마나 지났을까? 왠지 이상한 낌새를 느끼고 잠에서 깨어난 이다는 소스라 치게 놀랐다. 한스가 침대 곁에 서서 그녀를 바라보고 있었다. 이다는 페피나에게 방문 열쇠를 달라고 하여 저녁부터 방문을 잠그고 지냈다. 그런데 다음 날 열쇠마저 사라져 버렸다. 한스가 열쇠를 가져 갔을 것이라고 짐작한 그녀는 하루하루 불안에 떨다가 닷새 만에 아버지와 함께 집으로 돌아와 버렸다.

집으로 돌아온 이다는 모든 일을 어머니에게 알렸다. 이 말을 전 해들은 아버지 필립은 한스에게 편지를 써서 자초지종을 물었다. 한 스는 그런 일은 결코 없었으며, 사춘기에 들어선 이다의 엉뚱한 상상 이라고 몰아붙였다. 필립은 한스를 믿었고, 이다는 아버지가 이웃집 유부녀와 바람을 피우기 위해서 자신을 빌어먹을 한스에게 팔아넘긴 것이라고 생각했다. 이후에도 한스는 아무런 일이 없었다는 듯이 지냈고, 그해 크리스마스가 되자 이다에게 편지상자까지 선물했다.

"이제 더 이상 내 인생의 무게를 견딜 수 없어요. 그래서 부모님께 작별인사를 드려야만 할 것 같아요."

호숫가의 유혹 사건이 일어난 지 이 년 반이 지났을 무렵 이다의 가족은 비엔나로 이사했다. 그런데 삼 주 뒤에 젤렌카 부부도 비엔나로 따라서 이사했다. 극도로 불안해진 이다는 자살을 의미하는 편지를 써서 책상 서랍에 넣어두었다. 책상에서 편지를 발견한 아버지 필립은 "딸아이가 제정신으로 돌아왔으면 합니다."라면서 이다를 프로이트에게 데려왔다.

"요사이 나는 생생한 경험을 하고 있다네. 열여덟 살의 여성 환자에 대한 치료를 시작했는데, 그간 내가 모아두었던 열쇠들을 통해서 이 증례가 부드럽게 열리고 있다네."

프로이트는 이다에 대한 정신분석을 시작한 직후인 1900년 시월 중순에 친구 플리스에게 보내는 편지에 이렇게 썼다. 그는 이다에 대한 치료과정이 자기분석을 통해 만든 '꿈의 이론'을 실제 히스테리 환자가 가진 심리적 문제에 적용해 볼 기회라고 생각했다. 정신분석이 진행되면서 이다는 첫 번째 꿈을 이야기했다.

"집에 불이 났어요. 아버지가 내 침대 곁에 서서 나를 깨웠어요. 나는 서둘러 옷을 입었죠. 그런데, 엄마는 자신의 보석상자를 챙기려고 했어요. 하지만 아빠가 말했죠.

'당신의 보석상자를 구하느라 나와 두 아이가 불에 타 죽고 싶지는 않소.'

우리는 서둘러 아래층으로 내려갔고, 밖으로 빠져 나오자마자, 나는 깨어났어요."

이다의 첫 번째 꿈은 이다가 호숫가 리조트에서 열쇠를 잃어버린 채 지냈던 사흘 동안 반복해서 꾸었던 꿈이었다. 이 년 반이 지나 정신분석을 받던 도중에 이다는 집이 불타는 꿈을 다시 꾸었다. 프로이트는 자신의 꿈을 분석할 때 그랬던 것처럼 먼저 발현몽을 동강낸 다음 도막도막에 대해서 자유연상을 시켰다.

첫 도막 '집에 불이 났어요'에 대한 연상에서 이다는 실제로 호숫가 리조트에 도착했을 때 아버지가 나무로 지어진 오두막에 피뢰침이 없다는 사실을 알고 불이 날까 염려했던 기억을 떠올렸다.

다음으로 '아버지가 내 침대 곁에 서서 나를 깨웠어요'라는 도막에 대한 연상에서는 한스가 호숫가에서 유혹했던 날 낮잠에서 깼을 때 실제로 한스가 침대 곁에서 자신을 지켜보고 있었던 사건을 연상했다. 아울러 어린 시절 야뇨증이 있었던 탓에 소변을 누이기 위해 한밤중에 자신을 깨우러 오던 자상한 아버지에 대한 연상도 떠올렸다.

세 번째 도막 '나는 서둘러 옷을 입었죠'에서는 열쇠가 사라진 이후 한스가 엿볼 것 같아서 급하게 옷을 갈아입던 상황을 기억했다.

마지막으로 그녀는 '보석상자'에 대한 연상에서 아버지가 어머니에게 주었던 보석상자를 떠올렸고, 다른 한편으로는 한스가 크리스마스 선물로 자신에게 주었던 편지상자를 떠올렸다. 덧붙여 한스의 '불타는' 욕정 때문에 위험해진 자신의 '처녀성'을 연상했다.

"이 꿈은 의식적으로는 내 처녀성이 위험에 처했기 때문에 아버지와 함께 도망쳐야 한다는 잠재사고 잠재몽 를 담고 있습니다. 하지만 어째서 어린 시절의 야뇨증을 떠올렸을까? 아이가 아버지와 함께 도망친 것은 자신을 쫓아오는 낯선 남자가 두려웠기 때문입니다. 하지만 다른 한편으로 이다는 한스에게 애정을 느꼈기 때문일 것입니다. 이다는 아버지의 바람기와 매독에 대해서 잘 알고 있어서 남자에 대한 애정은 위험하다고 생각했을 것입니다."

프로이트는 도막 낸 연상들을 모두 연결하여 이렇게 해석했다. 즉, 프로이트는 이웃집 남자가 달려들어 강제로 입을 맞추는 상황에서 사춘기 소녀가 느꼈을 당황스러움이 아니라 무의식에 웅크린 유아기 애정 욕구가 히스테리 증상의 주범이라고 지목했다.

프로이트는 이어서 "이다는 꿈 이야기를 했던 다음 날 빼먹고 말하지 않은 사실이 있다면서 꿈에서 깨었을 때 '연기냄새'가 났다고 말했습니다. 이것은 물론 '연기냄새'는 화재와도 들어맞지만, 또한 이 꿈이 나와 특별한 연관이 있다는 것을 보여줍니다. '아버지'와 '한스' 그리고 '나'는 모두 담배를 피운다고 이다에게 해석했을 때, 그녀는 엉터리 해석이라며 받아들이지 않았습니다. 하지만 꿈을 꾼 후에 연기냄새가 났던 것은 연기냄새를 풍기는 남자, 즉 흡연자와 키스하기를 원하는 바람에 대한 충족이 거의 틀림없습니다. 하지만 이다와 한스가 키스했던 사건은 벌써 몇 년이 지난 일입니다. 이런 상황을 고려한다면, 나도 흡연자였기 때문에 결국 나에 대한 '전이博移'가 존재했던 것입니다. 즉, 그녀는 아마도 정신분석 도중 내게 키스를 받고 싶은 마음이 들었던 것입니다. 이런 생각이 위험을 경고하는 꿈을 다시 꾸도록 만들었을 것입니다."라고 이다의 꿈을 해석했다.

프로이트는 집이 불타는 꿈을 정신분석이 진행되는 동안에 다시 꾸었다는 점에 주목했다. 그리고 이다가 꾸었던 꿈에서 자신이 특별한 역할을 했다고 믿었다. 프로이트는 정신분석 과정에서 무의식에 웅크린 바람이 분석가를 향해서 의식계로 솟구치는 현상을 '전이'라고 불렀다.

"나는 이름 모를 도시를 걸었어요. 눈에 들어오는 거리와 광장이 아주 낯설었어요. 그리고는 내가 사는 집에 들어가서, 내 방으로 갔는데, 엄마가 보낸 편지가 놓여 있었어요. 내가 부모님께 알리지 않고 집을 떠났기 때문에 아빠가 아프다는 편지를 보내고 싶지 않았다고 적혀 있었어요. 그리고 '이제 아빠가 돌아가셨으니, 네가 좋다면? 돌아와도 된다.'라고 적혀 있었어요.

그래서 나는 역으로 향했는데, '역이 어디에 있죠?'라고 한 백 번쯤 물어보았어요. 나는 항상 '5분'이라는 답을 들었어요. 그리고는 내 앞에 울창한 숲이 나타났고, 그 숲에 들어가서 한 남자를 만나서 다시 물었어요. 그 남자는 내게 '두 시간 반 정도.'라고 말하더군요. 그가 함께 가자고 제안했어요. 나는 거절하고 혼자 갔어요. 내 앞에 역이 나타났지만 그곳에 도달할 수 없었어요. 그 순간 꿈에서 앞으로 나갈 수 없을 때면 느껴지는 그런 종류의 불안감이 들었어요.

그리고는 나는 집에 와 있었어요. 그사이에 여행을 했겠지만, 전혀 기억나지는 않아요. 나는 경비실에 들러서 경비원에게 우리 아파트가 몇 층이냐고 물었죠. 하녀가 문을 열어주면서, '당신의 어머니와 다른 가족들은 이미 묘지에 갔어요.'라고 내게 말하더군요."

비엔나 시내가 온통 크리스마스 분위기로 들떠 있을 때였다. 1900년 시월에 시작된 정신분석이 12월로 들어섰을 때 이다는 좀 더 긴 내용의 두 번째 꿈을 이야기했다. 프로이트는 두 번째 꿈을 세 도막으로 나누어 연상에 들어갔다. 프로이트의 해석은 이랬다.

"'낯선 도시'의 장면을 연상하면서 이다는 꿈을 꾸기 전날에 보았던 사진을 연상했습니다. 독일 리조트를 찍은 앨범 사진이었습니다. '편지'에 대해서 이다는 페피나가 보내주었던 호숫가 리조트로 오라는 초대장과 자신이 썼던 자살 편지를 떠올렸습니다."

프로이트는 꿈속에서 "아빠가 돌아가셨으니, 네가 좋다면?"이라는 표현에 주목했다. 그는 "꿈 속의 편지에서 이다는 자신의 선택으로 집을 떠났고, 아버지는 죽었습니다. 이 대목에서 나는 이다의 자살편지가 떠올랐습니다. 이 편지는 아버지를 놀라게 하여 페피나와의 관계를 청산하도록 만들려는 의도였거나, 혹은 어쨌건 아버지에게 복수하려는 의도였을 것입니다. 판타지에서 그녀는 집을 떠나 낯선 곳으로 갔고, 아버지는 그녀를 그리워하는 슬픔에 억장이 무너졌습니다. 그러니 그녀의 복수는 이루어진 것입니다."라고 해석했다.

이어지는 도막에서 이다는 전날 저녁에 아버지가 브랜디를 꺼내오라고 시켰던 기억을 떠올렸다. 아버지는 매일 저녁 브랜디를 마시지 않고는 잠들지 못했다. 이다는 브랜디를 꺼내기 위해서 어머니에게 찬장 열쇠가 어디에 있냐고 물었다. 어머니가 수다를 떠느라 대답하지 않자 이다는 "열쇠가 어디 있냐고 백 번쯤 물어봤잖아요!"라고 투덜댔다. 이다는 실제로는 한 오 분 정도 기다린 것 같았다고 말했다. 또한 이다가 호숫가 리조트에 머물렀던 기간도 닷새였다.

"역이 어디에 있죠?"라는 물음에서 역이란 탈출을 의미하고, 또한 너무 멀어서 도달하지 못했던 기억과 연관되었다. 이다는 한스의 사랑 고백에 대해서 뺨을 갈기고 도망쳤을 때 만났던 남자가 호수 저편까지 '두 시간 반 정도' 거리라고 했던 사실을 떠올렸다. 꿈속의 울창한 숲은 실제로 가르다 호수의 숲과 비슷했다.

"꿈에서 부각되는 내용은 아버지에 대한 복수 판타지라고 여겨집니다. 하지만 이런 판타지의 뒷면에는 한스에 대한 복수심이 숨겨져 있습니다. 비록 복수의 장막에 가려져 있지만 이다의 무의식에 여전히 남아있는 한스에 대한 사랑의 파편들도 감지할 수 있습니다. '역이

어디에 있죠?'라는 질문에서 '역'은 섹스의 은어로 사용되는 단어입니다. 즉, 처녀성을 잃어버리는 판타지가 이 꿈의 두 번째 내용이었던 것입니다."

프로이트는 이다 바우어의 꿈에 대한 해석을 이렇게 요약했다. 그리고 꿈의 내용을 무의식에 웅크린 욕동으로 연결시켜 이다에게 해석해 주었다. 프로이트의 해석을 들은 이다는 두 번째 꿈을 꺼낸 지 두 세션 만에 일방적으로 정신분석을 그만두겠다며 떠나버렸다. 이다 바우어에 대한 정신분석은 그렇게 해를 넘기지 못하고 11주 만에 파편으로 끝났다. 『꿈의 해석』이 출간되었던 1900년의 마지막 날이었다.

이다 바우어가 치료를 중단하고 떠나버린 후 프로이트는 그녀의 꿈을 수십 차례 다시 돌이켜보았다. 미완성의 파편으로 끝나버린 이다의 정신분석 증례에 대해 프로이트는 5년이나 곱씹은 후에 『히스테리 증례의 분석 파편』이라는 제목으로 발표하면서 나중에서야 눈치를 챘던 '전이' 현상에 대해서 다음과 같은 설명을 덧붙였다.

"이다 바우어의 두 번째 꿈은 '전이'에 대해서 몇 가지 암시를 하고 있었습니다. 그녀가 내게 꿈을 이야기했던 때, 그것이 앞으로 두세 션밖에 남아있지 않다는 예고라는 것을 실제로는 이틀 후 마지막 분석시간까지도 나는 눈치 채지 못했습니다. 그것은 호숫가를 에둘러 돌아가는 데 걸리는 시간이기도 했는데, 치료가 그녀의 생각에는 너무 길었던 것 같습니다. 그녀에겐 그렇게 긴 시간을 기다릴 인내심이 없었던 거지요. 완전히 회복하는 데 한 일 년 정도 걸릴 것이라고 내가 이야기했던 그 당시에 그녀는 아무런 이의도 제기하지 않았습니다. 하지만 꿈에서 그녀는 함께 가자는 제안을 거절하고 혼자서 가겠다고 말하고 있습니다. 꿈에 담겨 있는 메시지는 의심할 바 없이 '남자는 모두 혐오스러운 존재이고, 그래서 차라리 결혼하지 않겠어. 이것이 나의 복수야.'라는 것입니다."

오늘날 정신분석에서 '아동기 동안에 중요한 사람들과의 관계에서 경험했던 감정이나 생각이 현재 관계를 맺고 있는 다른 사람들과 관계로 옮겨서 나타나는 현상'을 일컫는 '전이'는 갑작스럽게 치료를 중단하고 떠나버린 이다 바우어의 사례를 반추하는 과정에서 발견되었다.

1905년에 『히스테리 증례의 분석 파편』을 발표하면서 서문에 원래 논문 제목이 『꿈과 히스테리』였다고 밝혔듯이 '이다 바우어의 꿈'을 처음 들었을 때 프로이트는 자신의 꿈을 분석하면서 발명한 독창적인 '꿈 이론'을 실제 히스테리 환자의 꿈에 적용시킬 수 있는 절호의 기회라고 생각했다. 그렇게 '꿈 이론'을 히스테리 환자에게 성공적으로 적용할 수 있으리라는 프로이트의 기대가 최고조에 도달했을 때 그녀는 정신분석을 그만두겠다며 홀연히 떠나버렸다. 그녀가 등을 돌리고 떠나버린 후 가슴에 휘몰아쳤던 상실감을 프로이트는 이렇게 표현했다.

"한스도 나처럼 지독하게 사악한 악마와 싸웠을 것이다. 인간의 가슴 속에 숨어 있는 불완전하게 길들여진 악마는 이런 싸움에서 반드시 생채기를 남기기 마련이다."

프로이트는 이다 바우어의 정신분석이 중단되면서 커다란 마음의 상처를 입었지만, 그 정체를 알지 못했다. 당시에 프로이트는 환자가 치료자를 통해 느끼는 '전이'에 대해서는 눈치 챘지만, 치료자가 환자를 통해 느끼는 감정에 대해서는 깨닫지 못했다. 그로부터 5년이 더 흐른 1910년에 들어서야 프로이트는 분석가의 무의식적 바람이 환자를 통해서 분석가 자신의 의식으로 떠오르는 현상을 '역전이逆轉移'라고 불렀다.

프로이트는 이런 '역전이'가 정신분석 과정을 방해한다고 보았다. 그래서 완벽한 수술을 위해서 리스터의 석탄산에 의한 무균수술법을 철저히 지키듯이 완전한 정신분석을 위해서는 환자의 전이에 영향을 미치는 치료자의 감정이나 행위를 최소화시켜야 한다고 믿었다. 마치 '이르마의 주사 꿈'에 등장하는 '완벽하게 소독된 자신의 주사기'처럼 치료자는 항상 '공평'해야 한다고 생각했다.

'공평'이란 용어는 훗날 번역과정에서 '중립'으로 바뀌었는데, 이는 치료자의 틀을 권위적으로 환자에게 강요하지 않으면서 환자를 포용하는 자세를 의미했다. 이렇게 프로이트가 말한 '공평'은 정신분석이 발전하면서 '중립'을 지키면서 '절제'하는 치료적 태도로 개념이 변화되었다. 여기서 '절제' 또한 정신분석의 중요한 기본원칙이 되는데, 프로이트는 치료자가 '절제'를 통해서 환자의 전이적 욕구를 좌절시켜야만 환자의 무의식적 바람이 더욱 강하게 의식으로 떠오른다고 믿었다. 즉, 매일 저녁 브로이어를 만나 '대화 치료'를 하면서 상상임신을 했던 베르다처럼 혹은 프로이트의 담배냄새를 맡고 집이 불타는 꿈을 꾸었던 이다처럼 치료자가 절제를 통해서 환자의 무의식적 바람을 충족시키지 말아야만 환자의 무의식에 자리 잡은 정신병리적 현상이 보다 선명하게 드러나면서 분석작업이 촉진된다고 생각했다.

"안녕하세요? 얼굴에 통증이 있어서 다시 찾아왔어요."

아직은 쌀쌀한 1902년 삼월이었다. 정신분석을 중단하고 떠나버렸던 이다 바우어가 이 년이 조금 지나 프로이트를 다시 찾았다. 그녀는 두 주일 전부터 갑자기 안면신경통이 생겼다고 말했다. 프로이트는 이 말을 차트에 적으면서 슬며시 웃음을 흘렸다. 정확히 두 주일 전에 그가 비엔나 의대 교수로 임용되었다는 기사가 지역신문에 실렸기 때문이었다.

프로이트는 이다 바우어의 안면신경통이 '자기-처벌'의 상징적 표현이라고 생각했다. 즉, 한스의 뺨을 갈겼던 분노의 감정을 프로이트에게 전이시켜서 정신분석을 중단해버렸던 그녀가 프로이트에 관한 신문기사를 읽으면서 자신의 결정에 대해 뒤늦게 '자기－처벌'의 욕구가 생긴 것이라고 프로이트는 믿었다. 그래서 프로이트는 "당신을 완전하게 치료할 수 있는 기회를 빼앗아갔던 점에 대해서 용서합니다."라고 그녀에게 말해주었다. 그녀는 이듬해에 결혼해서 남편과 아이와 함께 기독교로 개종하여 살다가 63세에 사망했다.

　앞서 밝힌 것처럼 '이다 바우어'의 정신분석 사례는 5년간 꼼꼼히 검토하는 과정을 거친 후『히스테리 증례의 분석 파편』이라는 제목으로 1905년에 발표되었다. 여기서 프로이트는 이다 바우어라는 이름 대신에 '도라'라는 가명을 사용했다. 그는 '도라'라는 이름을 동생집 하녀의 이름에서 따왔다고 밝혔다. 하지만 옛 멘토였던 요제프 브로이어의 딸 이름이 역시 '도라'라는 사실을 프로이트가 모르지는 않았을 것이다. 더구나 두 유태인 처녀는 나이조차 동갑내기였으니 말이다. 사실 프로이트와 브로이어는 공동 저술한『히스테리 연구』가 출판될 즈음부터 틈이 벌어지기 시작했다. 히스테리를 오로지 성적인 원인으로 몰아가는 프로이트의 주장에 대해서 브로이어는 탐탁지 않게 여겼다. 반대로 프로이트는 자신의 주장을 받아들이지 않는 브로이어에게 심하게 분노했다. 프로이트가 '도라'의 증례를 발표했던 시점은 브로이어가 프로이트에게 깊은 상처를 남긴 채 등을 돌리고 떠나버린 때였다.

　오랜 기간 멘토였던 브로이어를 잃어버린 상실감은 또 다른 유태인 의사가 달래주었다. 여성의 생식기와 코가 신경학적으로 연결되어 있어서 히스테리 증상이 생긴다는 '코 반사 신경증'을 주장했던 베를린의 이비인후과 의사 플리스였다.

프로이트, 구스타프 말러를 만나다

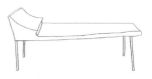

"이상하게도 처음에 어떻게 될지도 모르면서
그저 마음이 끌릴 때가 있습니다."
구스타프 말러

1909년 클라크 대학에서 프로이트가 명예박사학위를 받은 이후 정신분석은 저변을 확장하고 있었다. 뉘른베르크에서 국제정신분석학회가 정식으로 발족되었던 1910년의 어느 무더운 여름날이었다. 별장에서 휴가를 즐기던 프로이트는 다음과 같은 한 통의 편지를 받았다.

"가능한 한 빨리 박사님을 만나고 싶습니다."

비엔나 오페라 감독을 지낸 당대 최고의 지휘자이자 작곡가 구스타프 말러^{Gustav Mahler, 1860~1911}가 보낸 편지였다. 프로이트는 기꺼이 만나자고 답장을 보냈다. 네덜란드의 고풍스러운 대학도시 라이덴의 한 호텔에서 두 거장은 만났다. 프로이트와 말러는 가벼운 악수를 나누고는 호텔을 나와 나란히 대학로 거리를 걸었다. 하나, 둘, 셋, 말러는 걸음 수를 세며 걸었다. 그는 가끔 오른쪽 다리를 절었다. 쉰에 들어선 말러가 먼저 말문을 열었다.

"제 삶은 부평초였습니다. 오스트리아에서는 보헤미안으로, 독일에 가면 오스트리아인으로, 세계로 나서면 유태인으로 취급받았습니다."

쉰넷의 프로이트는 우울에 빠진 위대한 음악가의 이야기를 들으며 정신분석을 시작했다. 아름드리 가로수가 열지어선 보도를 걸으면서 역사적인 '산책 정신분석'이 시작된 것이다.

말러의 어머니 '마리아 프랭크'는 열둘이나 되는 아이를 낳느라 평생을 침대에 누워 지냈다. 그래도 어머니는 언제나 자식들에게 따뜻한 사랑을 주는 분이었다. 형제의 절반이 디프테리아와 사고, 심지어 자살로 죽었다. 죽음은 늘 어린 말러의 곁에 있었다. 말러는 살아남은 형제들 가운데 맏이였다. 선천적으로 다리를 절었던 탓에 열등감이 심했던 어머니는 자포자기의 심정으로 아버지와 결혼했다.

선술집을 하던 아버지 '베른하트 말러'는 다혈질이었다. 아버지는 툭하면 어머니를 때리고 욕지거리를 해댔다. 그럴 때면 어린 말러는 집에서 뛰쳐나와 비엔나 시내를 달렸다. 아버지에 대한 두려움과 증오심이 북받쳐 오를 때면 풍각쟁이가 연주하는 뒷골목으로 달려갔다. 그곳에서 어린 말러는 민요 '오, 내 사랑 아우구스틴'을 하염없이 듣다가 돌아오곤 했다. 풍각쟁이의 연주는 사랑하는 어머니를 지켜주지 못하는 어린 말러의 무력감을 달래 주었다.

아내 '알마 쉰들러'는 여섯 살에 아버지를 잃었다. 그녀의 아버지는 생전에 유명한 화가였기 때문에 그녀는 많은 화가들과 교류했고 또 많은 화가들이 그녀를 사랑했다. 그녀를 사랑했던 비엔나인 가운데 구스타프 클림트도 있었다. 스물셋의 젊고 아리따운 '알마'는 자신에게 구애하는 여러 젊은 남성들을 모두 뿌리치고 마흔둘의 구스타프 말러를 선택했다. 그렇게 두 사람은 뜨거운 사랑에 빠져 1902년에 결혼했다. 어째서 강박적 성벽을 가진 스무 살 연상의 말러와 결혼했느냐는 질문을 받을 때마다 그녀는 그저 이렇게 말했다.

"그림보다 음악이 더 좋았기 때문이에요!"

결혼 후에 중년의 말러는 젊은 알마를 집에 가둔 채 오로지 아내의 역할에 충실해주기를 강요했다. 그해 말러 부부는 첫딸을 낳았고 딸 이름을 '마리아'라고 지었다. 말러가 이제 막 행복에 익숙해질 즈음이었다. 그의 인생에 가장 견디기 힘든 고통이 찾아왔다. 애지중지하던 첫딸 '마리아'가 성홍열에 걸려 허망하게 세상을 떠났던 것이다.

"모든 게 내 탓이야!"

피아노에 기댄 채 말러는 오열했다. 자신이 작곡했던 악보를 갈기갈기 찢으며 죽음을 노래했던 자신을 원망하고 또 원망했다. '죽은 아이를 그리는 노래'를 작곡한 지 삼 년이 지난 1907년 여름이었다. 말러는 자신이 작곡했던 '죽은 아이를 그리는 노래'가 첫딸 '마리아'를 죽음으로 몰아넣었다고 믿었다. 언제나 절망적인 상황에 처하면 그랬던 것처럼 말러의 귓전에는 '오, 내 사랑 아우구스틴'의 멜로디가 울렸다. 끔찍이 사랑했던 첫딸을 떠나보낸 후 말러는 한없는 죄책감에 시달렸고, 알마는 시름시름 앓기 시작했다.

딸을 잃은 상처가 채 아물지 않았던 1910년 초여름이었다. 우울증에 빠져 지내던 알마는 오스트리아 남부의 휴양지 스티리아의 요양소로 떠났다. 이제 갓 서른을 넘긴 성숙한 알마는 그곳에서 스물일곱의 건축가 월터 그로피우스[Walter Gropius, 1883~1969]를 만났다. 그리고 두 젊은 남녀는 아름다운 휴양지에서 깊은 사랑에 빠졌다. 연하의 예술가 청년과 나누는 달콤한 사랑은 알마에게 생기를 되찾아 주었다.

"당신의 얼굴빛이 밝아서 좋네!"

그림보다 음악을 사랑한 스티리아, '토트

말러는 건강해진 모습으로 요양소에서 돌아온 알마를 반갑게 맞이했다. 오랜만에 활기찬 생활을 하던 말러는 우연히 알마에게 배달된 한 통의 편지를 읽게 되었다. 우연히 뜯어본 그 편지는 휴양지에서 사귀었던 그로피우스가 알마에게 보낸 청혼 편지였다. 심지어 일주일 후에 그로피우스는 당돌하게도 자신의 청혼 편지에 대한 대답을 듣겠다며 직접 알마를 찾아왔다. 말러는 초조한 마음으로 알마에게 두 남자 가운데 한 명을 선택하라고 말했다. 사실 말러는 어떤 일이 있어도 알마 없이는 단 한순간도 살 수 없다고 느꼈다. 다행히도 알마는 말러를 택했다. 알마는 혈기왕성한 청년 그로피우스를 기차역에서 조용히 타일러 보냈다.

편지 사건은 그렇게 지나갔다. 하지만 말러는 견디기 힘든 질투심에 시달렸다. 종일 불안과 우울로 감정이 요동쳤다. 머릿속은 온통 젊은 예술가 그로피우스에 대한 분노와 아내 알마에 대한 배신감으로 가득 찼다. 도통 아무 일도 손에 잡히질 않았다. 밤새 침대 곁에 앉아 잠든 알마를 지켜보거나, 온종일 마루에 누워 하염없이 울었다. 끝없는 나락으로 빠져들던 말러는 마지막 남은 힘을 다해 펜을 잡았다. 그리고 프로이트에게 급히 만나달라고 편지를 띄웠다.

"이야기를 나누다 보니 당신의 어린 시절에 어머니가 매우 중요한 분이셨네요. 어머니 성함이 '마리아'라고 하셨는데, 어떻게 '알마'라는 이름을 가진 아내하고 결혼하게 되었죠?"

"그러고 보니 놀랍게도 제 아내의 결혼 전 이름이 '알마 마리아 쉰들러'네요. 결혼 전에 저는 그냥 '마리아'라고 불렀어요."

이제 말러는 그동안 자신이 아내 알마에게 부렸던 어린아이 같은 투정을 이해할 수 있었다. 아내 알마를 집안에 가두고 독점하려고 했던 과거의 자신도, 요즈음 자신을 괴롭히는 아내 알마에 대한 처절한 배반감도 이해할 수 있었다. 그리고 아무리 시간이 흘러도 씻을 수 없는 첫딸 '마리아'에 대한 죄책감도 이해할 수 있었다. 언제나 자신의 곁에 맴돌던 죽음의 그림자도 이해할 수 있었다. 무엇보다 괴로운 장면에서는 어김없이 머릿속에 맴돌던 '오, 내 사랑 아우구스틴'의 멜로디를 이해할 수 있었다. 정말 그랬다. 오이디푸스 콤플렉스는 말러의 인생 전반에 검은 그림자를 드리우고 있었다.

"마흔이 넘어선 남자가 스물셋의 아가씨에게 청혼을 했다는 것이 얼마나 용기 있는 일입니까? 당신의 아내 '마리아'도 어려서 아버지를 잃었으니 아버지와 같은 배우자를 찾았겠지요. 그렇게 신경 쓰였던 당신의 나이가 아내에겐 오히려 매력적인 동기였겠네요."

프로이트는 여기서 더 나아가지 않았다. 말러도 걸음을 멈추고 묵묵히 벤치에 앉았다. 첫딸 '마리아'를 잃었던 삼 년 전에 말러는 건강도 잃어버렸다. 의사는 심장병이 심각한 상태라고 진단하면서 걸음 수를 제한하라고 당부했다.

나란히 벤치에 앉은 두 중년 남자의 허전한 등 뒤로 팔월의 싱싱한 햇살이 흩뿌렸다. 네 시간여의 '산책 정신분석'은 그렇게 끝났다.

프로이트와 헤어진 말러는 다시 지휘봉을 잡고 뉴욕으로 떠날 수 있었다. 이듬해 오월 말러는 죽음을 맞이했다. 유럽의 저편에서 말러의 죽음을 전해들은 소설가 토마스 만은 『베니스에서의 죽음』을 쓰기 시작했다. 끝내 미완성으로 남겨진 말러의 십 번 교향곡 악보에는 이렇게 휘갈겨져 있었다.

"광기가 나를 사로잡고, 나를 파괴하는구려. 그대를 위해 살고! 그대를 위해 죽으리다! 알마."

오스트리아의 한 음악서점에 구스타프 말러가 있었다.
사진 속의 말러는 자신의 음악을 담은 음반들로 가득 채워진 진열대를 등지고 서서
"이것 봐! 이게 바로 나야!"라고 말하는 듯했다.
고개를 빼딱하게 돌린 채 입술을 앙다물고 있는 구스타프 말러의 모습은 소설 『베니스에서
의 죽음』에서 토마스 만이 묘사했던 주인공 '구스타프 아셴바하'를 절로 연상시켰다. 토마스
만은 이렇게 묘사했다.

"뒤쪽으로 빗어 넘긴 그의 머리카락은 정수리 부근에서 숱이 듬성듬성하고 머리카락에 둘러싸
인 환한 이마는 주름이 깊게 패 있어 마치 흉터가 생긴 것처럼 보였다. 알에 테두리가 없는 금
테 안경의 둥근 코걸이 부분은 고상하게 휘어진 뭉툭한 코의 윗부분에 착 달라붙어 있었다."

프로이트, 알베르트 아인슈타인을 만나다

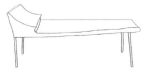

"플루토늄의 성질을 바꾸는 것은 인간의 악마적
마음을 바꾸는 것보다 훨씬 쉬운 일입니다."
알베르트 아인슈타인

가스너 신부가 퇴마 능력을 발견했던 1760년이었다. 스위스 신경과 의사 사무엘 티소$^{Samuel Tissot, 1728~1797}$는 『오나니즘에 의해 발생된 질병의 치료』라는 책을 발간하여 유럽 의학계에 커다란 반향을 일으켰다. 독실한 가톨릭 신자이자 바티칸 자문의사이기도 했던 그는 정액이 생명에 '필수불가결한 액체'이며 '자위행위가 만병의 근원'이라고 주장했다. 오나니즘의 오난은 성서에 등장하는 인물이었다.

유다는 은전 스무 닢을 받고 꿈쟁이 요셉을 이집트 노예로 팔았던 친형이었다. 그는 가나안 사람의 딸 수아와 결혼하여 첫아들 에르와 둘째아들은 오난을 낳았다. 맏아들 에르는 결혼한 이후 자식을 남기지 못하고 죽었다. 유다는 둘째아들 오난을 불러 말했다.

"네 형수와 잠자리에 들거라. 시동생의 책임을 다하여 네 형에게 자손을 일으켜 주거라."

하지만 오난은 형수가 낳은 자식은 자기 자손이 되지 않을 것을 알고 있었기 때문에 형수와 잠자리에 들 때마다 형에게 자손을 만들어 주지 않으려고 정액을 바닥에 쏟아버리곤 하였다. 주님께서 보시기에 오난이 그렇게 한 것이 악하였으므로 오난을 죽게 하셨다.

(창세기 38장)

죽은 형의 자식을 만들어주는 것이 싫다며 정자를 땅에 뿌렸던 오난의 이름을 따서 자위행위를 '오나니즘'이라 불렀다. 오나니즘, 즉 자위행위가 병을 일으킨다는 잘못된 성담론은 이렇게 성서에서 출발하여 티소를 거쳐 프로이트 시대까지 계속되었다. 성욕을 해결하기 위해서 남성은 공공연히 유곽을 드나들면서도 여성의 성은 코르셋으로 꽁꽁 싸맸다. 자위행위조차 죄악시되던 시대에 성은 언제나 어둠 속 모퉁이에 숨어 있었다. 특히 여성에게 성행위란 쾌락적 목적이 아닌 오로지 자식을 만들기 위한 작업으로 치부되었고, 임신과 무관한 성행위는 정신병의 증상으로 매도당하기까지 했다. 프로이트가 『히스테리 연구』를 발표했던 19세기 말까지도 의학계에는 '자위행위가 만병의 근원'이라는 오난의 저주가 득세하고 있었다.

『동물의 정소에서 추출한 물질을 인간의 피하에 주입했을 때 나타나는 효과』

프로이트가 『꿈의 해석』 출판을 앞두고 있을 때였다. 프랑스 과학 아카데미의 회원이었던 브라운-씨쿼드 Charles-Édouard Brown-Séquard, 1817~1894

교수가 성에 관한 흥미로운 연구결과를 저명한 의학잡지 란셋에 발표했다. 그는 동물의 정소에서 추출한 물질이 정력을 증강시킬 것이라고 믿었다. 그래서 기니피그의 정소에서 물질을 추출하여 인체에 주입하는 실험을 계획했다. 하지만 실험대상자를 구할 수 없었다. 결국 브라운－씨쿼드 교수는 자신의 피하에 동물의 정소에서 추출한 물질을 여러 차례 주입했다. 그러자 행복감과 함께 힘이 넘치는 느낌을 받았다. 그 연구결과가 1889년 란셋에 『동물의 정소에서 추출한 물질을 인간의 피하에 주입했을 때 나타나는 효과』라는 제목으로 발표되면서 브라운－씨쿼드 교수의 '엘릭시르'^{만병통치약} 가 불로장생 명약처럼 유행했다. 훗날 브라운－씨쿼드의 '엘릭시르'는 테스토스테론이라는 성 호르몬으로 밝혀졌다.

'리비도 이론'

이즈음이었다. 프로이트 역시 정액을 성적 에너지의 원천이라고 믿었다. 그리고 과도한 자위처럼 정액을 소모하는 행위는 신경쇠약을 일으킨다고 생각했다.

"만약 정액이 고갈된다면 성행위를 하는 것이 불가능할 뿐만 아니라, 자극에 대한 성감대의 민감한 반응 역시 중단되어, 성감대를 통해서 더 이상 감각적 즐거움을 느낄 수 없습니다."

프로이트는 1905년에 발간한 『성욕에 관한 세 편의 에세이』에서 이렇게 주장했다. 그는 본래 뱀장어의 생식샘을 찾아내는 연구를 했던 생리학도였고, 칠성장어의 척수 신경계가 포유류와 다르지 않다는 연구에 몰두했던 신경학도였다. 처음 정신분석을 만들 즈음에 프로이트의 관점은 그저 장어에서 인간의 마음으로 현미경을 살짝 돌렸을 뿐이었다. 따라서 프로이트가 정신분석을 창시하면서 마음을 움직이는 대표적인 에너지로 성욕을 꼽았던 것은 우연이 아니었다. 그는 인간을 지배하는 첫 번째이자 최고의 동기는 성욕이라고 주장했고, 성욕에 대해서 라틴어로 '욕망' 그 자체를 뜻하는 '리비도'라는 이름을 붙였다.

『꿈의 해석』과 『도라 증례』를 통해서 프로이트는 성욕을 뜻하는 '리비도'가 인간 정신활동의 근원적 에너지라는 믿음을 확고히 다졌다. 그는 『성욕에 관한 세 편의 에세이』에서 '리비도'에 대해 다음과 같이 자세한 설명을 덧붙였다.

"영양을 섭취하려는 본능이 '배고픔'을 만들어내듯이, 생물학적 성적 본능은 '리비도'라는 '욕동'을 만들어냅니다. 여기서 욕동이란 육체에서 생성된 자극이 정신적으로 표현되는 양상으로서 육체와 정신의 경계에 있는 개념입니다."

프로이트는 여기서 한발 더 나아가 성적 욕동인 리비도가 직접적인 성행위가 아니라 여타 정신활동에 쓰일 때 문화적 진보가 이뤄진다고 주장하면서 이렇게 적었다.

"만일 인간의 성적 욕동이 성적 쾌락을 통해서 충족된다면, 무슨 동기를 가지고 성적 욕동을 다른 용도에 사용하겠습니까? 그렇다면 인간은 결코 성적 쾌락을 포기하지 않을 것이고, 문화적 진보를 위해 노력하지 않을 것입니다."

'성감대 이론'

성욕에 대한 이론의 다른 측면으로 프로이트는 '성감대 이론'을 주장했다. 신생아 시기에는 입으로 엄마의 젖꼭지나 자신의 손가락을 빨면서 성적 흥분과 감각적 즐거움을 느끼다가 나이가 듦에 따라 항문과 성기로 차례차례 성감대가 이동한다는 심리 발달이론이었다.

즉, 리비도는 유아기부터 성감대를 통해서 감각적 즐거움이나 성적 흥분을 추구한다는 주장이었다.

천진난만한 아기에게도 성욕이 있다는 유아성욕설은 당시 사회적으로 큰 논란을 일으켰다. 하지만 프로이트가 생각했던 '성性'은 통속적인 생각의 범주를 넘어선 것이었다. 그는 훗날 『정신분석의 개요』에서 자신이 지칭하는 성에 대해서 이렇게 설명했다.

"성생활性生活은 태어나자마자 시작됩니다. 성생활은 사춘기에 시작되는 것이 아닙니다. 여기서 '성性'이란 '성기性器'와 전혀 관련이 없는 여러 활동까지 포함하는 포괄적 개념입니다. 물론 성감대를 통해서 쾌감을 얻는 과정은 성생활의 중요한 일부이며, 성인이 되면 생식 과정으로 연결됩니다. 하지만 '성생활性生活'과 '성기性器'를 통해 쾌감을 추구하는 과정은 별개입니다."

프로이트의 유아성욕설에 대한 사회적 논란에도 불구하고 그의 이론에 호응하는 제자들이 늘어났다. 그즈음이었다. 프로이트는 첫 제자들 가운데 한 명이자 비엔나 대학 후배였던 심리학자 테오도르 라이크Theodor Reik, 1888~1969 에게 이런 농담을 건넸다.

한 초등학교에 다니는 소년에게 교사가 질문을 던졌네.

"모세는 누구지?"

소년은 이렇게 대답했지.

"이집트 공주의 아들입니다."

소년의 대답을 들은 교사는 답을 고쳐주려 다시 말했다네.

"그것은 사실이 아니지. 모세는 유태인 어머니의 아들이었어. 바구니에 담긴 아이를 이집트 공주가 발견한 것이지."

그러자 소년이 말했다네.

"이집트 공주가 자기 아들이라고 말했다니까요!"

프로이트는 이런 농담을 라이크에게 던진 후 혼자서 너털웃음을 웃었다. 당시에는 이 농담이 어떤 의미를 가졌는지 아무도 몰랐다. 유태인 프로이트는 유대교와 기독교, 그리고 모세에 대해 줄곧 깊은 관심을 갖고 있었다.

프로이트의 제자들이 늘어나면서 매주 수요일 베어르그가세 19 번지에 모여 프로이트와 함께 정신분석에 대해 토론하는 수요회를 결성했다. 이 조직은 점점 발전되어 1908년에는 비엔나 정신분석학회가 만들어졌다. 같은 해에 모차르트의 고향 잘츠부르크에 프로이트와 유럽의 정신분석가들이 모여 첫 국제정신분석회의가 열렸고, 그 이듬해에는 미국 클라크 대학에서 프로이트와 융에 대한 초청 강연이 이루어지는 등 정신분석의 토대가 차곡차곡 쌓여갔다. 이 시기에 프로이트는 이다 바우어의 정신분석 사례에서 발견했던 '전이' 현상을 비롯하여 정신분석 치료에서 중요한 현상들을 잇따라 발견했다. 그 가운데 '라포르'가 있었다.

"적합한 라포르가 형성될 때까지, 효과적인 전이가 확립될 때까지 환자와 의사소통을 기다려야 하며, 라포르를 형성하기 위해서 환자에게 시간을 주는 것 외에는 아무것도 필요치 않습니다."

1913년에 발표한 『치료의 시작에 관하여』라는 논문에서 프로이트는 '라포르'에 대해 이렇게 설명하면서 '라포르'를 '전이'의 원형이라고 말했다. 프로이트는 이미 1905년에 최면치료와 관련하여 '라포르'를 다음과 같이 언급했었다.

"최면 환자가 최면치료자를 제외하고 세상 모든 것을 의식에서 제거하는 상황이 '라포르'입니다."

비엔나 의료계에서 추방되었던 비엔나 의대 출신 메스머가 처음 이름을 붙인 '라포르' 현상은 이렇게 비엔나 의대 후배 프로이트에 의해서 '최면'을 설명하는 정식 용어로 비엔나에 입성했고, 이제 최면을 넘어서서 '정신분석의 보편적인 핵심 개념'으로 화려하게 변신하여 의학계에 자리 잡았다.

한편 '전이'와 '라포르'에 이어서 프로이트는 1910년에 『정신분석적 치료의 미래 전망』이라는 논문에서 새로 발견한 '역전이'라는 현상을 자세히 소개했다.

"분석가의 마음속에 남아 있는 병적인 요소에 의해서 유발되어 분석가의 적절한 분석 능력을 방해하는 요인이 역전이입니다."

즉, 분석가의 과거 경험이 현재 환자와의 관계로 옮겨지면서 분석가의 마음 속에서 치료를 방해하는 현상을 프로이트는 '역전이'라고 불렀다. 이것은 환자가 분석가에게 느끼는 '전이'에 대응하는 개념이었다.

'죽음에 대하여'

프로이트에 의해 실제적인 심리치료의 기법들이 하나 둘 발견되었고, 정신분석은 비엔나를 벗어나 국제적이고 보편적인 학문으로 도약하고 있었다. 이때 프로이트는 전혀 예상치 못했던 복병을 만났다. 폭염이 기승을 부리던 1914년 7월에 비엔나가 전쟁에 휘말린 것이었다. 오스트리아-헝가리 제국이 세르비아에 대해 선전포고하면서 발발한 전쟁은 독일과 러시아, 영국과 프랑스가 뒤엉키면서 인류 최초의 세계대전으로 번졌다. 제1차 세계대전은 이전의 전쟁들과 판이했다. 쌍엽 전투기와 철갑 탱크가 전장에 동원되었고, 기관총이나 독가스와 같은 대량살상 무기가 등장했다. 급격히 발달한 과학기술이 인류를 살상하고 문명을 파괴하는 데 총동원되었던 것이다.

확전에 확전이 거듭되면서 프로이트의 세 아들이 차례로 전쟁터로 끌려갔다. 큰딸 마틸다와 둘째딸 소피는 이미 시집을 간 상태여서, 이제 프로이트의 곁에는 오직 막내딸 안나만 남아 있었다. 전쟁은 가을과 겨울을 지나 이듬해 봄까지 계속되었다. 프로이트는 전쟁에 나간 세 아들이 우박처럼 포탄이 쏟아지는 참호 속에서 피흘리며 죽어가는 두려운 환상에 시달렸다. 전쟁과 죽음이 환갑을 앞둔 프로이트의 진료실까지 쳐들어왔다. 이즈음 프로이트는『전쟁과 죽음에 대한 고찰』이라는 글에서 이렇게 말했다.

"죽음이란 삶의 필연적인 결과라는 것을 받아들여야 합니다. 하지만 실제로 인간은 죽음이 남의 이야기인 것처럼 행동하는 데 익숙합니다. 죽음을 시렁 위에 얹어 놓고는 삶에서 치워버린 듯이 행동하곤 합니다. 그것이 바로 죽음을 대하는 인간의 태도입니다. 아무도 죽음을 믿지 않습니다. 무의식에서는 누구나 불멸영생을 꿈꾸기 때문입니다."

프로이트는 전쟁을 일으켜 수많은 다른 이들의 목숨을 앗아가면서도 정작 자신의 죽음에 대해서는 부정하는 인간의 무의식적 성향에 대해 개탄했다.

전선에서는 수많은 병사들이 목숨을 잃었고, 후방에 남겨진 수백만의 민간인들은 전염병에 시달렸다. 전쟁통에 정신분석을 받기 위해 베어르그가세 19번지를 찾는 환자가 급격히 줄었다. 전쟁이 길어지면서 프로이트의 생활은 나날이 궁핍해졌다. 묽은 야채 수프로 하루하루를 연명했고 난방조차 할 수 없었다. 환갑을 넘어서면서 프로이트는 관절염에 시달렸고, 전립선 비대증으로 소변도 시원하게 볼 수 없었다. 이 고난의 시기에 막내딸 안나는 정신분석가가 되기 위해서 아버지에게 분석을 받기 시작했다. 난방이 끊어진 추운 분석치료실에서 프로이트는 장갑을 끼고 오버코트를 걸친 채 막내딸 안나에 대한 정신분석을 진행했다. 전쟁터로 내보낸 자식들에 대한 걱정과 건강을 잃어가는 상실감에 그는 점점 우울해졌다. 음울해진 프로이트는 1917년 『애도와 멜랑코리아 우울』에서 우울에 대해 이야기했다.

『애도와 멜랑코리아 우울 에 대하여』

정상적 슬픔인 '애도'와 우울 상태인 '멜랑코리아'는 다르다. 사랑하는 대상을 잃었을 때 마음이 아프고, 세상에 대한 흥미를 잃어버리는 현상이 '애도'이다. '애도'는 전혀 병적인 반응이 아니며 시간이 흐르면서 '애도 작업'을 통해 극복되는 현상이다. 애도 작업은 사랑하는 대상에 집중시켰던 리비도를 조금씩 철수시키는 작업이다. 즉, 잃어버린 사랑을 마음에서 떠나보내는 작업이다. 사랑하는 대상이 이제는 곁에 없다는 현실을 반복해서 경험하는 고통스러운 '애도 작업'을 통해서 그 대상을 마음속에 내재화 외부 대상이 가졌던 특성을 내적 심리구조로 만드는 과정 시켜서 새로운 자아를 형성한다. 애도 작업을 마치면 사랑하는 대상이 베풀어주었던 기능이 자아의 한 부분이 된다. 그러면 자아는 다시 자유를 찾는다.

애도 작업이 제대로 이뤄지지 않으면 집어삼킨 이물질 함입물 처럼 현실에서 사라져버린 사랑이 마음속에 그대로 버티면서 환상이나 독백을 일으킨다. 즉, 사랑하는 대상에 투여되었던 리비도를 다시 거둬들이지 못한 채 사랑을 잃어버린 현실을 애써 무시하게 되는 것이다. 그래서 소위 '병적 애도' 상태에서는 사랑하는 대상이 자신에게 빙의되었다거나 혹은 자신이 사랑하는 대상을 죽였다고 믿기도 한다.

이런 병적 애도가 심해지면 잃어버린 사랑과 자신을 동일시하는 우울 상태인 '멜랑코리아' 우울 에 빠진다. 잃어버린 사랑이 나르시시즛적 선택 대상이었을 때 혹은 애증의 양가감정을 품었던 대상일 때 쉽사리 '멜랑코리아'우울에 빠진다. '멜랑코리아'우울에 빠지면 자존 감이 낮아지기 때문에 자신을 비하하고, 책망하며, 마땅히 벌을 받아 야 한다는 극단적인 망상을 갖는다. 즉, 잃어버린 사랑에 자아가 압 도당하는 꼴이다.

'죽음의 욕동'

1918년 말이 되어서야 오스트리아-헝가리 제국의 패배로 전쟁 은 끝났다. 전쟁이 끝났지만 큰아들은 돌아오지 않았다. 1919년 삼월 에야 큰아들이 이탈리아의 포로수용소에 있다는 반가운 소식이 전해 졌다. 얼마 후 프로이트의 큰아들은 무사히 전쟁터에서 돌아왔다. 하 지만 기쁨은 잠깐이었다. 이듬해 초에 둘째딸 소피가 셋째아이를 임 신한 중에 독감에 걸려 세상을 떠났다. 사랑하는 딸을 잃고 절망에 빠진 프로이트는 지인에게 보내는 편지에서 부러 아내를 빗대어 이렇 게 적었다.

"다시 웃는 날이 오려나? 가엾은 아내는 너무도 괴로워하고 있네."

시간이 흘러도 비엔나는 쉽사리 패전의 후유증에서 벗어나지 못 했다. 사랑했던 딸 소피를 잃은 프로이트의 마음도 좀처럼 상실감에 서 헤어나질 못했다. 상실감에 대한 프로이트의 탐구는 우울과 멜랑 코리아를 지나서 죽음의 욕동으로 발전했다. 1920년 프로이트는『쾌 락의 원칙을 넘어서』라는 논문에서 성적 욕동과는 또 다른 차원의 파 괴적 욕동, 즉 죽음의 욕동에 대해서 다음과 같이 소개했다.

"생물은 무생물 위에 나타났고, 무생물로부터 생겨났습니다. 죽 음의 욕동은 무생물로 돌아가려는 욕동입니다. …죽음의 욕동은 처음 에는 내부를 향해 자기를 파괴하지만, 이차적으로 외부를 향하면 공격 욕동이나 파괴 욕동의 형태를 나타냅니다."

"담배가 내 피부조직에 반역을 일으켰군."

프로이트는 혼자서 중얼거렸다. 비엔나의 날씨가 여전히 쌀쌀했던 1923년 2월 중순이었다. 프로이트는 입천장에서 불쑥 솟아오른 덩어리를 발견했다. 프로이트는 그 덩어리가 악성 종양이라는 것을 직감했다. 의사들 사이에 구강암이 '부자병'으로 통하던 시절이었다. 값비싼 엽궐련이 구강암을 일으킨다는 사실은 이미 누구에게나 익숙한 상식이었다.

입천장에 솟아오른 종양을 절제하는 첫 번째 수술을 받으면서 프로이트는 과다한 출혈로 죽을 고비를 넘겼다. 조직검사를 통해서 악성종양이라는 사실이 확인되었다. 암 덩어리를 죽이려는 방사선 치료 때문에 정상 조직마저 손상되면서 입천장의 통증은 더욱 심해졌다. 프로이트는 "모든 삶의 목적은 죽음이다."라는 쇼펜하우어의 음울한 철학에 다시 한 번 동의했다. 나날이 괴로움만 더해가는 삶 속에서 프로이트는 자신의 깊은 곳에서 꿈틀대는 죽음의 본능을 다시 한 번 확신했다.

1923년 종양을 제거하는 첫 수술을 받던 즈음에 프로이트는 새로운 책『자아와 이드』를 출판했다. 지난 1900년『꿈의 해석』에서 프로이트는 마음에 대한 첫 번째 발명품으로 '의식계', '무의식계', '전의식계'를 제시했었다. 이후 이십 년 이상의 정신분석을 통해서 얻은 경험을 바탕으로 만들어낸 마음에 대한 두 번째 발명품이었다. 새로운 심리적 발명품은 '자아', '이드', 그리고 '초자아'라는 세 가지 심리적 구조물이었다.

'이드'는 니체가 말했던 '우리의 존재 속에 본성적으로 필수불가결한 것'에서 인용한 용어였다. 본디 프로이트가 '그거'라고 표현했던 '이드'는 본능적 욕동 에너지의 저장소였다. 욕동이 쌓이면 불쾌해지기 때문에 마음은 항상 욕동을 해소하려는 방향으로 움직이는데, 이것을 프로이트는 '쾌락의 원칙'이라고 불렀다. 또한 이드는 제멋대로 움직이는 욕동에 휘둘리기 때문에 논리성, 시간성, 공간성이 결여되는데, 이런 현상을 프로이트는 '일차 과정 사고'라고 했다. 즉, 잠깐 사이에 시간을 거슬러 오르고 내리거나 중력을 벗어나 맨 몸으로 하늘을 날아다니는 꿈처럼 뒤죽박죽의 사고방식으로 이드는 작동했다.

'초자아'는 이상적 모델이나 양심의 역할을 하는 마음의 하부 구조였다. 초자아는 신경증처럼 오이디푸스 콤플렉스에서 유래되었다. 아버지를 제거하고 어머니를 차지하려는 오이디푸스적 욕망은 아이로 하여금 힘센 아버지에게 자신의 남근이 잘릴지도 모른다는 '거세 공포'를 만들어낸다. 거세 공포에 질린 아이는 오이디푸스적 욕망을 포기하고 아버지와 닮아가는 길을 선택한다. 아이의 마음에는 결국 아버지가 양심이나 이상적 모델로 자리 잡는다. 그러므로 프로이트에게 인간의 양심이란 신이 부여한 것도 혹은 학교에서 가르친 것도 아니었다. 양심이란 그저 오이디푸스적 욕망이 남긴 유산이었다.

프로이트가 그저 '나'라고 표현했던 '자아'는 마음속에서 서로 충돌하는 요구들을 중재하는 역할을 했다. 자아는 의식과 무의식에 걸쳐 있으며 항상 여러 위협에 맞서고 있다. 바깥으로 모진 세상의 온갖 실제적 위협에 대응해야 하고, 속으로는 무턱대고 욕구를 채우려는 이드의 심리적 위협도 다스려야 하며, 또한 '나'에 대해서 혹독한 비판을 해대는 초자아의 위협 역시 막아내야 한다. 이런 위협들의 한가운데에서 현실 여건에 맞추어 마음속의 갈등을 타협해나가는 구조물을 프로이트는 '자아'라고 불렀다. 프로이트는 현실 여건에 맞춰서 욕망을 적절히 조절하는 것을 '현실의 원칙'이라고 불렀다. 그리고 논

리성, 시간성, 공간성에 맞춰서 생각하는 방식을 '이차 과정 사고'라
고 하였다.

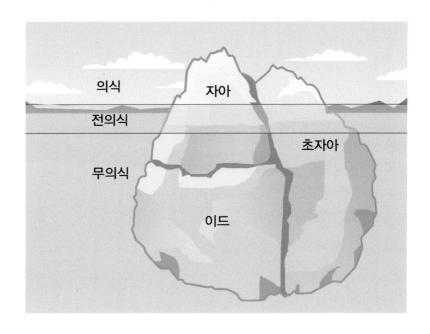

'이드가 차지한 곳에 자아가 있게 하라'

이제 정신분석의 모토가 이렇게 바뀌었다. 즉 정신분석은 의식
에서 기억하지 못하는 무의식계의 내용물을 단순히 떠올리고 짜 맞추
는 작업이 아니라 '자아'라는 정신적 구조물이 '이드'나 '초자아'와 충
돌하면서 빚어내는 역동적인 갈등을 밝혀내는 작업이 되었다. 프로
이트는 정신적 구조물들 사이에서 빚어지는 갈등을 해석해주면 이드
가 있던 자리를 자아가 대신하게 된다고 믿었다. 그렇게 '이드'가 차
지했던 마음을 '자아'가 다스리는 상태를 프로이트는 '통찰'이라고 불
렀다. 이처럼 '통찰'을 통해서 '자아'가 자유로운 선택을 하는 상태에
도달하는 것이 정신분석적 심리치료의 새로운 목표가 되었다.

『왜 전쟁인가?』

1923년 가을이 깊어갈 때였다. 프로이트는 오른쪽 위턱과 입천장을 제거하는 대수술을 받았다. 수술로 제거된 위턱에는 '괴물'이라고 불리는 보철물이 삽입되었다. 이후 프로이트는 자꾸 재발되는 암덩어리를 잘라내기 위해서 서른세 번이나 수술을 받았다. 이 와중에 오른쪽 청력을 잃었다. 발음도 제대로 할 수 없었고, 음식을 삼키는 것조차 고통이었다. 말년의 프로이트에게는 깨어 있음이 고역이었고 삶이 곧 투쟁이었다.

세월이 가면서 프로이트는 건강이 나빠지는 만큼 국제적인 명성을 얻었다. 1924년에는 비엔나에서 '도시의 자유상'을 수상했다. 프로이트 전집을 첫 출간했던 1925년에는 나폴레옹 보나파르트의 조카손녀인 유럽 최고의 귀족 마리 보나파르트[Marie Bonaparte, 1882~1962] 공주와 평생의 우정을 시작했다. 노년의 프로이트는 비엔나를 넘어선 세계적인 명사가 되었다.

일흔을 넘긴 저명한 분석가 프로이트가 베를린에 사는 막내아들 에른스트의 집에서 1927년 새해를 맞고 있을 때였다. 노벨상 수상자였던 마흔여덟의 유태인 과학자 알베르트 아인슈타인[Albert Einstein, 1879~1955]이 아내 엘자와 함께 프로이트를 방문했다.

"아인슈타인은 쾌활하고 자신감이 넘치는 사람이었네. 내가 물리학에 대해서 아는 것만큼이나 그는 메타심리학에 대해서 많이 알고 있더군."

아인슈타인 부부와 만남을 가진 후 프로이트는 제자인 페렌찌에게 이렇게 편지했다. 그로부터 오년이 지난 1932년에 프로이트는 아인슈타인으로부터 한 통의 편지를 받았다.

"프로이트 교수님께

국제연맹 국제연합 UN의 전신 의 제의로 현재 문명이 직면한 가장 긴박한 문제를 선택하여 선생님과 솔직하게 의견을 교환하게 되었습니다.

'인간이 전쟁의 위협에서 벗어날 길이 있을까?'

제가 선택한 문제는 이것입니다.

저는 인간에게 증오와 파괴의 욕망이 있다고 생각합니다. 이런 욕망은 평시에는 잠재된 상태이지만 예외적인 상황에서는 불쑥 튀어나오는데, 증오와 파괴의 욕망을 불러내는 것이 그리 어려운 일은 아니라고 생각합니다. 인간의 정신적 진화를 통해서 이런 증오와 파괴의 욕망을 다스리는 것이 가능할까요?

저는 물리학자인 까닭에 인간의 의지나 감정의 어두운 면에 대한 통찰이 없습니다. 인간의 본능적 측면에 관한 해박한 지식을 가지신 선생님께서 이 문제에 답해주셨으면 합니다."

이미 십여 년 전에 파괴적 욕동, 즉 죽음의 욕동을 주장했던 프로이트는 아인슈타인의 짧은 편지에 대해서 장장 17쪽에 달하는 답신을 보냈다.

"아인슈타인 교수님께

정신분석에서는 인간에게 두 가지 본능이 있다고 간주합니다. 첫째는 보존하고 통일하려는 본능입니다. 분석가들은 이것을 '에로스적' 이것은 플라톤이 향연에서 에로스에 부여한 의미입니다. 혹은 '성적' 이것은 분명히 섹스라는 대중적인 의미보다 확장된 개념입니다. 본능이라고 부릅니다. 둘째는 파괴하고 살해하려는 본능인데, 이를 일컬어 '공격적' 혹은 '파괴적' 본능이라고 합니다.

이것은 누구나 아는 '사랑과 증오'를 이론적으로 변형시킨 것이며,

물리학적 영역에서 보자면 '인력과 척력'이라는 영원한 극성을 나타내기도 합니다. 하지만 두 가지 본능을 성급하게 선과 악으로 나누어 생각해서는 안 됩니다. 왜냐하면 두 가지 본능은 서로 필수적이고, 항상 섞여서 작용하여 모든 인생사를 일으키기 때문입니다. 예를 들어 자신을 보존하려는 행동은 분명 '에로스적' 성질을 띠지만, 그 목적을 달성하려면 때론 공격적인 활동이 필수적입니다. 마찬가지로 어떤 대상에 대해서 사랑의 본능이 향할 때, 그 대상을 갖고 싶은 욕심의 본능도 작동합니다. 따라서 두 가지 본능은 분리시키기 어렵고, 찾아내기도 어렵습니다.

에로스적 본능은 살아보려는 의지를 떠맡은 반면, 파괴적 본능은 원초적인 무생물의 상태로 돌아가려고 하기 때문에 죽음의 본능이라고 불러도 무방할 것입니다. 죽음의 본능이 외부 대상으로 향할 때 파괴적 충동이 됩니다. 따라서 인간의 공격적 성향을 직접적으로 없애서 전쟁을 막는 방법은 불가능합니다.

정신분석이라는 본능의 신화적 관점에서 보자면 파괴적 본능이 일으키는 전쟁을 막을 수 있는 간접적인 방법은 두 가지가 있습니다. 첫 번째는 파괴적 본능의 중화제인 에로스를 불러일으키는 것입니다. '사랑'과 같은 인간과 인간 사이의 정서적 유대감은 전쟁에 대한 해독제가 될 것입니다. 두 번째 방법은 문화적 발전을 통해서 전쟁을 방지하는 것입니다. 심리적 측면에서 볼 때 문화적 발전이 가져오는 가장 중요한 현상은 첫 번째로 이성을 강화시키는 것입니다. 강화된 이성은 본능을 다스리도록 해줍니다. 두 번째는 공격적인 충동을 내부로 향하게 만드는 것입니다. 이 방법은 가능성은 있지만 오랜 시간이 걸릴 수밖에 없습니다. 그래서 밀가루가 만들어지기를 기다리다 굶어죽을 수밖에 없는 너무 천천히 도는 맷돌을 떠오르게 합니다. 하지만 인간의 문화적 성향과 전쟁이 초래할 암울한 미래에 대한 두려움이 가까운 장래에 전쟁을 종식시킬 것이라는 생각이 그리 터무니없는 희망은 아닐 것입니다.

답신이 실망스러울 것 같아서 유감입니다."

아인슈타인이 프로이트의 답장에 실망하지는 않았던 것 같다. 1932년 12월 3일에 프로이트에게 보낸 답장에서 아인슈타인은 "당신의 모범적인 답장은 국제연맹과 저에게 흡족한 선물이었습니다. 이런 우리의 노력이 어떤 결실을 맺을지 알 수 없지만, 그것은 우리의 힘이 미칠 일이 아니지요. 진리를 향한 당신의 열정에 대해 저를 비롯하여 모든 인류가 감사를 표합니다."라고 답장했다.

두 유태인 과학자 사이에 오갔던 편지는 『왜 전쟁인가?』라는 제목으로 1933년 봄에 소책자로 출간되었다. 국제연맹 산하 기관인 지식인연합국제연구소가 이 책을 출간한지 얼마 지나지 않아서 히틀러 Adolf Hitler, 1889~1945 는 독일 총통에 올랐고 『왜 전쟁인가?』는 프로이트와 아인슈타인의 다른 책들과 함께 나치에 의해 불태워졌다. 얼마 후 아인슈타인은 히틀러를 피해 미국으로 망명해야만 했다. 미국으로 망명한 아인슈타인은 1939년 루스벨트 Franklin Roosevelt, 1882~1945 대통령에게 다음과 같은 한 통의 편지를 보냈다.

"우라늄이 핵연쇄반응을 일으키면 엄청난 위력을 발휘합니다. 이런 현상은 폭탄 제조에도 이용될 수 있어서 엄청나게 강력한 새로운 폭탄이 실현될 수 있습니다. 독일의 과학자들이 이런 핵연쇄반응을 조절하는 방법을 연구하고 있을 것입니다. 미국이 상상할 수도 없을 만큼 강력한 파괴력을 가진 무기를 적국이 만들기 전에 미국이 이 연구에 투자를 서둘러야만 합니다."

나치가 먼저 핵폭탄을 가지게 될 것을 우려한 아인슈타인은 그

동안의 평화주의 운동 행적과는 상반되게 핵무기 개발을 독려하는 편지를 썼던 것이다. 그리고 얼마 후 미국에서는 실제로 핵무기 개발을 위한 '맨해튼 프로젝트'가 시작되었다.

프로이트가 정신분석을 만들었던 베어르그가세 19번지이다. 1971년 6월 15일 프로이트 박물관으로 개관되었다. 같은 해에 국제정신분석학회가 비엔나에서 개최되어 프로이트 박물관에 대한 세인의 관심을 고조시키기도 했다.

여전히 1900년의 모습을 간직한 프로이트 박물관은 마치 무의식 세계로 가는 비밀통로에
들어선 듯한 착각에 빠지게 만든다.

프로이트에게 정신분석을 받기 위해 내원한 환자가 자신의 차례를 기다리던 대기실이다. 1938년 6월 4일 나치에 쫓겨 비엔나를 떠날 때 프로이트는 평생을 모았던 골동품과 손때 묻은 가구를 모두 런던으로 가져갔다. 1971년 6월 15일 프로이트 박물관이 개관하면서 프로이트의 막내딸 안나 프로이트가 옛날 가구와 액자들을 기증하여 비엔나의 옛날 대기실을 다시 꾸몄다. 대기실 벽에는 메스머가 자석요법을 시작했던 1774년 프랑스 화가 불로뉴가 그린 연작 '네 가지 원소들'이 걸려 있다. '네 가지 원소들'은 고대 그리스 의사이자 철학자 엠페도클레스의 학설이었다. 프로이트는 1937년에 생애의 마지막 저작이었던 『끝이 있는 분석과 끝이 없는 분석』에서 엠페도클레스의 '네 가지 원소론'에 대하여 다음과 같이 소개했다.

"기원전 495년경에 태어난 엠페도클레스는 그리스 문명사에서 가장 뛰어난 인물 중 한 명입니다. 그는 사물의 다양성을 네 가지 원소들, 즉 물, 불, 흙, 공기의 결합으로 설명했으며, 모든 자연이 살아있다고 주장했습니다. 엠페도클레스의 '네 가지 원소론'이 특히 우리의 관심을 끄는 것은 그의 학설이 정신분석의 욕동이론과 아주 비슷하기 때문입니다.

엠페도클레스는 우주의 삶과 정신적인 삶을 지배하는 두 가지 원칙이 '사랑'과 '투쟁'이며, 이들 두 가지 원칙은 영원히 서로 겨룬다고 주장했습니다. '사랑'과 '투쟁'은 '충동적으로 행동하는 자연의 힘이며, 결코 자신의 목적을 의식하지 못하는 지능'으로서, '사랑'은 네 가지 원소의 최초의 입자들을 하나로 결집시키는 경향이 있는 반면, '투쟁'은 모든 결합을 해체시키고 네 가지 원소를 최초의 입자들로 분리시키는 경향이 있다고 했습니다. 그는 우주의 과정을 '사랑'과 '투쟁' 가운데 어떤 한 힘이 다른 하나를 이기는 현상이 계속 교대되는 운동이라고 생각했습니다. 그래서 어떤 때는 사랑이, 또 다른 때는 투쟁이 완전히 자신의 관점을 달성해서 우주를 지배하지만, 그 뒤에는 싸움에서 진 다른 부분이 작용하면서 상대를 물리친 다고 하였습니다.

엠페도클레스가 주장했던 두 가지 기본 원칙—즉, '사랑과 투쟁'—은 이름이나 기능 측면에서 정신분석의 근원적인 두 욕동, 즉 '에로스'와 '죽음의 욕동'과 동의어라고 할 수 있습니다. '에로스'는 존재하는 것을 점점 더 큰 단위로 결합시키려는 욕동이며, '죽음의 욕동'은 그런 결합을 해체시키고 그런 결합에서 생겨난 형성물을 파괴하려는 욕동이기 때문입니다."

We (…) have been led to distinguish two kinds of drives. those which seek
to lead what is living to death, and others, the sexual drives, which are perpetually
attempting and achieving a renewal of life

Sigmund Freud, Beyond the leasu e Principle. 1920

베어르그가세 19번지로 들어서서 2층에 위치한
프로이트의 집으로 올라가는 계단에는
프로이트가 인간의 정신을 바라보았던
근본적인 관점을 표현한 한 구절이 적혀 있다.

"인생은 두 가지 욕동에 의해 굴러간다.
그 하나는 죽음의 욕동이며, 다른 하나는 성욕이다.
이들 두 가지 욕동이 인생을 쓰고 또 써내려 간다."

프로이트, 구스타브 말러를 만나다

프로이트, 오노레 드 발자크를 만나다

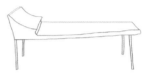

"영감은 시인이나 작가에게 마치 꿈속에서 만나는 환상처럼
변화무쌍한 장면을 펼쳐 보여줍니다. 그리고 이 기묘한
능력이 벌이는 자연스러운 놀이가 아마도 꿈일 것입니다."
오노레 드 발자크(『마법의 가죽』)

1929년 가을에 뉴욕 주식시장이 붕괴하면서 대공황이 터졌다.
대공황의 불씨는 금세 유럽으로 옮아붙었다. 프로이트는 국제적인 명
성을 듣고 정신분석을 받으러 찾아오는 외국인 제자들이 내는 치료비
로 큰 어려움 없이 생활하며 공황기를 버텨내고 있었다. 하지만 비엔
나 거리에는 온통 실업자로 넘쳐났다. 평화로운 곳이라고는 햇살 아
래 흐르는 도나우 강뿐이었다. 도나우 강이 가로지르는 유럽 대륙 전
체가 불황에 시달렸다. 깊어가는 경제적 시름에 독일 국민은 한때 화
가지망생으로 비엔나 시내를 전전했던 히틀러의 나치 깃발 아래 모
여들었다.

독일에서 나치당이 107석을 차지하여 사회민주당 다음으로 많은 의석을 얻었던 1930년 9월이었다. 프로이트의 영원한 연인이었던 어머니 아말리에가 세상을 떠났다. 프로이트의 마흔 살을 뒤흔들었던 아버지의 죽음과 달리 어머니의 죽음 앞에서 일흔넷의 프로이트는 이상하리만치 해방감을 느꼈고, 어떤 슬픔이나 아픔도 없었다. 아흔다섯 어머니의 죽음 앞에서 암으로 격심한 고통에 시달리던 일흔넷의 아들 프로이트는 "어머니가 살아계신 한 내게 죽음은 허락되지 않았다. 이제야 내 차례가 되었다."라고 말했다. 프로이트는 이제 자신의 죽음이 멀지 않았다고 느꼈다. 그해 프로이트는 프랑크푸르트 시로부터 괴테 상을 받았다.

대공황은 시간이 흘러도 수습될 기미를 보이지 않았다. 은행 파산과 치솟는 실업률을 먹잇감으로 삼아 무너진 경제를 되살리고, 1차 세계대전 패전으로 잃어버린 조국 땅을 되찾겠다고 공약했던 히틀러가 1933년 1월 마침내 나치당의 당수로서 독일 총리의 자리에 올랐다. 그해 오월을 기점으로 독일의 대학가와 도시 광장에서는 나치에 의해서 금지된 서적들이 불구덩이에 던져졌다. 민주주의와 문학과 과학이 불타버렸다. 특히, 프로이트나 아인슈타인과 같은 유태인의 산물은 일차적 소각 대상이었다. 경제적 붕괴에서 비롯된 분노의 화살은 유태인을 정조준했다. 1938년 3월 나치가 오스트리아를 합병하자 비엔나에도 반유대주의 물결이 쓰나미처럼 밀려들었다.

그해 여름 문턱이었다. 베어르그가세 19번지의 격자창으로 쏟아지던 햇살처럼 일련의 반유대주의 법안들이 무더기로 의회에서 통과되었다. 유태인의 공원출입이 금지되었고, 공원 벤치에는 '아리아인 전용'이라고 나붙었다. 유태인은 더 이상 오페라나 음악회에도 갈 수 없었다. 유태인의 모든 은행계좌는 동결되었고, 유태인의 사업장은 아리아인에게 넘어갔다.

"이제야 자유를 찾는구나!"

열차에 앉은 프로이트는 안도의 한숨을 내쉬며 말했다. 늙고 병든 프로이트는 비엔나를 떠나는 일이 없기를 간절히 바랐다. 하지만 이제 비엔나에서 어떤 유태인도 안전을 보장받을 수 없었다. 나치가 오스트리아를 합병한 지 얼마 지나지 않아서 비엔나 정신분석학회가 강제로 해산되었고, 막내딸 안나 프로이트가 게슈타포에게 끌려갔다가 밤이 되어서야 겨우 석방되었다. 그 사건을 계기로 노쇠한 프로이트는 정든 비엔나를 떠나기로 결심했다. 나폴레옹 보나파르트의 조카 손녀인 마리 보나파르트 공주의 도움으로 프로이트 가족은 무사히 파리행 오리엔트 특급열차에 오를 수 있었다.

밤바람에 여름 내음이 묻어나는 1938년 유월 초입이었다. 프로이트는 젖은 눈망울로 어두운 비엔나 역을 찬찬히 바라보았다. 여든이 넘은 프로이트는 이제 다시는 비엔나로 돌아오지 못하리란 것을 알고 있었다. 그를 향해 손을 흔들던 하녀는 끝내 울음을 터뜨렸다.

"삑!"

기적 소리와 함께 열차가 움직이기 시작했다. 그때 플랫폼 한쪽에서 프로이트를 물끄러미 바라보던 한 청년이 프로이트가 앉은 창가로 다가왔다. 청년은 프로이트를 바라보며 출발하는 기차를 따라 걸었다. 기차 안에서 창밖을 내다보던 프로이트와 눈길이 마주치자 청년은 모자를 살짝 들어 인사했다. 프로이트는 여행용 모자를 벗어 의자 한쪽에 내려놓은 다음 그 청년을 향해 가볍게 손을 흔들어주었다. 그리고 비엔나를 향해 손을 흔들어주었다. 플랫폼 끝에서 그 청년은 멀어지는 기차를 바라보며 망부석처럼 서 있었다. 시계는 새벽 3시를 향하고 있었다.

"자유롭게 죽기 위해 이 땅까지 왔다."

파리를 거쳐 런던에 도착한 프로이트는 이렇게 말했다. 그해 9월 말에 프로이트 가족은 런던 북쪽의 햄스테드에 위치한 메어스필드 가든스 20번지로 이사했다. 꽃과 수목이 가득한 정원이 딸린 아담한 이층집이었다. 프로이트는 비엔나에서 공수한 카우치로 다시 분석치료실을 꾸미고 평생을 모았던 이집트 조각상들을 책상 위에 다시 놓았다. 마지막으로 카우치 위쪽 벽에는 앙드레 브루이예의 그림 '샤르코의 클리닉'을 걸었다. '샤르코의 클리닉'은 샤르코 교수가 조셉 바빈스키(바빈스키 신경반사를 발견한 정신과 의사)와 조르주 질 드 라 뚜렛(틱이라고도 불리는 뚜렛병을 발견한 정신과 의사)과 같은 쟁쟁한 제자들 앞에서 최면을 통해 히스테리 여성 환자 블랑쉬 비트만을 치료하는 장면을 묘사한 1887년도 판화 작품이었다. 그 해는 프로이트가 파리 유학을 했던 바로 이듬 해였고, 첫 딸 마틸다가 태어났던 경사스러운 해였다. 여든 두 살의 노인 프로이트는 브루이예의 그림 속에서 히스테리 경련을 일으킨 아름다운 여인 블랑쉬 비트만^{Blanche} Marie Wittman과 그녀가 사모했던 자신의 우상 샤르코 교수를 만났다. 그리고 제자들 틈에 앉아 두 눈을 반짝이며 강의에 집중했던 스물 아홉 살의 젊은 신경학자 프로이트 자신을 만났다.

『끝이 있는 분석과 끝이 없는 분석』

신경학자의 길을 걷던 프로이트는 최면을 연구하던 샤르코 교수를 만난 후 최면치료자로 인생의 방향을 틀었다. 프로이트의 첫 임상치료도 최면이었고, 프로이트의 첫 출판 서적도 최면에 관한 번역서였다. 그러나 최면치료를 가지고 다양한 심리적 문제를 다루던 프로이트는 한계에 부딪혔다. 결국 프로이트는 최면치료를 버렸다. 하지만 프로이트는 정신분석 기간이 너무 길다는 그리고 정신분석의 결과가 일관되지 못하다는 세간의 비판을 들으면서 다시금 최면을 떠올렸다. 1937년 출간한 『끝이 있는 분석과 끝이 없는 분석』에서 프로이트는 이렇게 적었다.

"최면 상태에서 실행되는 치료자의 영향력은 심리치료의 목적에 도달하는 훌륭한 도구처럼 보입니다. 그러나 최면은 자아를 강화시켜서 치료하지 않기 때문에 포기할 수밖에 없었습니다. 하지만 아직까지 최면을 대체할 마땅한 방법은 발견되지 않았습니다."

많은 분석가들이 급변하는 세상에 맞춰서 정신분석의 기간을 단축시키려는 다양한 시도를 했다. 특히 프로이트의 충실한 제자였던 페렌찌Sándor Ferenczi, 1873~1933는 치료 종결 날짜를 정해놓고 정신분석적 치료를 시행하는 '능동적 치료'라는 혁신적 기법을 도입하기도 했다. 프로이트 자신도 페렌찌처럼 '치료의 기간을 정하는 방식'과 같은 시도를 해보았다. 하지만 결국 프로이트는 정신분석의 기간을 단축하려는 시도가 바람직하지 않다는 결론에 도달했다.

"그것은 석유 램프가 넘어져서 집에 불이 났을 때, 소방수가 불이 난 방의 램프만 달랑 치우는 꼴입니다. 정신분석 치료는 긴 숨을 요하는 작업입니다. 물론 분석치료 기간을 단축할 수 있다면 그것은 바람직합니다. 그러나 치료 목표에 도달하는 유일한 길은 분석의 힘으로 자아를 강화시키는 것입니다. 정신분석 기간을 단축시키려는 시도 속에는 섣부른 대충주의가 도사리고 있을 수 있습니다. 그것은 미국적 생활의 속전속결주의에 정신분석 치료의 템포를 맞추는 격입니다."

프로이트는 『끝이 있는 분석과 끝이 없는 분석』에서 정신분석의 기간을 단축하려는 시도에 대해 이렇게 평했다. 아울러 프로이트는 이 논문에서 정신분석의 한계에 대해서도 언급했다.

"정신분석의 힘은 무한한 것이 아니라 제한적입니다."

암을 진단받은 이후 서른세 번이나 수술을 받으면서도 정신분석에 대한 열정을 잃지 않았던 여든한 살의 노분석가 프로이트는 욕동의 갈등을 항구적으로 완전히 청산하는 것은 '마녀 메타심리학'에서나 가능한 일이라고 일갈했다. 평생을 정신분석에 바쳐온 분석가로서 솔직한 심정을 피력한『끝이 있는 분석과 끝이 없는 분석』은 엄격한 의미에서 프로이트가 생전에 마지막으로 쓴 정신분석 논문이었다.

『인간 모세: 역사소설』

런던 메어스필드 가든스 20번지에 정착한 프로이트는 이미 오 년 전에 써 두었던 초고 뭉치를 다시 꺼냈다. 원고의 제목은『인간 모세: 역사소설』이었다. 프로이트는 가톨릭 교회가 주류였던 비엔나에서 차마 발표하지 못하고 책상서랍에 묵혀야 했던 무신론적 주장을 담은 논문을 영국에서는 거리낌 없이 발표할 수 있겠다는 확신을 가졌다. 프로이트는『인간 모세: 역사소설』이란 제목을 붙인 논문에서 이렇게 주장했다.

"모세는 파라오의 딸이 물에서 건져냈던 유태인이 아닙니다. 모세는 그저 아케나텐의 유일신교를 신봉하며 성장한 이집트인입니다. 모세가 믿던 유일신교가 기원전 1300년경에 이르러 억압당하자 이집트인 모세는 변방에 살고 있던 이방인들을 데리고 자신의 이상세계를 실현시키려 했습니다. 그래서 모세는 유대민족을 자신의 백성으로 삼아 고향을 떠났습니다. 모세는 지금까지 자신의 유일신교가 요구했던 것보다 훨씬 더 엄격한 규율을 유대민족에게 제시했습니다. 이렇게 함으로써 모세는 신의 대리자가 되었지만, 끝내 유대민족에게 살해당했습니다. 이런 패악한 행위에 대한 무의식적인 깨달음이 훗날 유대민족에게 죄책감을 일으켰습니다. 마침내 결백한 자가 자기희생을 통해서 이런 '원죄'를 대신 씻어내고 세상을 구원한다는 새로운 종교가 나타나는데, 이 종교가 바로 그리스도교입니다."

유대민족의 한 명이었던 프로이트는 그렇게 믿었다. 여든세 번째 생일을 지낸 직후 프로이트는 서랍에 묵혀 왔던 원고를 꺼내 『모세와 유일신교』라는 제목의 영어판을 출판했다.

1939년 가을이었다. 메어스필드 가든스 20번지에 화사하게 피었던 꽃이 지고 푸르던 수목은 누런 낙엽을 떨구기 시작했다. 유리창 너머로 흩날리는 낙엽을 하염없이 바라보던 프로이트는 침대 곁에 두었던 책을 조용히 집어들었다. 표지에는 황금빛 글자로 『마법의 가죽』이라고 적혀 있었다. 『인생의 코메디』라는 부제가 붙여진 발자크의 소설이었다.

고통에 시달리다 자살을 결심한 남자가 있었다. 그때 암으로 인한 격심한 통증에 시달리던 프로이트도 자살을 결심한 상태였다. 그의 이름은 라파엘이었다. 그는 센 강에 몸을 던져 자살할 때를 기다리다가 골동품상에 들렀다. 그곳에서 만난 노인이 그에게 가죽 부적을 주었다. 그것은 주인의 욕망을 이루어주는 만큼 그 넓이가 줄어드는 부적이었다. 그리고 가죽이 줄어드는 만큼 주인의 생명도 줄어들었다. 욕망을 뜻하는 라틴어가 바로 '리비도'였다. 그리고 프로이트는 한정된 리비도가 성적 쾌락을 통해서 충족된다면 문화적 진보를 이뤄지기 힘들다고 주장했다. 가죽 부적을 받은 후 그는 엄청난 유산을 물려받았다. 부자가 된 그는 연회장을 찾아가 외쳤다.

"악마야, 죽음을 데려가거라! 나는 이제 살아야겠다! 나는 부자다. 나는 모든 힘을 가졌다. 세상 그 무엇도 내게 반항하지 못할 것이다. 사회의 쓰레기들아, 내게 축복을 구하거라!"

부자가 된 라파엘을 향해 은행가가 말했다.

"브라보! 당신은 돈 맛을 알게 됐군. 그건 제멋대로 굴어도 되는 면허증이야. 당신은 모든 것을 할 수 있고, 모든 것 위에 있소. 부자는 모두 그렇소. 인권선언의 머리말에 새겨진 '프랑스 사람은 법 앞에 평등하다.' 따위의 말은 부자에겐 거짓말이오. 당신이 법에 복종하는 것이 아니라 법이 당신 앞에 굴복할 것이오. 부자에게는 기요틴도 형리도 없소!"

하지만 부적의 딜레마에 걸린 라파엘은 은행가의 황금 예찬에 이렇게 답했다.

"부자는 스스로가 자신의 형리이다!"

엄청난 유산을 물려받았지만 그만큼 가죽이 줄어들었다. 또한 전에 사랑했던 여인을 다시 만났지만 그 여인에 대한 사랑의 욕망이 커질수록 가죽은 더욱 줄어들었다. 라파엘은 죽지 않으려 저택에 틀어박힌 채 욕망을 억누르며 지냈다. 하지만 끝내 솟구치는 욕망을 제압할 수 없었다. 결국 그는 사랑하는 여인 곁에서 자신의 무력함을 통탄하며 죽어갔다. 프로이트 역시 사랑하는 막내딸 안나 프로이트 곁에서 모르핀 주사를 통한 죽음을 선택했다.

오노레 드 발자크(『마법의 가죽』, 1831)

이제 막 『마법의 가죽』을 다 읽은 프로이트는 두 손을 책 위에 가지런히 포개어 놓았다. 마침 건강을 살피러 온 주치의에게 프로이트는 이렇게 나지막이 말했다.

"여보게, 때가 되면 나를 더 이상 고통 속에 내버려두지 않기로 했던 약속을 기억하나? 이제 더 이상의 삶은 고통일 뿐 아무 의미가 없네."

주치의는 기억하고 있다고 대답했다. 프로이트는 주치의의 손을 꼭 잡으며 미리 고맙다는 인사까지 건넸다. 그리고 막내딸 안나에게도 이 말을 전해달라고 부탁했다. 프로이트의 의식은 명료했고, 마음은 평온해 보였다.

주치의는 안나에게 프로이트의 뜻을 전했다. 안나는 여전히 결혼도 하지 않은 채 아버지의 곁을 지키고 있었다. 안나는 말하자면 눈먼 오이디푸스의 손을 잡고 방랑의 길에 따라 나섰던 안티고네였다. 몇 번이나 주저하던 안나는 주치의의 설득에 마지못해 응낙했다. 마지막 작별인사를 나눈 후 주치의는 2센티그램의 모르핀을 프로이트에게 주사했다. 울먹이는 막내딸 안나를 곁에 둔 채 프로이트는 깊은 잠에 빠져들었다. 다음 날 주치의는 잠든 프로이트에게 한 번 더 모르핀을 주사했다. 더욱 깊은 잠에 빠져든 프로이트는 깨어나지 않았다. 이렇게 프로이트는 안락사로 생을 마감했다. 『모세와 유일신교』를 출판한 지 얼마 지나지 않은 1939년 9월 23일 새벽 3시였다. 『모세와 유일신교』는 그의 마지막 저작이 되었다. 그의 곁에는 주인을 잃은 『마법의 가죽』이 덩그러니 놓여 있었다.

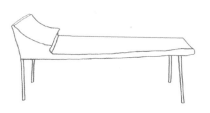

Chapter 3

심리학 너머심리치료, 자기 심리학

코헛, 지그문트 프로이트를 만나다

"공감은 분석가의 자아에 본질적으로 이질적일 수밖에 없는
타인을 이해하는 데 가장 중요한 역할을 합니다.
타인의 정신적 삶을 이해하려면 동일시로부터 모방을 거쳐서
공감에 이르는 과정을 밟아야 합니다."

지그문트 프로이트

밥 딜런^{Bob Dylan, 1941~}이 '블론드 온 블론드'를 발표하여 포크록 가수
로 이름을 떨치고, 히피문화와 페미니즘이 미국을 휩쓸던 1966년이
었다. 정신분석가 안나 프로이트^{Anna Freud, 1895~1982}가 명예박사학위를 받
기 위해 시카고를 방문했다. 지그문트 프로이트가 『히스테리 연구』를
출판하여 정신분석의 원년이 되었던 1895년에 태어난 안나 프로이트
는 이제 일흔한 살의 노분석가였다. 지그문트 프로이트의 막내딸 안
나 프로이트는 본디 초등학교 교사였다.

1차 세계대전이 막바지로 치달으면서 경제적으로 가장 궁핍했던

1918년에 그녀는 아버지 프로이트로부터 직접 정신분석을 받기 시작했다. 그녀는 프로이트의 여섯 자녀들 가운데 유일하게 분석가가 되어 아버지의 뒤를 이었다. 본디 초등학교 교사였던 안나 프로이트는 소아정신분석에 많은 관심을 기울였으며, 정신분석을 일반 교육과정에 연결시키려고 노력했다. 2차 세계대전 기간 동안 영국 햄스테드에 전쟁보육원을 세워서 전쟁고아들을 돌보았고, 전후에는 햄스테드 클리닉 그녀의 사후에 '안나 프로이트 센터'로 이름을 바꿨다. 으로 바꿔서 소아정신분석 과정을 개설해 운영했다.

안나 프로이트는 이미 1950년에 클라크 대학에서 명예박사학위를 받은 적이 있었다. 아버지 지그문트 프로이트가 1909년에 개교 20주년 기념강연을 하고 명예박사학위를 받았던 클라크 대학에서 그녀는 개교 60주년 기념강연을 하고 명예박사학위를 받았다. 그렇게 안나 프로이트는 평생 독신으로 살면서 아버지 프로이트의 업적을 계승하고 발전시키는 작업에 몰두하고 있었다.

'미스터 정신분석'

영국에 거주하는 안나 프로이트가 시카고 대학에서 수여하는 명예박사학위를 받기 위해 시카고에 머무는 동안 시카고의 정신분석가 하인즈 코헛의 집에서 지냈다. 코헛이 미국 정신분석학회 회장을 맡고 있을 때 처음 만난 두 사람은 개인적으로 친분이 두터웠고 학문적으로도 각별한 동맹관계였다. 안나 프로이트와 저녁식사를 하던 코헛은 오랫동안 가슴에 품어왔던 비엔나의 추억을 꺼냈다.

"모자를 들어 인사하자 프로이트 교수님께서 제게 손을 흔들어주셨습니다."

하인즈 코헛Heinz Kohut, 1913~1981은 비엔나 의대를 졸업한 유태인 의사였다. 코헛은 1964년과 1965년에 걸쳐 미국 정신분석학회 회장직을 지냈고, 1965년부터 1973년까지 국제정신분석학회 부회장으로 일했다. 나이 마흔이었던 1953년에 훈련 분석가 자격을 획득한 코헛은 십 년 이상 시카고 정신분석연구소에서 전통 정신분석학을 가르치고 있었다. 프로이트의 『꿈의 해석』 제7장을 중심으로 인간의 마음을 해석하던 그의 별명은 '미스터 정신분석'이었다.

'미스터 정신분석'으로 불리던 코헛에게 프로이트는 평생의 아이콘이었다. 지금 코헛의 앞에 프로이트의 친딸 안나 프로이트가 앉아 있었다. 그야말로 우상의 혈육이자 진짜 후계자였다. 단발머리에 검은 원피스를 입은 그녀는 묵묵히 코헛의 이야기를 들으며 그저 잔잔한 미소만 지었다.

"아이크혼 선생님께서 프로이트 교수님을 만날 수 있는 마지막 기회라며 열차가 떠나는 시간을 알려주셨죠."

코헛은 흘러내린 뿔테 안경을 고쳐 쓰면서 말했다. 지그문트 프로이트와 기차역에서 만났던 이야기를 나누다 보니 화제는 자연스레 비엔나로 이어졌다. 비엔나는 하인즈 코헛과 안나 프로이트의 고향이었다. 그리고 이야기는 비엔나에서 살던 시절 코헛의 분석가였던 어거스트 아이크혼^{August Aichhorn, 1878~1949} 으로 연결되었다. 안나 프로이트는 눈물을 글썽이며 이미 작고한 아이크혼에 대한 추억을 꺼냈다.

"비엔나에서 제가 아이들에 대한 정신분석을 할 때 아이크혼 선생님을 처음 만났죠. 제가 아이크혼 선생님께 정신분석을 권했죠. 그 후 아이크혼 선생님은 아버지와 매우 친하게 지내셨어요. 그래서 비엔나를 탈출하는 날짜를 아셨나 보네요. 비엔나를 떠나던 날 기차역에서 하녀가 무척이나 울었죠."

안나는 검은 원피스 위로 늘어뜨린 호박 목걸이를 만지작거리며 코헛과 함께 비엔나를 회상했다. 칼렌베르그의 숲과 호이리게 식당들, 비엔나 오페라 하우스와 구스타프 말러에 대한 이야기를 나눴다. 노령에도 불구하고 그녀는 여전히 영국 런던의 햄스테드 클리닉에서 치료와 교육을 맡고 있었다. 명예박사학위를 받고 시카고를 떠나던 날 그녀는 코헛의 아내 엘리자베스에게 자신의 호박 목걸이를 걸어주며 따뜻하게 포옹했다.

'아버지를 잃어버리다'

하인즈 코헛은 비엔나에서 1913년 5월 3일에 태어났다. 1차 세계대전이 일어나기 한 해전이었다. 코헛의 생가는 프로이트가 개업했던 베어르그가세 19번지에서 멀리 떨어지지 않은 동네에 있었다. 하인즈 코헛이 태어났을 때 아버지 펠릭스 코헛^{Felix Kohut}은 스물네 살의 촉망을 받는 콘서트 피아니스트였다. 독실한 유대교 신자였던 펠릭스는 매주 집 근처의 시나고그에 다녔고, 욤 키퍼나 하누카와 같은 유태인 명절을 꼬박꼬박 지켰다. 코헛이 태어났을 때 스물두 살이었던 어머니 엘스 램플^{Else Lampl Kohut}은 유태인이었지만 어려서부터 성당에 다녔고, 사순절이나 성탄절을 지켰다. 구스타프 말러처럼 당시에는 가톨릭으로 개종하는 유태인이 비엔나에 드물지 않았다.

종교적 차이에도 불구하고 아버지 펠릭스와 어머니 엘스의 결혼 생활은 행복했다. 펠릭스는 명연주자가 되겠다는 야망을 품고 꾸준히 콘서트를 열었고, 가끔은 엘스가 남편의 연주회에서 예술가곡을 불렀다. 콘서트는 매번 성공적이었고, 결혼한 지 두 해 만에 아들도 얻었다. 하지만 새벽잠처럼 달콤한 행복은 오래가지 않았다. 하인즈 코헛이 태어난 이듬해에 오스트리아-헝가리 제국이 세르비아에 선전포고를 하면서 전쟁이 시작되었다. 전쟁의 불길 속으로 독일과 러시아, 영국과 프랑스가 뛰어들었고, 멀리서 미국까지 끼어들었다. 어린 코헛이 아빠라는 말을 제대로 배우기도 전에 아버지 펠릭스는 전선으로 불려나갔다. 돌쟁이 코헛은 열정이 넘치던 피아니스트 아버지를 잃어버렸다.

펠릭스는 가끔 휴가를 얻어 집에 들렀지만 오래 머물지는 못했다. 한번은 엘스가 어린 코헛을 데리고 멀리 이탈리아 전선까지 펠릭스를 면회하러 가기도 했다. 커다란 배낭을 메고 거대한 장총을 손에 쥔 군인의 모습이 어린 코헛의 눈에 비친 아버지였다. 전쟁이 지속되는 동안에 엘스는 돌쟁이 코헛을 데리고 친정에서 지냈다. 외갓집은 비엔나 근교의 시골마을에 있었다. 전쟁통에 비엔나에서는 모든 물자가 귀했지만 닭을 키우고 우유를 짜는 시골마을에서 지냈던 어린 코헛에겐 아무런 부족함이 없었다. 시골마을 외갓집에서 어린 코헛은 어머니 엘스와 한 침대를 쓰면서 건강하게 자랐다.

전쟁은 1918년 말에 가서야 결국 오스트리아-헝가리 제국의 패배로 끝났다. 전쟁이 끝나자 아버지 펠릭스가 집으로 돌아왔다. 침대에서 어머니의 옆자리는 아버지에게 빼앗겼고, 어린 코헛은 침대의 발치에 놓인 작은 카우치로 밀려났다. 어린 코헛은 부모의 침대에서 가끔씩 신음소리가 나고 침대가 시끄럽게 삐걱거리는 사건을 목격했다. 어린 코헛은 그것이 부부싸움이라고 생각했다. 하지만 그런 시절도 오래가지 않았다. 코헛이 여덟 살이 되던 해에 펠릭스와 엘스가 각방을 쓰기 시작했던 것이다. 당시 비엔나에서 각방을 쓴다는 것은 부부의 관계는 끝내되 그저 가족으로 한집에 산다는 의미였다.

"왜 다른 사내 녀석처럼 굴지 못하니!"
봄날 새순처럼 돋는 호기심에 이런저런 질문을 쏟아냈던 코헛의 어린 시절이었다. 어린 코헛이 아버지 펠릭스를 따라다니며 이런저런 질문을 재잘거리자 펠릭스는 대답 대신 버럭 소리를 질렀다. 수백만 젊은이가 총탄에 거꾸러지던 러시아 전선에서 살아 돌아온 아버지는 더 이상 젊은이가 아니었다. 펠릭스는 치아가 뭉텅 **빠져버린** 노인네처럼 삶에 대한 활기를 잃어버린 상태였다. 참호에 웅크린 채 지켜보았던 수많은 전우들의 죽음이 당최 그의 머리에서 지워지질 않았다. 피아노에 대한 열정도 아내에 대한 사랑도 러시아 전선에 함께 거꾸러졌다. 피아노에는 손도 대지 않았고, 아내 엘스와는 자꾸 멀어졌다. 어린 코헛은 아버지가 자신을 성가신 존재로 여긴다고 생각했다. 어린 코헛은 겨울 산에 내버려진 아이처럼 황량한 소외감을 느꼈다.

아버지 펠릭스는 피아노 대신에 종이사업에 뛰어들었다. 다행히 사업은 번창했다. 펠릭스는 사업을 핑계로 집을 비우는 날이 많았고, 언젠가부터 바람을 피운다는 소문이 들렸다. 남편의 사랑을 잃어버린 어머니 엘스는 어린 아들에게 집착했다. 외동아들이 눈앞에서 사라지는 것을 잠시도 견디지 못했다. 김나지움에 들어갈 나이가 지났지만 엘스는 코헛을 학교에 보낼 생각조차 하지 않았다. 대신에 집으로 찾아오는 가정교사를 시켜서 읽기와 쓰기, 수학과 과학, 외국어와 피아노를 코헛에게 가르쳤다.

근처에 사는 프로이트가 위턱을 제거하는 대수술을 받고, 『자아와 이드』를 출판했던 1923년의 늦가을이었다. 어머니 엘스는 '갈랑트리와 파피어와렌'이란 자그마한 가게를 바링거스트라세 48번지에 열었다. 그녀는 이 가게에서 학용품과 종이를 팔았다. 이즈음 어머니 엘스는 남편 펠릭스가 아닌 다른 남자와 사랑에 **빠졌다**. 이후 코헛에 대한 어머니의 애정은 눈에 띄게 줄어들었다. 코헛의 가족들은 뿔뿔이 흩어져 저마다의 애정 대상을 찾아 헤맸다. 코헛은 이런 가족의 모습이 내내 수치스러웠다.

'이상적인 동경의 대상을 만나다'

어머니 엘스가 가게를 연 지 얼마 지나지 않았던 1924년 봄이었다. 가정교사 에른스트 모라베츠가 집으로 찾아왔다. 대학생이었던 모라베츠^{Ernst Morawetz}는 특정한 과목을 가르치는 가정교사가 아니었다. 그의 역할은 외동아들이었던 코헛과 함께 시간을 보내면서 지적 호기심을 심어주는 친형과 같은 일이었다.

"소크라테스가 사형을 당하지 않았다면 비엔나의 건축은 어떻게 바뀌었을까?"

모라베츠는 이런 엉뚱한 질문을 아직은 어린 코헛에게 던졌다. 그리고는 그 질문과 관련된 역사와 문화를 되짚어보는 놀이를 했다. 때로는 코헛을 데리고 비엔나 미술사 박물관에 그림을 보러가거나 비엔나 오페라 하우스에 오페라를 보러갔다. 여름이 되면서 함께 도나우 강에서 수영도 했다. 어머니의 애정이 빠져나간 빈자리를 대학생 모라베츠가 채워주었다. 무엇이든 다 알고 모든 것에 능통한 대학생 모라베츠는 어린 코헛에게 이상적인 동경의 대상이었다.

'쌍둥이 단짝친구를 만나다'

가을에 들어서면서 새 학기가 시작되었다. 이제 열한 살이 된 코헛은 드디어 김나지움에 다니기 시작했다. 남자가 생긴 어머니 엘스가 드디어 아들을 김나지움에 보내기로 결심했던 것이다. 김나지움에서 코헛은 평생의 단짝친구 지크문트 레바리에^{Siegmund Levaric, 1914~2010}를 만났다. 중상류층의 유태인 집안에서 자라난 레바리에는 음악과 문학에 대한 취미가 코헛과 아주 비슷했다. 이후 두 사람은 쌍둥이처럼 붙어 다녔다.

어느덧 코헛에게 여드름이 솟는 사춘기가 찾아왔다. 하지만 어머니 엘스는 코헛을 여전히 코흘리개로 취급했다. 가게가 문을 닫는 주말 오후가 되면 엘스는 코헛을 무릎에 눕히고 여드름을 짰다. 마치 커다란 날개를 펼친 채 하늘을 배회하며 먹잇감을 찾는 콘돌처럼 어머니의 길고 하얀 손은 코헛의 얼굴 위에서 빙빙 맴돌았다. 여드름이 눈에 들어오면 어머니의 길고 단단한 손톱은 여지없이 코헛의 얼굴로 달려들었다. 그리고는 "이것 봐라, 이렇게 큰 피지가 들어 있지 않니!"라며 짐짓 자랑스럽게 말했다. 코헛의 이마에서 짜낼 만한 여드름을 찾지 못한 주말이면 엘스는 심하게 짜증을 냈다. 그럴 때면 코헛에겐 어린 시절 잠들기 전에 어머니 엘스가 또박또박 읽어주던 『톰 아저씨의 오두막』이 떠올랐다.

"헤이, 짐 크로!"

백인은 흑인을 그렇게 불렀다. 흑인을 가리키는 경멸적 호칭 '짐 크로'는 1828년 토마스 라이스가 흑인 생활을 주제로 썼던 연극의 주인공 이름이었다. 언젠가부터 백인들은 흑인을 이름 대신에 그저 '짐 크로'라고 불렀다. 그래서 훗날 흑백차별법을 '짐 크로 법'이라고도 했다. 그 무렵의 노예들에게는 자유의 부스러기조차 허용되지 않았다. 주인을 거역하면 치도곤을 당했고, 가축처럼 사고 팔렸다.

소설은 켄터키 주 P마을 어느 저택에서 농장 주인과 노예상인이 마주앉아 거래를 하는 장면에서 시작된다. 잔뜩 빚을 진 농장 주인은 흑인 노예 톰을 노예상인에게 팔았다. 톰은 농장 주인의 꼬맹이 아들 조지에게 글을 배워서 틈만 나면 성경을 읽었고, 항상 성실하게 일하는 노예였다. 팔려가는 톰에게 농장 주인의 아들 조지는 어른이 되면 꼭 찾으러 가겠노라고 약속했다. 농장 주인의 아들 조지는 톰에게 공감적 자기대상 기능을 훌륭히 수행했다.

뉴올리언스로 끌려간 톰은 목화 농장에 팔렸다. 목화 농장에서도 톰은 성실하게 일했다. 고된 노예 생활 속에서도 농장 주인의 감시를 벗어나는 밤시간이면 성서를 읽었다. 농장 주인은 톰에게 노예를 감독하는 노예 반장을 시키려고 집착했다. 하지만 톰의 따뜻한 성품이 문제였다. 어느 날 농장 주인은 한 여자 노예에게 할당량만큼 목화를 따지 못했다고 트집을 잡았다. 그리고 톰에게 채찍을 주면서 그 여자 노예를 때리라고 시켰나.

"그렇게는 할 수 없습니다. 주인님."

"내게 반항하는 거냐?"

"주인님, 그것은 하느님께서 원하시는 일이 아닙니다. 차라리 제가 맞겠습니다."

그러자 농장 주인은 게거품을 뿜어대며 톰에게 미친 듯 채찍질을 했다.

"노예 주제에 감히 하느님이라고 했느냐? 내가 바로 너의 하느님이다. 비싼 값을 치르고 너를 사왔단 말이다. 너의 몸도 너의 영혼도 모두 내 것이다."

"아닙니다. 몸은 당신의 것인지 모르지만, 영혼은 아닙니다. 영혼은 하느님의 것입니다. 누구도 영혼을 살 수는 없습니다. 주인님이라도 나의 영혼에 상처를 입힐 수는 없습니다."

채찍이 살갗을 파고드는 고통을 묵묵히 감내하던 톰은 결국 정신을 잃었다. 며칠이 지나 겨우 몸을 일으킨 톰은 다시 목화밭으로 나가 묵묵히 일했다. 그러던 어느 날이었다. 다른 노예들이 도망쳤을 때 농장 주인은 괜히 톰을 헛간으로 데려와 취조를 시작했다.

"네 목숨은 내 손에 달려 있다. 달아난 노예들에 대해 아는 대로 말해라!"

"드릴 말씀이 없습니다. 예수님께서 우리를 위해 돌아가셨듯이, 제가 주인님의 영혼을 구할 수만 있다면 기꺼이 죽을 각오가 되어있습니다."

이 말을 들은 농장 주인은 격노하여 채찍을 휘둘렀다. 그 때 톰의 곁에는 그에게만 보이는 그분이 함께 계셨다. '하느님의 아들' 그분이. 톰은 농장 주인을 바라보며 말했다.

"불쌍하고 비참한 자여! 당신은 나에게 할 수 있는 것이 더 이상 없습니다. 나는 온 마음을 다해 당신을 용서합니다."

이 말과 함께 톰은 기절해버렸다. 농장 주인은 머리채를 흔들며 헛간을 나가버렸다. 노예 반장들은 톰의 상처를 씻기고 브랜디를 얻어와 톰에게 마시게 했다. 이틀 후 농장에 청년으로 성장한 조지가 찾아왔다. 헛간으로 들어선 조지는 털썩 주저앉았다.

"톰 아저씨, 날 봐! 조지야. 당신의 꼬맹이 조지!"

순간 톰의 눈이 빛났다. 얼굴 전체가 환해지더니 눈물이 뺨을 따라 흘러내렸다. 자기대상 기능을 되찾은 자기는 활력을 얻는 법이다.

"하느님, 감사합니다. 이것이 제가 바라던 전부였습니다! 그분들은 저를 잊지 않았습니다. 이것이 제 영혼을 따뜻하게 해줍니다. 이제 죽어도 좋습니다."

조지를 만난 기쁨에 잠시 얻었던 생기가 사라지면서 톰은 눈을 감았다. 그의 얼굴에는 승리자의 표정이 떠올랐다. 톰은 미소를 띠면서 영원한 잠에 떨어졌다. 조지는 톰 아저씨를 마을 근처 양지바른 언덕에 묻어주었다. 켄터키로 돌아간 조지는 아무 조건 없이 농장의 모든 노예들을 해방시켜 주었다.

해리엇 비처 스토(『톰 아저씨의 오두막』, 1852)

어머니 엘스는 코헛의 방에 있는 가구부터 장식물까지 일일이 참견했다. 친구가 찾아오는 날이면 불쑥불쑥 방문을 열고 들어왔다. 그러면 친구들은 다시는 코헛의 집에 놀러 오지 않았다. 코헛은 어머니 엘스가 자신을 인정해 주고 존중해 주길 바랐지만 기대는 늘 상처만 남겼다.

사춘기에 들어선 코헛은 자위행위를 시작했다. 자위행위를 하는 동안 코헛은 자신이 늙은 여인네의 성노리개로 팔려온 노예가 되는 상상을 했다. 그리고 또다시 『톰 아저씨의 오두막』이 떠올랐다. 상상 속의 자신은 가축이었고, 영혼을 인정받지 못하는 물건이었다. 상상 속의 늙은 여인네는 자신을 성적으로 학대했다. 이상하게도 코헛은 늙은 여인네에게 성적으로 학대당하는 장면을 떠올려야 흥분이 되었다.

어머니 엘스는 코헛을 데리고 성당에 다녔지만, 아버지 펠릭스는 가톨릭을 인정하지 않았다. 1926년 봄에 열세 살 코헛은 시나고그에서 바르미츠바를 마쳤다. 이제 성인이 된 코헛은 유대교를 떠났다. 코헛은 평생 욤 키퍼나 하누카를 지키지 않았다. 정신적으로는 성당에 다녔던 어머니의 영향이 컸기 때문이었다. 그렇다고 사순절이나 성탄절을 지키는 가톨릭 신자가 된 것도 아니었다. 훗날 그는 집 근처의 유니테리언 교회에 규칙적으로 다녔고, 담임 목사와 친구로 지냈지만, 죽는 날까지 자신은 무신론자라고 말했다.

'왜 전쟁인가?'라는 주제로 아인슈타인과 프로이트가 편지를 주고받았던 1932년에 코헛에게는 여러 가지 사건이 일어났다. 아버지 펠릭스의 종이 사업이 번창하면서 경제적 여유가 생긴 코헛 가족은 19구 되블링에 위치한 파라디스가세 47번지에 새로 단독주택을 지어 이사했다. 이전에 어린 코헛이나 프로이트가 살던 9구 알저그룬트는 주로 중산층이 거주하는 아파트 지역이었지만, 새로 이사한 19구 되블링은 유태인 상위 1% 미만이 거주하는 비엔나 외곽의 상류층 거주

지역이었다.

그해 가을 김나지움을 졸업한 코헛은 비엔나 의대에 입학했다. 안 좋은 일도 벌어졌는데, 그것은 단짝친구였던 레바리에가 미국으로 떠난 것이다. 외동아들로 자라나 숫기가 없던 코헛에게 단짝친구와의 이별은 재앙이었다. 레바리에가 비엔나를 떠났을 때 열아홉 살 코헛은 추수가 끝난 들녘에 홀로 남겨진 허수아비처럼 황망했다. 공황에 가까운 불안이 몰려 왔다.

다행히도 이듬해에 레바리에가 비엔나에서 음악학을 전공하겠다며 코헛의 곁으로 돌아왔다. 이후 대학시절 내내 코헛과 레바리에는 수업을 마치면 노천카페에 앉아 커피를 마셨다. 비엔나가 온통 붉은 노을로 물들 때까지 구스타프 말러의 '죽은 아이를 그리는 노래'와 토마스 만의 『베니스에서의 죽음』에 대해 이야기했다.

'파리로 유학을 떠나다'

비엔나 의대 4학년이 되었던 1936년이었다. 코헛은 파리에 있는 병원으로 유학을 가기로 결심했다. 그해 2월부터 8월까지 코헛은 시테 섬의 노트르담 성당 바로 곁에 붙은 시립병원과 파리 시내에 위치한 생루이 병원에서 인턴 수련을 받았다. 코헛은 생루이 병원에서 주로 매독 치료에 대한 수련을 받았다. 3차 매독으로 처참한 상태에 이른 환자들을 돌보느라 지쳤을 때 코헛은 창밖의 파리 풍경을 바라보며 비엔나에 있는 레바리에에게 "삶은 독하게 낯설 때가 있어. 그래도 아름답지!"라고 편지를 썼다.

오십 년 전 청년 프로이트가 그랬던 것처럼 파리에 머무는 6개월 동안 코헛도 노트르담 성당과 루브르 박물관을 구경했다. 코헛은 파리에서 처음으로 여자친구도 사귀었다. 어머니 엘스가 일거수일투족을 감시하던 비엔나에선 여자친구를 사귈 수도 없었다. 그해 여름에 베를린에서는 올림픽 깃발이 나치의 깃발과 함께 나부꼈고, 히틀러와 괴벨스가 아리안 인종의 우월성을 선전하기 위해 치밀하게 준비했던 베를린 올림픽이 성대히 치러졌다.

'아버지의 죽음과 정신분석'

"하인즈, 넌 정말 대단한 공부를 하는구나. 나는 네가 정말 자랑스럽구나."

코헛이 쓴 의학논문을 훑어보던 아버지 펠릭스가 칭찬했다. 코헛이 대학에 입학한 이후에는 아버지 펠릭스와 함께 음악회에 가거나 스키를 타러 다녔다. 아버지는 그제서야 전쟁의 악몽에서 벗어나고 있었다. 어머니 엘스와는 여전히 남남처럼 지냈지만, 아버지 펠릭스는 젊은 시절 피아니스트로서 가졌던 따뜻한 감성과 풍부한 음악성이 차츰차츰 되살아나고 있었다. 그때 다시 불행이 찾아왔다. 코헛이 파리 유학을 다녀온 이듬해 아버지 펠릭스는 급성 백혈병 진단을 받았다. 그리고 진단을 받은 지 6개월이 채 안 된 1937년 11월에 아버지는 영원히 코헛의 곁을 떠났다.

피아노 앞에 앉은 코헛은 팔짱을 끼고 몸을 오그린 채 한없이 울었다. 시나고그에서 장례식을 마친 후 아버지의 시신은 유태인 묘지에 묻혔다. 장례식을 마치고 온 코헛의 마음은 조각조각 부서진 유리거울처럼 서로 다른 추억들을 비추고 있었다. 해가 바뀌어도 코헛의 혼돈스러운 마음은 추슬러지지 않았다. 그래서 하인즈 코헛은 심리치료를 받기로 결심했다.

코헛의 곁을 지켜 주던 아버지가 갑자기 세상을 떠났을 즈음 비엔나에는 반유대주의 파도가 거세게 밀려들고 있었다. 1938년 봄에 나치가 오스트리아를 합병하면서 비엔나의 반유대주의 정서는 극단으로 치달았다. 아버지를 잃고 우울에 빠진 코헛은 신뢰할 만한 분석가에게 정신분석을 받고 싶었지만 한때 120명에 달했던 비엔나 정신분석학회 회원은 그즈음 거의 비엔나를 떠났고 단지 몇 명의 독일계 분석가만 비엔나에 남았던 때였다. 코헛이 처음 만났던 상담치료자는 월터 마르세유[Walter Marseilles]였다.

"검은 구멍 앞에 서 있었어요. 검은 구멍은 거대하면서 한없이 깊었어요. 저는 그 구멍 속으로 떨어질까 봐 두려웠어요."

코헛은 심리치료사 마르세유에게 지난밤에 꾸었던 꿈을 이야기했다.

"치료자가 당신을 무의식의 세계로 밀어 넣는 것에 대해 두려움을 갖는군요."

심리치료사 마르세유는 코헛의 '검은 구멍 꿈'을 치료자에 대한 '전이'로 해석했다. 이런 해석을 들은 코헛은 치료사가 헛소리를 한다는 생각이 들었다. 엉뚱한 해석에 실망한 코헛은 마르세유에게 받던 심리치료를 중단해버렸다. 실제로 그는 정식 정신분석가가 아니었고, 로샤 검사에 관심이 많은 심리학자였다.

비엔나에 더위가 막 시작되었던 1938년 초여름이었다. 코헛은 이제 비엔나에 몇 남지 않은 분석가들 중 가장 유능한 분석가 가운데 한 명인 어거스트 아이크혼[August Aichhorn, 1878~1949]을 찾아가 비로소 정신분석을 받기 시작했다. 코헛은 카우치에 누워서 자유연상을 했고, 아이크혼은 오이디푸스 갈등을 중심으로 해석했다. 아이크혼은 전형적인 프로이트식 정신분석을 했지만, 무작정 중립이나 절제를 지키기보다는 따뜻함을 중시하는 치료태도를 유지했다. 아이크혼에게 정신분석을 받으면서 아버지를 잃어버린 코헛의 트라우마는 비로소 치유되기 시작했다.

아이크혼은 가톨릭 가정에서 자라난 토박이 비엔나인이었다. 아이크혼은 정신분석가이기 이전에 푸근한 마음을 가진 탈선 청소년의 선생님이었다. 탈선 청소년 교육 현장에서 안나 프로이트를 만난 아이크혼은 안나의 권유로 정신분석 수련을 시작했다. 그가 1925년에 『방황하는 청춘』을 출판했을 때 지그문트 프로이트는 "저자는 탈선 청소년이 걸어야만 했던 불행한 운명에 대해 따뜻한 동정심을 가졌습니다. 그리고 탈선 청소년들에게 필요한 정신적 요구들을 직관적으로 파악하여 올바른 길로 이끌었습니다."라고 서문을 써주었다.

'개와 유태인 출입금지!'

아이크혼에게 두 번째 정신분석을 받기 시작했을 무렵이었다. 오래전부터 코헛이 레바리에와 함께 즐겨 찾았던 카페에 이런 푯말이 나붙었다. 그해 6월에는 정신분석을 받기 시작한 이후 동경해 왔던 비엔나 의대의 선배이자 교수 프로이트가 비엔나를 떠났다. 아이크혼은 정신분석을 창시한 프로이트를 직접 만날 수 있는 마지막 기회일 것이라며 열차가 떠나는 시간을 코헛에게 귀띔해주었다. 코헛은 설레는 마음으로 시간에 맞춰 기차역에서 기다렸다. 그리고 노쇠한 프로이트가 부축을 받으며 기차에 오르는 장면을 플랫폼 한쪽에서 지켜보았다. 기차가 움직이기 시작했을 때 코헛은 프로이트가 앉은 창가로 다가갔다. 마침 창밖을 내다보던 프로이트와 눈길이 마주쳤다. 코헛은 모자를 살짝 들어 프로이트에게 인사했다. 프로이트는 창밖에 서 있는 코헛을 향해 손을 흔들었다. 비엔나가 깊은 어둠에 잠기고 있었다. 한 달 뒤에는 단짝친구였던 지크문트 레바리에마저 시카고로 다시 떠나버렸다.

그해 여름을 지나면서 비엔나에서는 일련의 반유대주의 법안들이 무더기로 통과되었다. 유태인 코헛은 더 이상 음악회에 갈 수 없었고, 공원벤치에 앉는 것조차 금지되었다. 나치는 어머니에게 집을 넘기지 않으면 코헛을 강제수용소로 보내겠다고 협박했다. 어머니는 별 수 없이 집을 헐값에 넘겼다. 그나마도 집을 팔고 받은 돈을 세금으로 빼앗겼다. 그렇게 코헛은 파라디스가세 47번지 정든 집을 강탈당했다. 이제 나치가 지배하는 비엔나에 코헛과 어머니 엘스만이 덩그러니 남겨졌다. 분석가 아이크혼이 없었다면 코헛은 산산이 부서져 내릴 것만 같았다.

프로이트가 비엔나를 떠난 이듬해 초였다. 나치의 유태인 탄압이 점점 심해지면서 코헛도 결국 비엔나를 떠날 수밖에 없었다. 비엔나를 떠나 코헛이 기댈 곳이라고는 단짝친구 레바리에 밖에 없었다. 그래서 코헛은 무작정 시카고로 가기로 결심했다. 시카고에는 친구 레바리에가 살고 있었기 때문이었다. 코헛은 괴테 전집을 비롯해서 아끼는 모든 물건들을 레바리에의 시카고 집으로 보냈다. 그리고 아이크혼과 마지막 정신분석 시간을 가졌다. 마지막 정신분석 시간을 끝낸 후 아이크혼은 아들에게 카메라를 가져오라고 하였다.

"카우치에 누운 자네 모습을 나는 오랫동안 봐 왔네. 이제 카우치에 누운 내 모습을 자네가 볼 시간인 것 같네."

코헛이 보는 앞에서 팔을 베고 카우치에 누운 아이크혼은 입가에 살짝 미소를 지으며 말했다. 카메라를 향한 깊고 따뜻한 눈은 많은 이야기를 건네고 있었다. 아이크혼의 아들은 셔터를 눌렀다. 코헛은 분석가의 모습을 마음에 새겼다. 아이크혼은 비엔나를 떠나는 코헛에게 이 사진을 건네며 말없이 껴안아 주었다.

1939년 3월 말에 코헛은 프로이트가 그랬던 것처럼 비엔나 역에서 파리행 오리엔트 특급열차에 올랐다. 영국의 난민 캠프로 향하는

125명 유태인의 인솔자가 되어 코헛은 비엔나를 탈출했다. 중간 기착지로 영국에 도착한 코헛은 난민 캠프에 머물면서 미국행 비자가 나오기만을 기다렸다. 당시 난민 캠프의 열악한 병원에서 일하던 코헛은 "쓸모없는 일로 시간을 때우는 하루하루가 계속되고 있다. 이곳에서 견디기가 정말 힘들다."라고 시카고에 있는 레바리에에게 편지를 썼다. 코헛은 오로지 레바리에를 다시 만나는 날만을 꿈꾸며 난민 캠프에서 몇 달을 보냈다. 이듬해가 되어서야 코헛은 미국으로 떠나는 배에 오를 수 있었다. 비슷한 즈음 자신은 가톨릭 신자이니 괜찮을 것이라며 한사코 비엔나를 떠나지 않으려 했던 어머니도 레바리에의 도움으로 미국행 비자를 받아 시카고로 향했다.

1940년 2월 하순에 리버풀에서 출발한 배는 독일 잠수함을 피하느라 이리저리 항로를 변경하여 3월 4일에야 보스턴에 도착했다. 보스턴 부두에 내린 코헛은 설레는 마음으로 시카고행 그레이하운드에 올랐다. 보스턴을 출발한 그레이하운드는 꼬박 하루를 달려 시카고에 도착했다. 코헛은 주머니에 남았던 몇 개의 동전을 털어 공중전화에 넣었다. 다이얼을 돌리고 얼마를 기다렸을까? 긴 신호음이 끝나고 수화기에서 익숙한 목소리가 흘러나왔다. 친구 레바리에였다. 버스터미널로 마중 나온 레바리에를 만난 코헛은 여독도 잊은 채 시카고 심포니의 '요한 수난곡' 연주회로 달려갔다.

"고통이 다가왔을 때 그저 견딜 수 있도록 해주시고,
  사랑과 슬픔이 다가왔을 때 그저 받아들이도록 해주소서."

시카고 대학의 조셉 본드 교회가 코랄로 가득 찼을 때 구석에 앉은 코헛은 울컥 목이 메었다. 어금니를 악물었지만 터지는 눈물은 주체할 수 없었다. 그는 바하의 선율에 감싸여 울고 또 울었다. 낯선 미국 교회의 한 켠에서 '요한 수난곡'을 들으며 비엔나 청년 코헛은 울고 또 울었다. 쌍둥이처럼 비엔나에서 시카고까지 자신을 지켜주었던 레바리에가 말없이 코헛의 어깨에 손을 얹었다. 이제야 나치를 벗어났다는 사실을 실감할 수 있었다. 나치에 쫓겨 비엔나를 탈출한 지 꼭 일 년이 지난 1940년 삼월이었다. 고딕 양식의 석조건물로 지어진 아름다운 본드 교회는 온통 담쟁이 덩굴에 둘러싸여 있었다. 차가운 돌벽을 붙잡고 모진 겨울을 견뎌낸 담쟁이는 이제 따뜻한 봄을 맞아 새싹을 틔울 준비를 하고 있었다.

비엔나 19구 되블링 파라디스가세 47번지 하인즈 코헛의 집이다.

어린 시절 코헛은 프로이트가 살았던 베어그가세 19번지에서 얼마 떨어지지 않은 중산층 거주 구역에 살았다. 하인즈 코헛은 19살이었던 1932년에 비엔나 유태인의 상위 1%가 거주하는 상류층 거주 지역에 위치한 파라디스가세 47번지로 이사했다. 되블링은 개인주택들이 모여 있는 조용한 거주 구역이었고, 빈 숲이 가까이에 있었다.

하인즈 코헛의 고향집은 길가에서 보면 나무가 우거진 숲 속에 있는 듯한 착각을 불러일으켰다. 인적이 드문 조용한 동네여서 새들의 지저귐과 쏟아지는 폭양이 오히려 소란스럽게 느껴질 정도였다. 파라디스가세 47번지라는 표지판이 보인다.

집안으로 들어서면 바깥에서 보기와는 다르게 매우 넓은 정원을 품고 있었다.
정원에는 파란 잔디가 깔려 있고, 작은 연못도 있었다. 코헛은 파라디스가세 47번지로 이사
하던 해에 김나지움을 졸업하고 비엔나 의대에 입학했다.

하인즈 코헛은 비엔나 의대 시절을 꼬박 이 집에서 지냈다. 하지만 프로이트가 나치에 쫓겨 비엔나를 떠난 지 얼마 안 되어 코헛은 나치의 강압으로 담쟁이가 아름답게 둘러싼 파라디 스가세 47번지 집을 빼앗겼다. 결국 코헛도 프로이트처럼 정든 고향 비엔나를 떠날 수밖에 없었다.

비엔나 국립 오페라 하우스

구스타프 말러가 1897년부터 10년 동안 총감독으로 있었던 비엔나 국립 오페라 하우스이다. 1869년에 완성되어 모차르트의 '돈조반니'로 막을 올렸으며, 오늘날에는 파리 오페라하우스, 밀라노 오페라하우스와 함께 세계 3대 오페라하우스로 꼽힌다. 하인즈 코헛은 어린 시절 가정교사였던 대학생 모라베츠와 함께 이곳으로 오페라를 보러 다녔다. 코헛이 대학생이 되면서 아버지와 함께 비엔나 국립 오페라 하우스에 오기도 했지만, 얼마 지나지 않아서 아버지는 백혈병으로 세상을 떠났다.

코헛, 토마스 만을 만나다

"관찰자와 대상자의 만남은 이들 사이에 교류와 동일시를
일으키며, 그 결과로서 자아와 현실, 운명과 성격, 의도적
행위와 우발적 행위의 신비로운 일관성에 대한 통찰을
가져옵니다. 이런 과정을 통해서 정신이 만들어내는
미스터리에 대한 통찰을 획득하는 것입니다. 결국 모든
정신분석적 지식의 알파와 오메가는 만남의 결과입니다."
토마스 만(1936년 5월 비엔나 아카데미에서 열린
프로이트 80세 기념 심포지엄 연설)

비엔나를 떠나 우여곡절 끝에 1940년 3월 시카고에 도착한 코헛
은 그해 바로 인턴 과정을 시작했다. 이듬해 인턴 과정을 무사히 마
친 코헛은 시카고 대학의 빌링스 병원 신경과 레지던트가 되었다. 비
엔나를 추억할 겨를조차 없이 바쁜 생활이 계속되던 어느 날이었다.
임상실습을 나온 의대생들과 함께 회진을 하던 코헛이 틱 환자를 진

찰하면서 말했다.

"경련이 계속되는 환자의 입장을 상상해 보세요. 얼마나 괴롭겠습니까?"

코헛은 의대생들에게 환자의 병명이나 치료에 대해 설명하기에 앞서 환자의 인간적 고통을 상기시켰다. 그는 환자의 입장에 서서 질병이 초래한 고통에 먼저 관심을 기울이는 청년 의사였다.

하얀 가운을 입은 코헛이 신경진철용 해머에 익숙해질 무렵이었다. 병원 로비에 설치된 텔레비전에서 아나운서의 급박한 목소리가 울려 퍼졌다. 1941년 12월 7일 아침 일본이 진주만을 공습했다는 소식이었다. 하와이가 참혹한 폐허로 변한 장면이 연일 전파를 타면서 미국에서는 참전하자는 여론이 힘을 얻었다. 결국 미국은 두 번째로 세계대전에 뛰어들었다. 그리고 아인슈타인이 제안했던 '맨해튼 프로젝트'에 루스벨트 대통령의 승인 사인이 떨어졌다.

"본 연구소의 수련위원회는 귀하의 입학을 잠정적으로 불허합니다. 다만 귀하가 치료적 정신분석을 마친다면 그때 가서 입학 여부를 최종 결정하고자 합니다."

2차 세계대전이 확전으로 치닫던 1942년의 가을이었다. 오래전부터 정신분석가의 꿈을 키워 온 코헛은 시카고 정신분석연구소에 입학을 신청했지만 시카고 정신분석연구소는 이렇게 코헛의 입학을 잠정 거절했다. 입학을 거절당한 이유는 알 수 없었다. 다만 정신분석 수련생으로서 받는 교육분석이 아니라 환자로서 치료적 정신분석을 먼저 받으라는 결정이었다. 실망스러운 결과였지만 분석가가 되기를 간절히 바랐던 코헛으로서는 시카고 정신분석연구소의 요구에 따르는 것 외에는 어쩔 도리가 없었다. 코헛은 이듬해부터 훈련분석가 루스 아이슬러^{Ruth Eissler, 1906~1989}에게 치료적 정신분석을 받기 시작했다. 그녀는 비엔나 정신분석연구소에서 프로이트의 제자 테오도르 라이크^{Theodor Reik, 1888~1969}에게 분석을 받고 1937년에 정신분석가가 된 후 나치를 피해 시카고로 이민 온 유태인 여성 정신과 의사였다. 그녀는 또한 비엔나 출신의 정신분석가이자 미국 정신분석학회의 실력자였던 정신분석가 커트 아이슬러^{Kurt Eissler, 1908~1999}의 아내이기도 했다. 커트 아이슬러는 코헛과 마찬가지로 비엔나에서 아이크혼에게 정신분석을 받았던 정신분석가였다.

"과학의 길을 팽개치고, 엉뚱하게 정신과를 택하다니!"

시카고의 바람이 한결 따뜻해진 1944년 봄이었다. 루스 아이슬러에게 정신분석을 받기 시작한 코헛이 신경과에서 정신과로 자리를 옮기겠다고 말했을 때 신경과 교수들은 이렇게 말하며 혀를 찼다. 동료 신경과 레지던트들은 성공이 보장된 자리를 박차고 나간 코헛을 이해하지 못했다. 당시 의학계는 정신분석이 지배하는 정신과학을 과학으로 인정하지 않는 분위기였다. 하지만 언제인가부터 코헛에게 정신분석은 소명이었다.

맨해튼 프로젝트가 만들어낸 '남근'을 닮은 우라늄 폭탄 '리틀 보이'가 1945년 8월 6일 히로시마에 떨어졌다. 삼일 후 '유방'을 닮은 플루토늄 폭탄 '팻 맨'이 나가사키에 투하되었다. 그리고 1945년 8월 15일 히로이토 일본 천황은 무조건 항복을 선언했다. 그렇게 두 번째 세계대전은 종료되었다. 전후 세계는 미국을 중심으로 재편되었다. 세상은 비등점을 넘은 물처럼 빠른 속도로 변하기 시작했다.

이듬해 가을 코헛은 시카고 정신분석연구소에 다시 입학을 신청했다. 루스 아이슬러에게 성공적인 분석을 받았다고 평가한 수련위원회에서 이번에는 그의 입학을 허가했다. 코헛은 이제 정신분석가가 되기 위한 첫발을 떼었다. 그의 나이 서른셋에 시카고 정신분석연구소의 분석가 수련생이 되었다.

시카고 정신분석연구소는 프란츠 알렉산더^{Franz Alexander, 1891~1964} 가 1932년에 설립한 정신분석 수련 및 연구기관이었다. 헝가리 출신의 정신과 의사 알렉산더는 베를린 정신분석연구소의 첫 번째 수련생이었고, 베를린 정신분석연구소에 의사와 의대생들을 위한 정신분석 코스를 도입했던 인물이다. 1930년에 시카고 대학 정신과 교수로 초빙된 이후 그는 자신이 졸업한 베를린 정신분석연구소를 모델로 삼아 시카고에 정신분석연구소를 설립했고 초대 소장을 맡았다. 그리고 세계대전 이후 급변하는 세상에서 더디고 사치스러운 치료라는 비판을 받던 정신분석을 보다 효율적이고 단기적인 심리치료로 바꾸고자 시도했다.

알렉산더는 자신의 분석가였던 산도르 페렌찌^{Sándor Ferenczi, 1873~1933} 로부터 큰 영향을 받았다. 페렌찌는 클라크 대학 강연에 융과 함께 프로이트를 수행했던 제자였다. 또한 프로이트가 한때 큰딸 마틸다의 신랑감으로까지 점찍었던 애제자이기도 했다. 이렇듯 프로이트와 사적으로 매우 친밀했지만 정신분석에 대한 페렌찌의 생각은 프로이트와 상당한 차이가 있었다. 페렌찌는 일찍이 정신분석에서 '자기성찰'의 중요성을 강조하면서 다음과 같이 말했다.

"프로이트는 자기성찰을 통해 얻는 자료들을 과학적으로 정리하여 새로운 지식을 얻는 것이 실험을 통해서 수집된 외적 자료를 이용해 새로운 지식을 얻는 것처럼 가능하다는 사실을 발견했습니다. 정신분석학 덕택에 우리는 오랫동안 자연과학에서 무시되어 왔던 새로운 자료들에 체계적으로 접근할 수 있게 되었습니다. 정신분석은 오직 자기성찰을 통해서만 지각할 수 있는 내적 세력들의 활동을 보여주었습니다."

페렌찌가 정신분석에서 '자기성찰'이 중요하다고 생각했던 것은 프로이트와 큰 차이가 없었지만 정신분석적 기법에 대한 생각은 프로이트와 많이 달랐다. 특히 그는 '공감'을 치료적으로 이용해야한다고 주장했으며. 치료 종결 날짜를 정해 놓고 정신분석적 치료를 시행하는 '능동적 치료'라는 혁신적 기법을 도입하기도 했다. 프로이트 역시 '공감'의 중요성을 이야기한 적은 있지만 평생의 그 방대한 저작을 통틀어 '공감'이란 단어를 단 열두 번밖에 사용하지 않았다.

말년에 페렌찌는 자신이 치료했던 대부분의 환자에서 트라우마는 무의식적 환상이 아닌 실제적인 아동기 성적 학대가 원인이었다고 주장하여 프로이트와 갈라섰다. 그리고 프로이트와 아인슈타인이 『왜 전쟁인가?』라는 소책자를 출간했던 1933년 봄에 악성빈혈로 세상을 떠났다. 하지만 '공감'의 중요성에 대한 페렌찌의 굳은 신념은 프란츠 알렉산더를 거쳐 새내기 분석가 수련생 코헛에게 전달되었다.

'교정적 정서적 경험'

코헛이 시카고 정신분석연구소에 수련생으로 입학했던 1946년이었다. 프란츠 알렉산더는 『정신분석적 치료: 원칙과 적용』이라는 책을 출판했다. 이 책에서 그는 '교정적 정서적 경험'을 심리치료의 핵심이라고 주장하면서 다음과 같이 적었다.

"모든 종류의 심리치료에서 기본적인 치료원칙은 하나입니다. 환자가 과거에 감당할 수 없었던 트라우마를 보다 안전하고 따뜻한 치료 상황에서 다시 경험하도록 하는 것입니다. 환자가 나아지기 위해서는 반드시 아픔이 사무치는 과거의 트라우마를 치유하는 '교정적 · 정서적 경험'을 해야만 합니다."

아울러 알렉산더는 '중립'과 '절제', '해석'과 '통찰'만을 강조하는 기존의 전통 정신분석을 비판하면서 이렇게 말했다.

"전통 정신분석에서는 일반적으로 옛날의 갈등이 현재의 전이 관계 속에서 반복된다는 점을 강조합니다. 그리고 현재의 전이 상황이 옛날의 갈등 상황과 비슷하다는 점에 주목합니다. 하지만 치료적 의미는 현재의 치료 상황이 옛날의 갈등 상황과 다른 데 있습니다. 정신분석에 담긴 치료직 비밀은 이런 차이에 있습니다. 치료자의 태도가 옛날의 억압적인 부모와 다르기 때문에 환자는 보다 안전하고 따뜻한 상황에서 예전에는 견딜 수 없다고 생각했던 상황과 차츰 맞설 수 있는 것입니다. 이런 작업은 환자와 치료자 사이의 관계에서 벌어지는 실제적 경험을 통해서 이루어집니다. 지적인 통찰 따위로는 충분치 않습니다."

시카고 정신분석연구소에 입학을 거절당한 코헛이 루스 아이슬러에게 치료적 정신분석을 받을 때였다. 어느 날 코헛은 루스 아이슬러로부터 비엔나에서 자신의 분석가였던 아이크혼이 살아 있다는 소식을 들었다. 그 소식을 듣자마자 코헛은 아이크혼에게 편지를 띄웠다. 1946년 코헛이 시카고 정신분석연구소에 입학하기 직전부터 시작된 편지왕래는 아이크혼이 사망하는 1949년까지 지속되었다. 시카고 정신분석연구소의 수련생이 된 후 코헛은 미국에 불고 있는 단기적 심리치료의 바람을 편지에 실어 아이크혼에게 보냈다. 이때 아이크혼은 평소와 달리 단호한 말투로 코헛에게 이렇게 답장했다.

"내가 비엔나 정신분석연구소의 수장으로 있는 한 프로이트의 이론은 순수한 형태로 보존될 것이네. 프로이트는 거대한 암반을 깨뜨렸고 쪼개진 바위 하나하나는 더없이 소중한 것이네. 그러하니 새로운 세대가

해야 할 일은 여전히 많네. 거인의 뒤를 잇는 겸손한 석공이 되길 바라네."

아이크혼은 이제 막 정신분석 수련을 시작한 코헛에게 전통 프로이트의 이론을 따르라고 답했다. 그리고 코헛은 아이크혼의 이런 조언에 맞춰 프로이트를 충실하게 따르는 '미스터 정신분석'의 길로 따박따박 나아갔다.

2차 세계대전이 끝나자 전쟁에 참전했던 단짝친구 레바리에가 시카고로 돌아왔다. 하지만 얼마 지나지 않아 레바리에가 결혼하면서 코헛과 만남은 점점 뜸해졌다. 시카고에 정착한 지 한참이 지났지만 코헛은 여전히 비엔나 출신의 이방인이었다. 초고층 빌딩들이 위압적으로 서 있는 '큰 어깨들의 도시' 시카고에서 코헛은 종종 비엔나에 대한 향수에 빠졌다. 그즈음이었다. 코헛은 시카고 정신분석연구소에서 한 여인을 만났다. 그녀는 사회사업가 엘리자베스^{Elizabeth}였다. 시카고의 바람과 미시간 호수에 대해서 이야기를 나누던 두 사람은 도나우의 강바람과 아이크혼에서 다시 연결되었다. 독일계 기독교인 가정에서 자라난 미국여성 엘리자베스는 위스콘신 대학에서 사회사업을 전공한 다음 비엔나에서 유학했다. 코헛이 비엔나에서 아이크혼에게 정신분석을 받던 무렵 엘리자베스도 비엔나 정신분석연구소에서 아이크혼에게 수업을 받았다. 비엔나의 분석가 아이크혼은 두 사람의 우연을 운명으로 바꾸어주었다.

킨제이 보고서가 미국 사회에서 화제가 되었던 1948년 가을에 코헛은 엘리자베스와 결혼했다. 그렇게 코헛은 이방인의 외로움에 마침표를 찍었다. 그해 코헛은 토마스 만^{Thomas Mann, 1875~1955}의 소설 『베니스에서의 죽음』을 전통 정신분석 이론에 따라 해석한 논문을 시카고 정신분석연구소에서 처음 발표했다.

"끝까지 견뎌라!"

이것은 그가 가장 좋아하는 말이었다. 그는 의사의 보살핌이 필요해서 학교에 다니지 않았고, 집에서 가정교육을 받았다. 하지만 그는 결코 주먹을 펴지 않고 씩씩하게 살았다. 젊은 시절 결혼하여 잠시 행복했지만 아내가 죽음으로써 결혼생활은 끝이 났다. 이미 결혼한 딸이 하나 있었지만 아들은 애당초 없었다. 평생을 금욕적 생활태도로 살았고, 고통 속에 창작하는 것을 미덕으로 여겼다. 쉰 번째 생일에는 귀족의 칭호까지 부여받은 그는 독일의 위대한 작가였다. 그의 이름은 구스타프 아셴바하였다.

세계대전의 불길한 조짐이 유럽을 짓누르던 어느 봄날 오후였다. 뮌헨에 사는 아셴바하는 영국공원으로 산책을 나섰다가 우연히 공동묘지에 들어섰다. 그곳에서 아셴바하는 낯선 나그네와 마주쳤다. 낯선이의 방랑자 같은 모습에서 낯선 곳을 두루 돌아다니고 싶었던 젊은 시절의 먼 곳에 대한 갈망이 되살아났다. 동화처럼 일탈할 곳을 찾아 여행을 떠난 아셴바하는 검게 그을린 증기선과 관처럼 검은 칠을 한 곤돌라를 갈아타고 베니스에 도착했다.

베니스의 리도 해변가 호텔에 도착한 아셴바하는 홀에서 가족들과 함께 있는 폴란드 미소년을 보았다. 열네 살 정도로 보이는 긴 머리칼을 지닌 미소년은 그리스 조각품을 연상시키는 순수하고 완벽한 외모를 갖고 있었다. 그 미소년의 이름은 타치오였다.

"정말이지 나를 기다린 것은 바다와 해변이 아니었다. 네가 여기 있는 동안 나도 여기에 있어야겠다!"

미소년 타치오를 만난 아셴바하는 이렇게 결심했다. 미소년에게 완전히 매료당한 아셴바하가 할 수 있는 것이라곤 감정에 불을 지른 미소년을 끊임없이 뒤쫓는 것뿐이었다. 심지어 미소년의 침실을 엿보고 싶어 호텔방 문고리에 이마를 대고 들여다보는 짓도 서슴지 않았다.

"내가 무슨 짓을 하는 것인가?"

반쯤 정신이 들었을 때는 이런 생각이 들기도 했다. 하지만 이미 미소년에 현혹된 그의 마음에서는 다음과 같이 엉뚱한 논리를 들이대면서 위엄을 유지하려 애썼다.

"에로스가 내리는 명령은 전혀 굴욕이 아니다. 다른 목적에서 무릎 꿇고 맹세하며 애걸복걸하고 노예처럼 굴복했다면 비난을 받겠지만, 사랑하는 사람에게 그런 행동을 하는 것은 수치스러운 일이 아니라 오히려 칭찬받을 일이다."

아셴바하는 자신도 모르는 사이에 평생 꽉 쥐고 살았던 주먹이 풀리고 있었다.

그때 베니스에는 전염병이 돌고 있었다. 전염병을 막고자 뿌려댄 석탄산 냄새가 베니스 곳곳에서 풍겼다. 모호하고 금지된 희망이 심어놓은 아셴바하의 열정은 베니스에 돌고 있는 전염병에 대한 소식을 얻으려는 집착으로 옮아붙었다. 여기저기에서 전염병에 대해 물었지만 하나같이 쉬쉬했다. 그러던 차에 마르코 광장에 있는 한 영국여행사 직원으로부터 진실을 듣게 되었다. 그 여행사 직원은 베니스에 콜레라가 기승하여 시립병원의 격리병동이 가득 찼고, 곧 봉쇄 조치가 취해질 것이니 당장 떠나라고 아셴바하에게 충고했다. 하지만 아셴바하는 죽음의 도시 베니스에 더 머물기로 결정했다. 제정신을 잃은 사람이 제일 싫어하는 것이 본래의 자신으로 돌아가는 것이었다.

그날 밤 아셴바하는 꿈을 꾸었다. 두려움으로 시작하여 기쁨과 호기심이 교차하는 꿈이었다. 멀리서부터 시끌벅적한 소리, 후려치는 소리, 타치오의 이름 가운데 '우'음을 길게 빼며 울부짖는 소리가 뒤죽박죽 섞여 들렸다. 산악지대에서 디오니소스 신을 외치며 인간 패거리가 미친 듯이 춤을 췄다. 가쁘게 헐떡이는 몸에서 나는 냄새와 썩은 물에서 나는 것 같은 악취가 느껴졌다. 가슴은 마구 고동쳤고, 뇌는 빙빙 돌았다. 나무로 만든 거대하고 음탕한 상징물이 높이 세워졌고, 그들은 음탕한 몸짓과 음란한 손짓으로 서로를 자극했다. 꿈꾸는 자도 어느새 그들과 함께 그들 속에 있었다. 그렇게 그는 영혼을 파멸로 이끄는 음탕한 짓거리와 광란을 맛보았다. 악마의 손아귀에 잡혀있던 아셴바하는 꿈에서 깨어났다.

이제 아셴바하는 금욕적 태도를 내팽개치고 그저 동경하는 타치오의 꽁무니만 쫓아다녔다. 베니스의 어지러운 골목과 운하를 헤매며 미소년의 뒤를 쫓던 그는 아치형 다리에서 미소년을 놓쳐버렸다. 미소년이 시야에서 사라지자 일순간에 맥이 풀렸다. 정신을 차렸을 때 그의 몸은 온통 땀으로 뒤범벅이었다. 더 이상 참을 수 없는 갈증에 그는 조그마한 야채가게에서 상했을지도 모르는 물러터진 딸기를 사먹으며 터벅터벅 걸었다. 지중해에서 부는 뜨거운 바람 시로코에서 석탄산 냄새가 났다. 광장 한 가운데 있는 빗물통의 계단에 주저앉은 아셴바하는 이렇게 중얼거렸다.

"천성적으로 타락에 빠져드는 경향을 가졌고 그런 경향을 어찌 개선시켜 볼 수도 없는 인간이 어떻게 교육자로서 자질이 있겠는가? 어쩌면 타락을 거부하고 품위를 지키려 할 수도 있겠지만, 어디로 가든 타락은 인간을 유혹한다."

며칠 뒤 아셴바하는 육체적인 그리고 정신적인 현기증을 겪었다. 그리고 급격히 치솟는 불안을 느꼈다. 어디서 비롯된 것인지 분명치 않았고 탈출구도 없었다. 그날도 미소년은 해변에 있었다. 그는 해변에서 접이식 의자에 등을 기댄 채 미소년의 움직임을 천천히 쫓았다. 미소년이 어깨너머로 그를 바라보았다. 미소년과 눈길을 나누려고 그가 고개를 들었다. 하지만 고개는 이내 가슴 쪽으로 툭 떨어졌다. 얼굴에서 긴장이 풀렸고, 그는 깊은 잠에 빠져들었다. 바로 그날 세상 사람들은 존경해 마지않는 그 작가가 사망했다는 충격적인 소식을 듣게 되었다.

토마스 만(『베니스에서의 죽음』, 1912)

"토마스 만은 1875년 독일 뤼베크에서 태어났습니다. 그의 아버지는 시의원이었는데, 토마스 만이 겨우 15살 때 죽었습니다."

코헛은 정신분석 논문 『토마스 만의 베니스에서의 죽음』을 이런 문장으로 시작했다. 원작소설 『베니스에서의 죽음』은 1912년에 독일 문학잡지에 처음 실렸는데, 그 때 토마스 만의 나이 서른일곱이었다. 그 소설은 실제로 한 해 전인 1911년에 쓰였는데, 그해에 토마스 만은 소설의 모티브가 되는 여러 사건들을 실제로 겪었다.

1911년 5월 18일 크로아티아의 브리오니 섬을 여행하던 토마스 만은 신문에서 작곡가 구스타프 말러의 부음을 읽었다. 며칠 후 베니스의 리도 해변가에 있는 베인스 호텔에 묵었던 토마스 만은 같은 호텔에서 가족과 함께 머물던 폴란드 미소년에게 매료되었다. 여행에서 돌아온 이후 여동생이 자살했다는 비보가 전해졌고, 아내는 결핵에 걸려 다보스 요양원으로 떠나야만 했다. 아이들을 혼자 돌봐야 하는 힘겨운 시절에 토마스 만은 『베니스에서의 죽음』을 쓰기 시작했다.

'구스타프 아셴바하'

토마스 만은 소설의 주인공을 '50회 생일 때부터는 공식적으로 구스타프 폰 아셴바하로 불린 그는 성마르고 관능적인 핏줄을 받았는데, 이것은 보헤미아 출신의 지휘자의 딸인 어머니를 통해 가문에 전해진 것이었다. 뒤쪽으로 빗어 넘긴 그의 머리카락은 정수리 부근에서 숱이 듬성듬성하고 머리카락에 둘러싸인 훤한 이마는 주름이 깊게 패어 있어 마치 흉터가 생긴 것처럼 보였다. 알에 테두리가 없는 금테 안경의 둥근 코걸이 부분은 고상하게 휘어진 뭉퉁한 코의 윗부분에 착 달라붙어 있었다.'고 묘사하여 51세를 일기로 사망한 작곡가 구스타프 말러의 이름과 외모 그리고 보헤미안 지휘자라는 이미지까지 빌렸다.

'아셴바하'는 독일어로 '재의 개울'이란 뜻으로 토마스 만이 신화속 죽음의 강에서 따온 이름이었다. '재의 개울' 아셴바하는 검게 그을린 증기선과 관처럼 검은 칠을 한 곤돌라를 갈아타고 죽음의 도시 베니스를 향했다. 처음 공동묘지에서 낯선 이를 만날 때부터 예술가 아셴바하는 죽음을 향하고 있었다. 토마스 만은 아버지가 죽은 이듬해에 썼던 첫 번째 소설에 『죽음』이란 제목을 붙였고, 이후 평생 죽음을 주요한 주제로 다뤘다. 그는 아름다움과 죽음 사이에 유사성이 있으며, 예술가가 아름다움을 창조하기 위해서는 반드시 상징적으로 죽어야 한다는 독일 낭만주의 신조의 영향을 받은 작가였다.

『꿈의 해석』에서의 '시험 꿈'

소설 속의 주인공은 아내가 일찍 죽었고, 이미 결혼한 딸이 있었지만 아들은 없었다. 토마스 만은 어째서 늙어가는 아셴바하에게 정을 나눌 만한 대상이 없었다는 점을 강조했을까? 그 이유는 사람들이 '시험 꿈'을 꾸는 이유와 비슷하다. 『꿈의 해석』에서 프로이트는 사람들이 자주 꾸는 전형적인 꿈의 하나로 '시험 꿈'을 들었다. 전형적인 시험 꿈에서는 오래전에 현실에서 무사히 통과했던 시험을 꿈속에서는 떨어져서 비난을 당한다. 실제로 불안한 상황에서 이런 '시험 꿈'을 자주 꾸는데, 이 꿈에는 "불안할 것 없어! 너는 이미 그 시험에 통과했잖아!"라는 위로의 메시지가 담겨 있다. 즉, 작가는 자신의 분신이라 할 수 있는 아셴바하를 불행한 운명의 구렁으로 몰아넣으면서도, 자신은 친밀한 정서적 유대를 맺을 가족들이 있기 때문에 아셴바하의 운명에서 벗어날 것이라고 위안을 삼은 것이다.

'동성애'

토마스 만이 미소년에 매료되는 동성애적 소설을 집필하게 된 무의식적 동기는 무엇일까? 무엇보다 일찍 돌아가신 아버지에 대한 갈망이다. 즉, 타치오를 향한 아셴바하의 사랑은 토마스 만이 어린 시절 아버지에게 받고 싶었던 바로 그 사랑이었다. 또한 토마스 만이 이 소설을 집필하던 시기는 결핵에 걸린 아내가 요양원으로 떠나있을 때였다. 아마도 오랜 금욕생활이 서른 중반의 젊은 토마스 만을 동성애적 퇴행으로 이끄는 데 일조했을 것이다.

작가의 대리인으로 동성애적 퇴행에 빠진 아셴바하는 "에로스가 내리는 명령은 전혀 굴욕이 아니다. 다른 목적에서 무릎 꿇고 맹세하며 애걸복걸하고 노예처럼 굴복했다면 비난을 받겠지만, 사랑하는 사람에게 그런 행동을 하는 것은 수치스러운 일이 아니라, 오히려 칭찬받을 일이다."라고 자신의 행동을 이상화시켜서 예술가로서 품위를 지켜보려 했지만 결국 실패했다. 늙은 예술가의 동성애적 감정은 제대로 승화되지 못했고 검열되지 못한 채 날것 그대로 튀쳐나왔다. 결국 아셴바하의 방어 시스템은 무너졌다. 어린 시절 아버지의 사랑을 두고 토마스 만과 경쟁했던 여동생의 자살이 불러온 죄책감도 심리적 붕괴 과정에 한몫했을 것이다.

'원초경'

주먹이 풀려버린 아셴바하는 죽음 직전에 꿈을 꿨다. 그 꿈은 어린 시절 부모의 침대 발치에서 목격했던 원초경 어린 시절 처음으로 목격하는 부모의 성관계 장면 을 상징했다. 꿈에서 아셴바하는 호기심과 두려움이 교차했다. 어린아이 입장에서 싸움으로 오해할 만한 부모의 성행위에 한편으로 참여하고 싶은 바람과 다른 한편으로 참여했을 때 괴멸당할지도 모른다는 두려움이 명백하게 묘사되있다.

본디 동성애적 갈망과 두려움이란 어린 아이가 어머니를 부분적으로 동일시하여 아버지와 성적 사랑을 나누려는 바람에서 비롯되는 것이다. 이 꿈에서 고스란히 나타나는 원초경은 부모의 성행위를 목격하는 원초경이 아동에게 얼마나 큰 정서적 트라우마를 주는지 보여준다. 또한 꿈에서 타치오의 이름 가운데 '우' 음을 길게 뽑으며 검열되지 않은 채 드러나는 소리는 아셴바하의 인격이 붕괴되는 현장음이다. 그럼에도 불구하고 아셴바하는 전통적인 신화처럼 꿈을 위장시키는 승화적인 자아 활동을 끝까지 놓지 않는다.

그리고 피할 수 없는 일들이 벌어졌다. 욕망을 따라가던 아셴바하는 길을 잃었다. 욕망의 대상을 잃어버린 그는 갈증을 못 이기고 분명히 죽음의 균이 담겨 있을, 지나치게 익어서 물러터진 딸기를 사 먹었다. 이틀 후 치명적인 병이 찾아왔고 결국 아셴바하는 죽음을 맞이했다.

나이를 먹고 외로워지면서 아셴바하가 가졌던 욕망은 창조적 능력으로 승화되지 못했다. 아셴바하는 미소년 타치오에 대한 사랑에 빠졌고, 절제되지 못한 욕망은 그의 작가적 승화 능력을 무너뜨렸다. 욕망은 그를 점점 붕괴시켜서 미소년의 침실까지 엿보게 만들었다. 미소년이 자신에게 미치는 엄청난 영향력을 아셴바하가 처음에는 눈

프로이트, 구스타브 말러를 만나다

치 채지 못했다. 하지만 마음이 붕괴되는 징조는 아득한 현기증과 급격히 치솟는 불안으로 나타났다. 그리고 끝내 죽음으로 몰고 갔다.

토마스 만은 깊은 죄책감으로부터 창작의 원동력을 얻었으며, 문학은 속죄의 방편이었다고 말했다. 그는 또한 예술적 창조성을 성공적으로 승화시킬 때마다 성취에 대한 죄책감에 휩싸였다. 이 소설의 주인공 아센바하가 자신을 대신하여 속죄함으로써 작가 토마스 만은 자신의 예술적 창조성을 보존하려고 했다. 그렇게 미신적인 방법을 사용해서라도 토마스 만은 항상 위협당하는 불안정한 창조성을 지키고자 했다.

토마스 만의 소설 『베니스에서의 죽음』을 전통 정신분석적 시각에서 해석한 논문을 코헛은 이렇게 마무리했다. 한국전쟁이 발발했던 1950년에 코헛은 이 논문을 제출하여 시카고 정신분석연구소를 졸업하고 정신분석가가 되었다. 그의 나이 서른일곱이었다. 하지만 코헛은 자신의 논문이 토마스 만의 명예에 행여 누가 될까 우려하여 출판을 뒤로 미뤘다. 그해 3월에 아들을 얻은 코헛은 자신이 존경하는 작가 토마스 만과 분석가 어거스트 아이크혼의 이름을 따서 '토마스 어거스트 코헛Thomas August Kohut'이라고 이름을 지었다.

한편 히틀러를 피해 미국으로 이주했던 토마스 만은 메카시위원회로부터 공산주의자로 몰렸다. 1952년에 77세의 노구를 이끌고 미국을 떠난 토마스 만은 1955년에 스위스에서 생을 마감했다. 토마스 만이 세상을 떠난 지 두 해가 지난 1957년에서야 코헛은 『토마스 만의 베니스에서의 죽음: 예술적 승화의 붕괴에 관한 이야기』라는 긴 제목으로 이 논문을 출판했다.

코헛, 밥 딜런을 만나다

"자신이 이해하지 못한다고 비난 말기를.
당신의 구식 노선은 빠르게 낡아가므로.
새로운 세대를 돕지는 못 할망정 가로막지는 말기를."
밥 딜런(시대는 변하고 있으므로)

바람의 도시 시카고에서 휴 헤프너[Hugh Hefner, 1926~]가 1953년에 플레이보이 잡지를 창간했다. 플레이보이 창간호에는 특별한 센터폴드가 실려 있었다. 잡지 속에 접혀 있는 센터폴드를 펼치면 붉은 비로드 천을 배경삼아 포즈를 취한 매릴린 먼로[Marilyn Monroe, 1926~1962]의 풍만한 누드가 드러났다. 매릴린 먼로는 플레이보이 창간호가 선정한 이달의 연인, 즉 스위트하트였다.

"지구상 그 어떤 것도 그녀에 비할 수 없습니다. 그녀는 타고난 섹스의 화신입니다. 머리끝에서 발끝까지 그녀에겐 섹시함이 배어 있습니다. 그녀가 플레이보이의 첫 번째 스위트하트로 선정된 것은 당연한 선택이었습니다."

플레이보이는 창간호 스위트하트로 매릴린 먼로를 선정한 이유를 이렇게 밝혔다. 매릴린 먼로는 1956년에 안나 프로이트에게 정신분석을 받았고, 그녀와 친밀한 관계를 가지면서 훗날 안나 프로이트 센터에 유산의 일부를 기부했다. 그녀의 생일인 6월 1일에 맞춰 캘리포니아 나파밸리에서 생산되는 '매릴린 메를로'라는 와인은 그녀의 사진을 라벨로 사용하며 오늘 날에도 그 로열티가 안나 프로이트 센터에 기부되고 있다. 이제 아무도 자위행위가 만병의 근원이라고 믿지 않았다. 더 이상 임신과 무관한 성행위를 정신병의 증상이라고 매도하지 않았고, 성행위가 오로지 자식을 만들기 위한 작업이라고 생각하지 않았다. 오히려 여성의 섹시함이 공공연한 찬탄의 대상이 되는 시대가 열렸다.

플레이보이 잡지가 창간되던 해에 코헛은 훈련분석가 자격을 얻었다. 훈련분석가 코헛은 정신분석연구소에서 수련위원을 맡았다. 그는 언제나 프로이트를 말했고, 프로이트를 가르쳤으며, 프로이트에 대해서 썼다. 그야말로 프로이트가 깨뜨린 바위를 다듬는 겸손한 석공이었다. 시카고 정신분석연구소의 수련위원으로 활동하던 시절 코헛의 별명은 '미스터 정신분석'이었다.

정신분석가 코헛은 노스 미시간 애비뉴에 소박한 분석치료실을 열었다. 치료실의 한쪽 벽면은 책장을 배치했다. 다른 벽면엔 분석가의 의자와 카우치를 놓았고, 그 위로 프로이트의 사진과 아이크혼의 사진을 나란히 걸었다. 새벽 여섯 시 반에 하루의 일과를 시작하여 종일 환자의 무의식을 분석하는 정신분석가의 생활이 본격적으로 시작되었다.

코헛은 분석가 의자에 앉아 마치 음악에 몰입하듯 환자의 자유연상을 들었다. 박자와 리듬의 미묘한 변화를 감지하고, 하모니 속에서 반복되는 주제 선율을 따라가는 음악감상은 생각과 감정의 변화에 주목하면서 자유연상 속에서 반복되는 갈등을 해석하는 분석작업과 크게 다를 바가 없었다. 코헛이 출판했던 첫 번째 정신분석 논문은 1950년에 단짝친구 레바리에와 함께 썼던 『음악감상의 즐거움』이었다. 코헛은 매일 저녁 여덟 시 반부터 한 시간 동안은 아무의 방해도 받지 않고 혼자서 음악을 들었다. 특히 그는 시카고 정신분석연구소의 제자들에게 선물 받은 바흐 전집을 즐겨들었다.

"나치 경비병들이 러시아군의 진격을 피해 미리 도망쳤다는 것을 알았지만 며칠간 수용소에서 단 한발짝도 벗어날 수 없었어요."

그날도 코헛은 음악을 듣듯이 환자의 이야기에 귀를 기울이고 있었다. 서른 중반의 남자 환자는 유태인 강제수용소에서 풀려나던 상황을 회상하면서 이렇게 말했다. 그는 수천 명의 유태인이 학살당한 강제수용소에서 살아남은 서른 명의 생존자 가운데 한 명이었다. 강제수용소에서 나치 경비병이 사라졌을 때 생존자들은 강제수용소에서 도망칠 수 있을 만큼 충분히 건강한 신체상태였지만 아무도 그럴 엄두를 내지 못했다. 수감 생활을 하는 동안 완전히 무너져버린 마음은 터무니없지만 강제수용소에 의존했던 것이다.

1957년 6월 파리에서 개최된 국제정신분석학회에 참석한 코헛은 지옥 같은 강제수용소에 의존했던 환자의 사례를 들면서 의존에 대한 새로운 정신분석적 견해를 제시했다.

하인즈 코헛이 중독 환자를 치료할 때 제일 먼저 했던 작업은 정신분석적 해석이 아니었다. 그는 의존 상태에 빠져 있는 환자가 고통스러운 현실을 그저 받아들일 수 있도록 돕는 데 힘썼다. 왜냐하면 중독 환자들은 자신의 심리적 결핍을 인정하기보다는 과대망상적 판타지를 통해서 결핍을 외면하는 데 몰두했기 때문이다.

"나는 중독자가 아니야, 나는 얼마든지 조절할 수 있어! 모든 것을 한 방에 해결할 거야!"

중독 환자들은 이런 과대망상적 판타지를 일시적으로나마 충족시켜주는 중독 행위에 매달리느라 상태를 자꾸 악화시켰다. 마치 커다란 위천공 위에 구멍이 뚫린 상태 을 가진 환자가 배고픔을 달래려고 꾸역꾸역 음식을 먹는 것과 같았다. 중독 행위에서 얻어지는 충족감은 뚫린 구멍으로 새나갔고, 허기는 금세 다시 생겼다. 중독 행위는 덧없는 위로였다. 그래서 코헛은 중독자를 치료할 때 심리치료자의 역할은 환자의 심리적 갈등을 투사하는 '스크린' 역할이 아니라 심리적 결핍을 메워주는 '보강제' 역할이라고 여겼다. 그렇게 코헛은 프로이트 이래로 모든 의존을 구강기 퇴행이라고 해석해 왔던 정신분석학계의 입장에 반기를 들었다. 모름지기 분석가라면 '중립'과 '절제'를 철저히 지킴으로써 무의식적 욕구가 전이를 통해서 솟아오르도록 묵묵히 '스크린' 역할을 해야 한다는 불문율에도 반기를 들었다.

'공감'

모든 것은 '공감'에서 비롯되었다. 코헛은 공감적 입장에서 실제로 중독 환자에게 정신분석을 시행하는 동안에 중독이라는 현상이 성욕이나 공격욕으로 설명되지 않으며, 구강기 퇴행이라는 빤한 결론에 도달하지도 않는다는 확신을 얻었다. 환자의 입장이 되어 모든 감정을 이해하는 '공감적 관점'에서 바라보자 중독 현상이 가진 심리적 문제는 갈등이나 퇴행이 아니라 '결핍'이었다.

이렇게 코헛은 파리 학회에서 '공감'이 정신분석에서 필수적 요소라고 주장했다. '공감'이 필수적 요소라는 의미는 '공감'이 없이는 정신분석이 이루어질 수 없으며, 또한 '공감'에 필적할 만한 정신분석적 도구도 없다는 뜻이었다. 스물세 살에 처음 파리를 방문했을 때 코헛은 비엔나 의대생이었다. 이제 마흔네 살의 코헛은 미국 정신분석학회 잡지의 편집위원이었고, '공감'이라는 정신분석의 새로운 패러다임을 주장할 정도로 유력한 자리에 오른 미국 정신분석가였다.

1957년 6월 파리에서 개최된 국제정신분석학회 참석길에 아내 엘리자베스와 아들 토마스가 동행하여 비엔나를 방문했다. 1939년 나치를 피해 비엔나를 탈출한 지 꼭 18년 만이있다. 코헛은 아내와 아들을 데리고 되블링에 위치한 파라디스가세 47번지 옛집을 둘러보았다. 녹색 페인트가 칠해진 옛집은 코헛이 비엔나를 떠날 때보다 나무들이 훌쩍 높아져 있었다. 야트막한 고급 단독주택들이 열지어선 동네는 여전히 평화롭고 조용했다. 코헛은 일곱 살 아들 토마스의 손을 잡고 고향 골목길을 걸었고, 어린 시절 자신이 다녔던 김나지움을 방문하여 옛날에 썼던 책상에 앉아 자신의 학창시절 이야기를 어린 아들에게 들려주었다. 미국 정신분석가 코헛에게 비엔나는 진정한 추억이 되었다. 되블링 김나지움에는 자기 심리학의 창시자 하인즈 코헛을 기념하는 작은 현판이 달려 있다.

그해 말에 시카고 정신분석연구소 창립 25주년 기념학회에서 코헛은 '공감'에 대한 주제를 발전시켜 강연했다. 강연의 시작은 다음과 같았다.

"인간은 오감을 통해서 세상을 만납니다. 보고, 듣고, 만지고, 맛보고, 냄새 맡아 모아진 정보를 가지고 세상을 탐구합니다. 인간의 탐구는 도구와 이론을 통해서 더욱 체계적이 됩니다. 망원경이나 현미경으로 들여다본 것을 생각의 얼개에 맞춰나감으로써 더욱 정교한 이론을 완성하는 것입니다.

하지만 마음은 오감으로 만날 수 없습니다. 생각과 바람, 감정과 환상은 볼 수도, 만질 수도, 들을 수도, 냄새를 맡을 수도 없습니다. 마음은 물질적 세상에 존재하지 않습니다. 그러나 마음은 정말로 있습니다. 생각이, 바람이, 감정이, 환상이 떠오를 때 스스로 들여다보는 '자기성찰'을 통해서 자신의 마음을 알 수 있고, '공감 대리적 자기성찰'을 통해서 다른 이의 마음을 알 수 있습니다.

우리가 세상에 대해 이야기할 때 필수적 요소가 오감을 통해 관찰하는 능력인 것처럼 우리가 마음을 이야기할 때 필수적인 요소는 '자기성찰'과 '공감' 능력입니다."

코헛은 이어서 말했다.

"어떤 분석가들은 '자기성찰'이나 '공감'이 정신분석적 관찰의 주요도구가 아니라고 합니다. 차라리 자유연상 등을 통해서 환자로부터 얻어진 정보를 분석가가 면밀히 조사하는 과정이 정신분석적 관찰의 주요도구라고 주장합니다. 하지만 실상은 프로이트의 『꿈의 해석』을 비롯해서 방대한 분량의 임상적 자료가 자기분석을 통해서 얻어진 것입니다. 정신분석이란 결국 이런 자료를 바탕으로 만들어진 이론입니다. 일반적인 정신분석 상황에서도 중요한 것은 결국 분석을 받는 환자 자신의 자기성찰이며, 분석가는 그저 목격자일 뿐입니다.

환자가 자신에 대해서 충분히 이해하기 이전에 목격자인 분석가가 앞서서 심리적 '통찰'을 갖는 경우도 흔히 있습니다. 하지만 그런 심리적 '통찰' 역시 결국은 분석가가 환자의 입장에서 대리적으로 자기성찰을 하는 훈련을 통해서 얻어진 결과물일 뿐입니다. 그렇게 환자의 입장에서 들여다보는 작업이 곧 '공감'입니다."

이렇게 코헛은 '공감'에 대한 강연을 마무리했다. 코헛이 강연을 마쳤을 때 프란츠 알렉산더는 "공감적으로 타인의 마음을 들여다본다는 전제는 정신분석의 미래에 극적인 영향을 미칠 것이네!"라며 격려해 주었다.

프로이트는 정신분석이란 환자에 대해 '정당한 의심'을 품는 작업이라고 생각했다. 하지만 코헛은 정신분석이란 환자의 마음을 '공감적으로 들여다보고 이해'를 하는 작업이라고 믿었다.

'공감'이란 단어는 '미스터 정신분석'이란 별명을 가졌던 코헛이 우상이었던 프로이트와 갈라서는 출발점이 되었다. 치료자의 관점이 절대적으로 옳다는 입장을 버리고 환자의 입장에서 바라보자 마음은 완전히 다른 모습으로 다가왔다.

그해 코헛은 시카고 대학 근처의 도체스터 애비뉴 5801번지에 위치한 현대식 고층 아파트 '클로이스터'로 이사했다. 12층에 위치한 코헛의 아파트 창밖으로 '잭먼 필드'라 부르는 넓은 잔디밭이 펼쳐져 있었다. 클로이스터로 이사 간 후 코헛은 잭먼 필드에서 조깅을 시작했다. 어머니 엘스는 근처에 살면서 주말이면 코헛과 함께 시간을 보냈다.

이듬해 일월에 코헛은 '공감'에 대한 생각을 정리하여 자신이 편집위원으로 있는 미국 정신분석학회 잡지에 투고했다. 하지만 편집위원회는 '공감적 관찰'이 프로이트 이론의 근간을 뒤흔드는 주장이라며 잡지 게재를 거절했다. 이어서 '공감적 관찰'이 정신분석적으로 타당한 관찰 방식인가에 대한 꼬박 일 년간의 갑론을박을 거친 끝에 코헛의 논문은 가까스로 출판될 수 있었다. 1959년 미국 정신분석학회 잡지에 실린 코헛의 논문 제목은 『자기성찰, 공감 그리고 정신분석』이었고, 부제목은 『관찰 방식과 이론 사이의 관련성』이었다.

이런 와중에도 코헛은 시카고 정신분석학회를 넘어서 미국 정신분석학회의 실력자로 부상했다. 그리고 마침내 1963년 세인트루이스에서 열린 학회에서 미국 정신분석학회 회장으로 당선되었다. 코헛은 나이 오십에 미국 정신분석학회 최고의 자리에 올랐다. 그해 11월 22일 낮 12시 30분이었다.

"탕, 탕, 탕!"

세 발의 총성이 댈러스 중심가에 울렸다. 총탄은 '핵실험 금지조약'을 체결시켰던 존 F. 케네디$^{John F. Kennedy, 1917~1963}$ 대통령의 두개골을 뚫었다. 미국 역사상 최초의 가톨릭 신자 대통령이었던 존 F. 케네디는 무개차를 타고 퍼레이드를 하다가 암살당했다.

"오! 안 돼요! 하느님, 그들이 내 남편을 쏘았어요!"

샤넬 정장을 입고 함께 손을 흔들던 퍼스트레이디 재클린 여사는 이렇게 울부짖었다. 1960년 11월 대통령에 당선된 지 삼 년 만이었다. 재임시절 배우 매릴린 먼로와 염문설을 뿌리기도 했지만 짐 크로법^{흑인차별법안}을 철폐시키는 데 앞장섰던 인권 대통령이었다. 그는 흑인 공민권운동의 지도자였던 마틴 루터 킹 목사를 백악관으로 초청해서 격려했고, 1963년 6월에는 흑인차별 철폐를 위한 '공민권 법안'을 직접 의회에 제출했다. "흑인차별은 20세기의 용서할 수 없는 부정이다."라는 시대적 소신을 가졌던 젊은 대통령을 암살한 용의자의 이름은 '리 하비 오스왈드'$^{Lee Harvey Oswald, 1939~1963}$였다.

그해 세밑이었다.

"오스왈드가 제 마음속에 있었습니다."

포크록 가수 밥 딜런$^{Bob Dylan, 1941~}$은 한 시민단체로부터 상을 받는 자리에서 수상소감을 이렇게 시작했다. 순간 객석에서 술렁임이 일었다. 밥 딜런은 술렁임에도 아랑곳 않고 "저는 신문에서 오스왈드가 겪었던 일들에 대한 기사를 읽었습니다. 그리고 그가 어떻게 궁지에 몰렸고 얼마나 불안하게 살았는지 알게 되었습니다. 저 역시 궁지에 몰린 채 불안하게 살았던 적이 있습니다. 그가 품었던 감정들을 저도 똑같이 겪었습니다. 신문기사를 읽는 동안 저는 많은 부분에서 오스왈드와 공감할 수 있었습니다. 누구나 마음 한구석에 오스왈드가 있다고 생각합니다."라고 수상소감을 대신했다. 보수적인 중산층이 주축인 그 시민단체는 밥 딜런에게 앞으로 시민권익을 위해 더욱 노력하겠다거나 혹은 상을 주신 데 감사한다는 인사말을 기대하고 있었다. 하지만 밥 딜런은 '오스왈드에 대한 이야기'를 꺼내서 청중을 충격으로 몰아넣었다.

케네디 대통령의 암살 용의자였던 오스왈드는 유복자였다. 태어날 때부터 사랑을 주고받을 아버지가 없었다. 홀어머니는 여러 차례 이혼과 재혼을 반복했다. 오스왈드는 어린 시절 내내 홀로 방치되었다. 누구에게도 어디에서도 단 한줌의 존중이나 동정을 받지 못했다. 오스왈드는 언제부터인가 공산주의를 동경했다. 그리고 1963년 11월 22일 오후에 대통령 암살 용의자로 체포되었다. 이렇게 비극적 인생을 살아왔던 오스왈드는 재판을 받을 기회조차 얻지 못했다. 체포된 지 이틀 만에 댈러스 경찰서 지하실에서 무참히 살해당했던 것이다. 그의 나이 겨우 스물넷이었다. 대통령의 죽음은 커다란 슬픔이었지만, 암살 용의자의 죽음은 그저 가십거리였다. 케네디 대통령 암살사건과 오스왈드 살해사건은 미국 사회를 뿌리째 뒤흔들었다.

대통령 암살 용의자에 대한 싸늘한 사회적 시선을 빤히 알면서도 밥 딜런은 오스왈드가 겪었던 정신적 절망감과 고립감에 공감한다고 이야기했다. 밥 딜런은 그저 입에 발린 인사말로 수상 소감을 때우는 것은 마음의 깊은 곳에서 솟구치는 자신의 진짜 목소리를 묵살하는 짓이라고 생각했다. 순간 청중 여럿이 밥 딜런에게 주먹감자를 날렸고, 혐오스러운 눈길로 그를 바라보았다. 야유를 퍼붓는 관중을 향해 밥 딜런은 오스왈드를 미치광이 범죄자로 만들었던 인간적 고립감과 절망감에 대해서 꿋꿋이 이야기했다. 그저 시류에 편승하는 것이 이득이라는 것을 알았지만, 심지어 오스왈드의 감정을 이해한다는 한마디 때문에 사회적으로 매장당할 위험도 예상했지만 밥 딜런은 타인이 겪는 감정에 공감하는 자신을 드러냈다.

코헛은 이런 밥 딜런의 수상소감을 예로 들면서 공감을 설명했다.

"공감은 죄인에게서 인간미를 포착했던 도스토예프스키의 천부적인 능력과 같은 것입니다. 심지어 타락한 인간에게서도 교감할 수 있는 본질적 지점을 찾아내는 능력이 공감입니다."

이어서 코헛은 공감을 정신병리와 연결하여 다음과 같이 설명을 이어나갔다.

"어느 곳에서도 공감을 얻지 못한 마음은 불안하고 우울한 상태에 빠집니다. 그러면 불안하고 우울한 상태에서 벗어나기 위해서 알코올이나 식탐, 섹스나 폭력과 같은 말초적인 감각자극에 몰두하게 됩니다. 이처럼 말초적 감각자극에 과도하게 몰두하는 현상이 정신병리를 일으키는 것입니다. 이것이 정신적 문제의 본질입니다.

자신을 인정해주고, 지지해주며, 이해해주는 공감적 메아리를 만났을 때 마음은 세상에 대한 의심의 눈초리를 거두어들입니다. 마음에서 자신감이 솟고 마음 깊숙이 묻혀있던 달란트를 꽃피울 수 있습니다.

따뜻한 음식과 포근한 잠자리는 육체를 지탱하는 데 꼭 필요합니다. 하지만 음식과 잠자리가 충족되어도 마음을 지지해주고 이해해주는 공감적 메아리가 없다면 마음은 건강을 유지할 수 없습니다.

공감은 마음의 영양소이기 때문입니다. 이런 관점에서 정신분석은 인간의 마음에 대한 공상과학이 아니며, 기본적인 마음의 욕구와 동떨어진 소설도 아닙니다. 정신분석은 다윈의 원숭이들에게 들려주는 비인간적 복음도 아니고, 초인적 사랑을 요구하는 종교적 복음도 아닙니다.

심리학은 인간이 그저 자신의 궁극적 의미를 달성하며 살아가도록 돕는 도구이며, 인간 정신의 본질에 도달하기 위한 보다 심오한 과학입니다."

코헛은 공감과 정신병리의 관계를 이렇게 설명했다.

1964년 오스트리아의 한 잡지시가 코헛에 대한 기사를 싣고 싶다며 연락했다. 기자는 코헛에게 "당신의 주된 관심분야는 무엇입니까?"라고 물었다. 코헛은 "정신분석은 본질적으로 어떤 방법을 가지고 접근해야하는가?"라는 질문에 답하기 위해 계속 천착해 왔다고 밝혔다. 그 질문에 대해 코헛이 얻은 결론이 '공감'이었다.

코헛, 오비디우스를 만나다

"사랑하는 일이 기다림이나 상실감을 가져오면 자존감이
낮아지지만, 사랑을 얻거나 사랑하는 이로부터 반응을 얻으면
다시 자존감이 높아집니다."
지그문트 프로이트(「나르시시즘 서론」)

링컨 대통령이 노예해방을 선언한 지 이미 백 년이나 지났지만
미국에서의 인종차별은 여전했다. 인종차별을 뒤엎는 변화의 불씨는
'몽고메리 버스 보이콧 투쟁'이라는 작은 사건에서 점화되었다. 1955
년 흑인 여성 재봉사 로자 파크스^{Rosa Parks, 1913~2005}는 백인 좌석 바로 뒤
에 버티고 앉아 있었다는 이유로 경찰에 체포되었다. 이 사건을 계기
로 킹 목사가 중심이 되어 시내버스에서의 흑인 차별에 반대하며 '버
스 안 타기 운동'이 시작되었다. 소위 '몽고메리 버스 보이콧 투쟁'이
라 불리는 버스 안 타기 운동은 결국 버스에서 '짐 크로 법'이 위헌이
라는 판결을 얻어냈다. 더 나아가 1963년 노예해방 100주년을 맞이

하여 워싱턴 D.C. 링컨기념관 앞에서 열린 평화행진으로 이어지면서 흑인 공민권운동은 정점에 도달했다. 여기서 킹 목사는 "나에겐 꿈이 있습니다."라는 구절로 유명한 명연설을 했다. 케네디 대통령이 암살 당하기 전에 제출했던 흑인차별 철폐를 위한 '공민권 법안'은 1964년 7월 존슨 대통령 때 의회를 통과하여 법률로 확정되었다.

마틴 루터 킹^{Martin Luther King Jr., 1929~1968} 목사가 노벨 평화상을 받았던 1964년이었다. 그해 코헛은 미국 정신분석학회 회장으로 활동을 시작했다. 바야흐로 자유와 평등에 대한 인권의식이 눈을 뜨던 시대에 코헛은 미국 정신분석학회 회장을 맡았다.

미국 정신분석학회 회장에 취임한 코헛은 프린스턴에서 열렸던 학술모임에서 안나 프로이트를 처음으로 만났다.

"제가 개인적으로 당신에게 편지를 쓸 수 있고, 당신이 제 이름을 보고 제 얼굴을 떠올릴 생각을 하니 기분이 설렙니다."

안나 프로이트와 만남 이후 그녀에게 보냈던 편지의 머리말에서 코헛이 이렇게 적었을 정도로 평생의 우상이었던 지그문트 프로이트의 친딸 안나 프로이트와 만남은 코헛에게 가슴 벅찬 사건이었다. 코헛은 이 편지에서 그녀에게 정신분석학은 일반 심리학적 기법이 아니라 정신분석 고유의 지식과 방법을 지켜야 할 것으로 생각한다고 썼다. 이에 대해서 안나 프로이트도 정신분석학을 일반 심리학의 틀에 끼워 맞추려는 많은 분석가들의 태도를 비판하면서 "왜들 그렇게 눈이 멀었을까요?"라고 답신했다. 정신분석학계에도 통계적 검증과 실험적 기법이 도입되고 있을 때였다. 이후 의기투합한 두 분석가는 친밀한 우정을 쌓기 시작했다.

"요즘 동네 사람들이 나를 잡으려고 쫓아오곤 한단다."

미국 정신분석학회 회장으로 빡빡한 일정 속에 어머니와 저녁식사를 함께했던 어느 날이었다. 어머니 엘스는 이렇게 불평하면서 불뚝성을 냈다. 일흔을 넘긴 이후 서서히 의심이 많아지던 어머니는 이제 병적인 편집증을 보였다. 주말 가족 모임을 마치고 코헛이 자리에서 일어서려고 하면 "내가 어제 꿈을 꾸었는데 말이야!" 하면서 바쁜 외동아들을 붙잡아 앉히기 일쑤였다. 칠순을 넘긴 어머니 엘스는 심리적으로 죽어가고 있었다. 어머니의 심리적 죽음은 코헛이 오랫동안 미심쩍게 여겨왔던 불안의 정체를 확인시켜 주었다.

'자기의 분석'을 시작하다

코헛이 소위 '치료적 정신분석'을 받던 때였다. 코헛은 자신의 분석가였던 루스 아이슬러에게 자신이 사춘기 시절 자위할 때마다 떠올렸던 성적 환상을 털어놓았다.

"자위하는 동안 저는 노예가 된 상상을 합니다. 늙수그레한 여인네의 성노리개로 팔려온 제 모습은 어릴 적 잠자리에서 어머니가 읽어주던 『톰 아저씨의 오두막』의 한 장면 같습니다. 그 늙은 여인은 저를 가축처럼, 물건처럼 취급합니다. 늙수그레한 여인네는 저를 성적으로 학대합니다. 이상하게도 이렇게 성적으로 학대를 당하는 장면을 떠올려야 흥분이 됩니다."

코헛의 성적 환상을 들은 루스 아이슬러는 이렇게 해석해 주었다.

"성적으로 학대를 당하는 환상은 두 가지 의미를 담고 있군요. 한 가지는 아버지가 전쟁터에 나간 사이에 어머니를 당신 혼자서 독차지했던 '오이디푸스적 승리'에서 유래하는 죄책감이고, 다른 한 가지는 남근이 없는 여성도 힘이 세기 때문에 자신이 돌아온 아버지에게 거세당하지 않도록 어머니가 지켜줄 것이라는 '거세 공포'이군요."

정신분석가 루스 아이슬러의 해석은 항상 '오이디푸스 갈등'과 '거세 공포'였다. 하지만 정작 코헛 자신은 자위를 할 때 죄책감이나 거세 공포를 느낀 적이 없었다. 더구나 자위를 통해서 즐거운 성적 쾌감을 경험했던 것도 아니었다. 전통 정신분석의 입장에서 보자면 흠잡을 데 없는 해석이었지만 코헛의 마음에 와 닿지 않았다. 이제 집착이 정신병으로 진행된 어머니를 보면서 코헛은 새삼 그 꿈속에 숨겨진 의미를 깨달았다.

어머니는 평생 외동아들에게 병적으로 집착했다. 코헛의 성장기는 어머니의 손아귀에서 벗어나려는 투쟁이었다. 하지만 어머니는 코헛에게 자유의 부스러기조차 허용하지 않았다. 마치 『톰 아저씨의 오두막』에 나오는 흑인 노예 톰 아저씨처럼 탈출은 불가능했다. 사춘기 시절에도 코헛은 방문조차 잠글 수 없었다. 주말이면 어머니는 사춘기 코헛을 무릎에 누이고 코헛의 이마에서 여드름을 짜냈다. 만일 짜낼 만한 여드름을 찾지 못한 날이면 심하게 짜증을 냈다. 그럴 때면 코헛은 속으로 『톰 아저씨의 오두막』에 나오는 "몸은 당신의 것인지 모르지만, 영혼은 아닙니다. 영혼은 하느님의 것입니다. 누구도 영혼을 살 수는 없습니다. 주인님이라도 나의 영혼에 상처를 입힐 수는 없습니다."라는 구절을 떠올리곤 했다. 어머니의 감시에서 벗어나는 유일한 자유시간은 잠자리에 홀로 누워 자위행위를 할 때뿐이었다.

자기성찰을 통해서 되돌아본 자위행위 환상은 숨 막히게 간섭하는 어머니 탓에 우울과 절망에 빠진 사춘기 청소년이 살아 있음을 확인하려는 몸부림이었다. 사춘기 코헛은 오직 자위행위를 할 때만 살아 있다는 사실을 확인할 수 있었다.

분석이 진행되면서 코헛은 어린 시절에 꾸었던 인상적인 꿈을 분석가

루스 아이슬러에게 말했다.

"어린 저는 집안에 있었어요. 삐그러진 문틈으로 아버지가 보였어요. 선물 꾸러미를 손에 든 아버지가 집안으로 들어오시려고 했어요. 저는 너무 놀라서 아버지가 들어오지 못하게 문을 닫으려고 했어요."

이 꿈을 들은 분석가 루스 아이슬러는 "어린 시절 어머니를 독차지하던 당신이 전쟁터에서 돌아온 아버지에게 어머니를 빼앗겼던 '오이디푸스 갈등'이 표현된 꿈이군요. 또한 그 바탕에는 아버지에게 보복을 당할까 두려워 문을 닫으려는 '거세 공포'가 자리 잡고 있네요."라고 해석했다.

하지만 코헛이 자기성찰을 통해서 바라본 '아버지 꿈'은 '오이디푸스 갈등'이나 '거세 공포'와 관련이 없었다. 선물 꾸러미를 든 아버지가 집안으로 들어오지 못하게 어린 코헛이 문을 닫았던 것은 어머니에 대한 두려움 때문이었다. 어머니는 외동아들에게 병적으로 집착했지만 무한한 애정도 함께 베풀었다. 하지만 그런 애정에는 다른 사람과 어떤 관계도 맺지 않는다는 단서가 붙어 있었다. 외도하는 아버지가 가져온 선물 꾸러미를 받는 순간 어머니의 애정은 일순간에 날아갈 것이 뻔했다. 어린 코헛은 아버지가 가져온 선물 꾸러미 속에 담긴 남성성과 강인함을 보고 흥분했지만, 어머니에게 버려지는 두려움이 더 컸던 탓에 문을 닫았던 것이다.

이렇게 코헛은 새로운 관점에서 자신의 경험에 대한 자기성찰을 시작했다. 공감 ^{자기성찰} 이라는 새로운 렌즈를 통해서 차근차근 자기분석을 해나갔다. 공감적 관점에서 자기분석을 하면서 얻어진 결론은 프로이트 이론에 기초하여 루스 아이슬러에게 받았던 분석과 완전히 달랐다. 그것은 곧 '자기의 분석'이었다.

'나르시시즘'

"우리 시대의 사회적 병리들 가운데 가장 결정적인 요소는 소위 '나르시시즘적 판타지'인 것 같네."

자기분석을 진행하던 코헛은 동료에게 이렇게 편지했다. 공감적 관점에서 바라본 무의식에는 현실적으로 결코 충족될 수 없는 나르시시즘적 욕구 탓에 '자기 자존감'에 상처를 입은 채 도저히 이루어질 수 없는 자신이 전능하다는 '과대성 판타지'나 부모가 이상적이라는 '이상화 판타지'에 매달리는 '비극적 인간'이 웅크리고 있었다. 이렇듯 현실에서 상처를 입고 '과대성 판타지'나 '이상화 판타지'에 집착하는 나르시시즘 자기 의 문제들을 다루는 심리학을 코헛은 '자기 심리학'이라고 불렀다.

'나르시시즘'은 본디 동성애의 심리를 설명하면서 프로이트가 정신분석으로 끌어들인 용어였다. 프로이트 이후 60년 이상 전통 정신분석학에서 '오이디푸스'라는 주인공에 가려진 채 조연에 그쳤던 '나르키소스'를 코헛은 현대 정신분석학의 주인공으로 발탁했다. 프로이트에 의해 정신분석에 데뷔하고, 코헛에 의해 주인공의 반열에 오른 '나르키소스'는 원래 로마 문학를 대표하는 시인 오비디우스^{Publius Ovidius Naso, 기원전 43–기원후 17 또는 18}의 『변신 이야기』에 나오는 인물이었다.

오비디우스는 『변신 이야기』를 쓰면서 이전에는 서로 연관되지 않았던 '나르키소스' 신화와 '에코' 신화를 비극적 사랑 이야기로 엮었다. 오비디우스 이후 두 신화는 불가분의 관계가 되었다. 오비디우스는 나르키소스의 어머니가 사랑스러운 아들의 운명을 묻기 위해 예언자를 찾는 장면으로 서사시를 시작했다.

'나르키소스'는 물의 요정 리리오페와 강의 신 케피소스 사이에서 태어난 아들이었다.

물의 요정 리리오페는 태어날 때부터 이미 사랑받을 수 있는 아들에게 '나르키소스'라는 이름을 붙였다. 나르키소스는 '마취시키는 자'라는 뜻이었다. 어머니 리리오페는 테베의 장님 예언자 티레시아스에게 물었다.

"이 아이가 노령이 될 때까지 살 수 있을까요?"

"그럴 것이오. 그가 자신을 알지 못한다면 말이오."

예언자 티레시아스는 이렇게 답했다.

나르키소스가 열여섯 살이 되자 소년 같기도 하고 청년 같기도 했다. 나르키소스는 '마취시키는 자'라는 이름처럼 보는 이마다 넋을 빼앗길 정도로 아름답고 사랑스러워서, 많은 청년들과 소녀들이 그를 열망했다. 하지만 누구도 나르키소스를 감동시키지 못했다. 나르키소스를 열망했던 이들 가운데 에코가 있었다. 그녀는 뛰어난 말재주를 과시하다가 유노 헤라 의 분노를 사서 '다른 사람이 한 말의 끝 부분만 되풀이하여 대꾸하는' 벌을 받은 요정이었다. 이때까지 에코는 목소리뿐만 아니라 육신도 있었다. 어느 날 나르키소스를 발견한 에코는 첫눈에 사랑에 빠져 그를 좇아다녔다. 나르키소스를 따라다닐수록 에코의 사랑은 더욱 불타올라서 마치 횃불 끝에 칠해 놓은 유황에 불이 옮아붙는 것과 같았다. 마침 친구들의 무리에서 떨어져 홀로 된 나르키소스가 소리쳤다.

"여기 누구 있어요?"

"있어요."

가장 짧은 말밖에 할 수 없었던 에코는 숲 속에서 이렇게 대꾸했다. 어리둥절해진 나르키소스는 다시 소리쳤다.

"여기서 우리 만나요."

"우리 만나요." 라틴어에서 '만나요'는 '섹스하자'라는 의미도 담고 있다.

반가운 마음에 에코는 이렇게 대답하면서 숲 속에서 달려나와 처음으로 모습을 드러냈다. 그리고 두 팔로 나르키소스의 목을 와락 껴안았다. 그때였다. 당황한 나르키소스는 도망치며 말했다.

"껴안은 손을 치우거라, 죽는 게 낫겠다. 나에 대한 권리를 너에게 넘기느니!"

"나에 대한 권리를 너에게 넘기느니."

에코는 이렇게 답하고는 거절당한 수치심에 동굴에 틀어박혔다. 에코는 실연의 고통으로 몸이 비참하게 마르기 시작했다. 진액은 모두 공기 속으로 사라졌고, 끝내 목소리만 남았다. 전하는 이야기에 따르면 뼈는 돌로 변했다고 한다.

이렇게 나르키소스가 에코를 비롯해서 다른 요정들과 남자친구들을 거절했던 탓에 무시당했던 어떤 자가 복수의 여신 람누시아 네메시스를 향해 기도했다.

"나르키소스도 그가 타인에게 주었던 것과 똑같은 고통을 겪게 해주소서!"

복수의 여신은 기도를 들어주었으니, 그것은 '욕망은 솟아나되, 결코 소유할 수 없는 좌절로 인해 시드는 것'이었다.

어느 날 사냥을 하다가 더위에 지친 나르키소스는 갈증을 식히려고 은빛 물이 반짝이는 맑은 샘을 찾았다. 물을 마시던 그는 물에 비친 아름다운 모습을 보았다. 물 속에는 아직 수염이 나지 않은 턱, 상아 같은 목, 우아한 얼굴, 눈처럼 흰 피부에 어울리는 홍조를 띤 누군가가 쌍둥이 별자리와 같은 눈망울로 대리석처럼 꼼짝 않고 있었다. 나르키소스는 샘에 비친 자신을 찬탄하고, 열망했다. 그는 헛되이 샘물에 입을 맞추고 거듭거듭 껴안으려 샘에 팔을 담갔다. 그는 아무 일도 못하고 물가에 누워 샘물에 비친 자신을 바라보며 시들어갔다.

"그는 바로 나야. 나는 나자신에 대한 사랑으로 불타고 있는 거야.

내가 사랑하는 것이 내게 없었으면 좋겠어. 내게 죽음은 아무렇지도 않아. 죽게 되면 나는 괴로움에서 벗어나게 될 테니까. 나는 사랑받는 그가 오래 살기를 원하지만, 이 하나의 숨이 끊어지면 우리는 둘 다 죽게 되겠지."

나르키소스는 사랑 때문에 시들어가면서 샘 속의 자신에게 마지막 말을 남겼다.

"잘 있어!"

그러자 나르키소스에 대한 화가 풀리지 않았던 에코도 가슴 아파하면서 말했다.

"잘 있어!"

나르키소스는 머리를 푸른 풀 위로 숙였다. 그는 저승으로 가는 길에도 스튁스의 물에 비친 자신의 모습을 보고 있었다. 나르키소스의 누이들인 물의 요정들이 장례를 치러 주려 시신을 찾았지만 시신은 어디에도 없었다. 그들은 시신 대신에 '수선화' 나르키소스 한 송이를 발견했다.

오비디우스(『변신 이야기』에서 나르키소스와 에코 편, 기원전 8)

프로이트는 1905년에 발표된 『성욕에 관한 세 편의 에세이』에서 "동성애자는 자기 자신을 성적인 대상으로 삼는 나르시시즘에서 출발하여 어머니가 그들을 사랑했듯이 그들과 닮은 대상을 사랑의 대상으로 찾습니다."라고 처음 '나르시시즘'에 대해 언급했다. 세월이 흘러 정신분석에 대한 경험이 쌓이면서 프로이트는 '나르시시즘'의 의미를 성도착이나 동성애로부터 일반적인 정신병리로 확장시켰다.

1914년에 발표한 「나르시시즘 서론」에서 프로이트는 오비디우스의 나르키소스 신화처럼 "자기 몸을 성적인 대상으로 바라보고, 어루만지며, 애무하여 성적 만족을 얻는 성도착 행위에 대해서 폴 내케[Paul Näcke, 독일정신과 의사, 1851~1913가 처음으로 '나르시시즘'이란 용어를 사용했습니다. 이어서 사제Isidor Sadger, 오스트리아 정신분석가, 1867~1942는 동성애자들에게서 이런 나르시시즘적 경향을 발견했습니다. 그런데 정신분석적 관찰을 해보면 여타 장애를 가진 많은 환자들에서도 이런 태도가 발견됩니다. 따라서 나르시시즘적 태도는 정상적인 성적 발달 과정의 일부이며 광범위하게 분포한다는 결론에 도달합니다."라고 말했다.

장장 35페이지에 길쳐 빼곡히 써내려간 「나르시시즘 서론」이라는 논문에서 프로이트는 '나르시시즘'에 대해 다음과 같이 주장했다.

"생애 초기에 성적 에너지 리비도는 자아 자기에 집중됩니다. 자아가 아직 분화되지 않은 정신상태에서 성적 에너지가 집중되면 자기 엄지손가락을 빨면서 쾌락을 느끼는 것처럼 몸으로 성적 만족을 추구합니다. 이를 '자체성애'라고 부릅니다. 즉, 자체성애의 단계에서 정신은 발달하기 시작하는 것입니다."

프로이트는 이런 상태를 '일차적 나르시시즘'이라 불렀다. 이후 리비도가 차츰 밖으로 향하면서 외부 대상을 사랑하는 상태로 발달한다. 하지만 일단 대상을 향해 나아갔던 리비도가 다시 자아 속으로 후퇴할 수도 있는데, 이런 상황에 대해서 '이차적 나르시시즘'이라는 이름을 붙였다. 마치 아메바가 위족을 내밀었다 끌어당기듯이 대상을 향해 나아갔던 리비도가 어떤 계기로 다시 자아 자기로 되돌아올 수도 있다는 가설이었다. 프로이트는 정신분열 현상이나 건강염려증을 대표적인 '이차적 나르시시즘' 상태로 꼽았다. 이런 상태에서는 외부 세계에 대한 관심이 사라지기 때문에 치료 과정에서 전이가 중요한 역할을 하는 정신분석은 불가능하다는 결론에 도달했다.

여기서 프로이트는 아동의 '일차적 나르시시즘'은 직접 관찰하기는 힘들다고 지적했다. 그래서 그는 오비디우스의 나르키소스 신화를

'일차적 나르시시즘'의 전형으로 삼았다. 그는 또한 '아이를 대하는 부모의 태도'에서 일차적 나르시시즘을 미뤄 짐작할 수 있다고도 주장했다. 즉, '태어날 때부터 이미 사랑받을 수 있는' 아들의 장래에 대해 궁금해했던 어머니 리리오페처럼 자식에게 애정을 쏟아붓는 부모의 태도 속에는 오랫동안 버려졌던 부모 자신의 나르시시즘이 부활하면서 재생산되는 측면이 있다는 것이다. 그래서 부모는 남들에겐 빤히 보이는 자식의 단점들을 잊은 채 모든 완벽한 것들을 자식에게 갖다 붙이는 태도를 보이며, 이것이 곧 부모가 폐기시켰던 일차적 나르시시즘의 잔재라고 주장했다.

아울러 프로이트는 나르시시즘과 자존감의 관계에 대해 설명했다. 그는 자존감을 자아의 크기가 표현된 것이라고 정의하면서, 자존감은 자아에 투여되는 리비도에 특히 의존한다고 말했다. 자존감은 어떤 것을 소유하거나 성취하는 경험을 통해서 원초적 전능감의 잔재를 확인했을 때 높아진다고 하면서, '나르시시즘적 사랑'을 예로 들었다. 사랑을 선택하는 기준 가운데 과거의 자신이 가졌던, 현재의 자신이 갖고 있는, 혹은 미래의 자신이 가지고 싶은 어떤 특성을 가진 이에게 사랑을 느끼는 것을 프로이트는 '나르시시즘적 사랑 선택'이라고 불렀다. '나르시시즘적 사랑 선택'의 목적은 오로지 사랑을 받는 것이며, 따라서 사랑하는 일이 기다림이나 상실감을 가져오면 자존감이 낮아지지만, 사랑을 얻거나 사랑하는 이로부터 반응을 얻으면 다시 자존감이 높아진다고 설명했다.

"아동의 원초적 나르시시즘을 건드리는 방해물들, 그런 방해물들에 대한 아동의 반응, 그래서 아동이 선택할 수밖에 없었던 발달 경로는 향후 분석가들이 탐구해야 할 중요한 주제입니다."

프로이트는 『나르시시즘 서론』의 말미에서 이렇게 미래에 연구해야 할 과제를 제시했다. 나르시시즘에 대한 코헛의 작업은 바로 이 구절에서 비롯되었다.

프로이트가 「나르시시즘 서론」을 발표한 지 반세기가 지난 1965년이었다. 그해 12월 3일은 프로이트의 딸 안나의 칠순이었다. 커트 아이슬러가 그녀의 고희 기념사업 모금을 시작했고, 당시 미국 정신분석학회 회장으로 있었던 코헛은 모금을 적극적으로 도왔다. 그해 가을에는 코헛의 노력이 결실을 맺어 시카고 대학에서 안나 프로이트에게 명예박사학위를 수여하기로 결정했다. 코헛은 명예박사학위 수여를 축하하는 편지를 안나 프로이트에게 쓰면서 「나르시시즘의 형태와 변형」이라는 자신의 논문 초고를 함께 보냈다. 안나 프로이트는 "최근에 내가 읽어 본 논문들 가운데 가장 멋진 정신분석 논문이었습니다. 나르시시즘의 형태와 변형에 대한 당신의 관점은 정신분석적 전통을 매우 잘 지키고 있더군요."라고 답신했다.

안나 프로이트의 생일을 이틀 지난 12월 5일이었다. 미국 정신분석학회 회장직을 무사히 끝마친 코헛은 뉴욕에서 열린 가을 학술모임에서 전직 회장으로서 일요 아침 특강을 했다. 특강의 제목은 이전에 안나 프로이트에게 초고를 보냈던 『나르시시즘의 형태와 변형』이었다. 코헛은 특강을 이렇게 시작했다.

"나르시시즘이 추악하며 병적이라고 보는 경향이 있습니다. 이런 부정적인 편견은 나르시시즘을 대상 사랑과 비교하기 때문에 생깁니다. 자신을 사랑하는 자신에게 리비도를 투여하는 나르시시즘은 타인을 사랑하는 외부 대상에게 리비도를 투여하는 대상 사랑에 비해 원초적이며 부적응적 행태라는 식의 비교 말입니다. 하지만 그런 비교에는 나르시시즘이 지닌 발달적 위상이나 적응적 가치에 대한 객관적인 평가가 빠져 있습니다. 그것은 서구사회의 이타적 가치를 아무 곳에나 강요한 결과입니다. 이유가 무엇이건 간에 나르시시즘보다 대상 사랑이 좋다는 편견은 치료 효과를 떨어뜨립니다. 치료자가 환자의 나르시시즘을 변형시키기보다는 대상 사랑으로 바꾸도록 유도하기 때문입니다.”

코헛은 특강에서 아기의 나르시시즘이 모두 바깥세상을 향한 대상 사랑으로 바뀌는 것이 아니고, 일부는 나름의 독특한 형태를 가지고 변형되는 발달 과정을 거친다고 주장했다. 즉, 프로이트가 ‘나르시시즘’을 성도착과 동성애 단계를 거쳐 대상 사랑으로 향하는 정규적 발달과정으로 확장시켰다면, 코헛은 ‘나르시시즘’ 고유의 정당한 발달과정을 되찾아 주었다. 나르시시즘의 발달과정에 대해서 코헛은 이렇게 설명했다.

아기는 일차적 나르시시즘 상태, 즉 자체성애 단계에서 아주 행복한 경험을 한다. 하지만 세상 어떤 엄마도 아기의 나르시시즘적 욕구를 완벽하게 맞춰줄 수 없다. 엄마가 완벽하게 돌봐주지 못했을 때 아기는 잃어버린 행복을 회복하기 위해서 두 가지의 ‘나르시시즘적’혹은 자기애적으로 판타지를 창조한다.

첫째는 ‘나르시시즘적 자기’ 안나 프로이트와 토론을 거쳐서 1968년부터는 ‘과대 자기’로 이름을 바꿨다 라고 부르는 판타지이다. ‘나르시시즘적 자기’는 자신이 완전하고 유쾌하며 좋은 성질만 가졌다는 완벽한 자기상에 대한 판타지이다.

둘째는 ‘이상화된 부모 원상’에 대한 판타지이다. 이것은 완벽함과 전능함을 가진 부모상에 대한 판타지이다. 이런 나르시시즘적 과대 자기와 이상화된 부모 원상의 판타지는 ‘초기 집합체’라는 아주 원시적인 자기를 형성한다.

‘나르시시즘적 자기’와 ‘이상화된 부모 원상’에 대한 원초적인 판타지는 프로이트가 『애도와 멜랑코리아』에서 설명했던 ‘내재화’ 과정을 통해서 점점 발달한다. 즉, 아이는 엄마를 비롯한 다른 사람들이 자신을 향해 감탄해 주기를 갈망하지만 불가피한 실망이 반복되면서 '과대성'은 현실-지향적 자아로 통합되어 '야망'을 형성한다. 마찬가지로 전능하다고 믿었던 부모에 대한 실망이 반복되면 부모에게 투사되었던 '이상화'는 '내재화'되어 '자아 이상'에 통합된다.

즉, '초기 집합체'라는 엉성한 자기를 구성하는 두 가지 판타지 '나르시시즘적 자기'와 '이상화된 부모 원상'은 불가피하지만 적절한 좌절을 여러 차례 경험하면서 이제 시간이 흘러도 지속성을 갖는 '핵심 자기'로 변화한다. 그리고 계속되는 적절한 좌절을 통해서 현실-지향적인 '야망'과 미래 지향적인 '자아 이상'을 갖추면 마지막 단계인 '응집 자기'가 만들어진다.

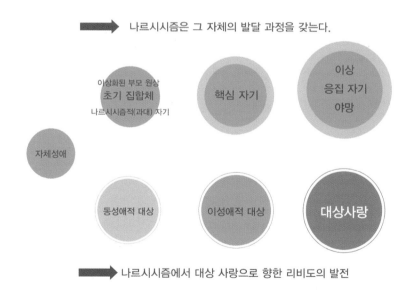

코헛은 인간을 '이상에 이끌리지만, 야망에 떠밀려 살아가는 존재'로 규정했다. 그리고 삐뚤어진 나르시시즘이 가져오는 불행한 결

과를 이렇게 설명했다.

"강건한 '이상' 없이 그저 '야망'에 휘둘리는 과시적인 사람들은 별 것 아닌 일에도 쉽사리 수치심을 느낍니다. 과시적인 목적에서 야망을 쫓다가 좌절의 고통을 겪으면 처음에는 타는 듯한 수치심을 느끼고, 이후 성공한 라이벌들과 자신을 비교하면서 강렬한 시기심에 사로잡힙니다. 수치심과 시기심은 끝내 자기-파괴적인 충동들을 낳습니다."

크리스마스 장식이 요란하게 번쩍거리는 뉴욕에서 1965년 12월 5일 코헛이 전직 미국 정신분석학회 회장으로서 일요 아침 특강을 했던 내용을 정리하여 이듬해에 미국 정신분석학회 잡지에 『나르시시즘의 형태와 변형』이란 제목으로 발표했다.

"아동이 엄마를 동일시하는 과정은 자기를 확장시키는 첫 단계입니다. 마찬가지로 아동이 엄마에 대해서 공감하는 과정은 어른이 되어 공감하는 능력을 길러줍니다. 이것은 훗날 다른 사람의 내면 체험이 자신과 유사하다는 것을 깨닫게 해줍니다. 즉, 공감은 엄마를 비롯해서 세계가 자신의 확장이란 생각에서 출발하며, 공감을 통해서 사람들은 서로에 대한 심리적 정보를 수집합니다."

1966년에 발표한 『나르시시즘의 형태와 변형』에서 코헛은 이렇게 '공감'에 대해 다시 한 번 설명했다. 그리고 나르시시즘은 단순히 대상 사랑으로 바뀌는 전구체가 아니라 독자적인 발달과정을 갖는 심리적 구조라고 주장했다. 여기에서 코헛은 나르시시즘이 종국에는 '공감', '창의성', '덧없음에 대한 받아들임', '유머', '지혜'라는 특성으로 변형된다고 주장했다.

『나르시시즘의 형태와 변형』을 발표한 지 두 해가 지난 1968년에 코헛은 나르시시즘에 대한 새로운 시각을 바탕으로 '나르시시즘의 장애'에 대한 치료법을 설명한『자기애적 인격장애의 정신분석적 치료-

체계적 접근의 개요』라는 긴 제목의 논문을 발표했다. 이 논문에서 코헛은 감당할 수 없는 공감의 결핍 탓에 자기 나르시시즘 의 발달이 멈춰버린 상태를 '자기애적 인격장애'라고 불렀다. 그렇게 현대 심리치료에서 주목받는 '자기애적 인격장애'라는 용어가 처음으로 정신분석학계에 등장했다.

'어머니의 죽음과 낡은 자명종 시계'

어머니 엘스의 편집증이 심해지면서 건강도 함께 악화되어 1970년에 요양시설로 모셨다. 어머니 엘스는 치료진에게도 엉뚱한 의심을 일삼아서 요양시설에서 분란을 일으키곤 했다. 코헛은 어머니가 편집증이 있으니 이해해달라고 치료진에게 여러 차례 양해를 구해야만 했다. 또 엘스는 시도 때도 없이 아들 코헛에게 전화를 걸어대서 학생 교육을 하던 코헛을 곤란에 빠뜨리기도 했다. 하지만 이제 코헛은 어머니 엘스의 편집증을 한 걸음 떨어져서 바라볼 수 있었다. 어머니 엘스에 대한 간병의 짐을 덜은 코헛은 그해 가을 베를린 정신분석연구소 창립 50주년 기념 강연을 위해 독일로 여행할 수 있었다.

"이 시계를 절대로 네 외삼촌에게 빼앗겨서는 안 된다!"

요양시설로 어머니를 모신 지 두 해가 지난 1972년 10월이었다. 어머니는 비엔나에서 가져온 낡은 자명종 시계를 코헛에게 건네며 당부했다. 외삼촌은 이미 오래전에 돌아가신 상태였다. 이런 엉뚱한 유언을 남기고 어머니는 코헛의 곁을 영원히 떠났다. 어머니는 돌아가시기 전에 신부님의 종부성사를 받고, 가톨릭 장례절차에 따라 장례가 치러졌다. 어머니를 잃어버린 상처로 멍해진 코헛은 눈물조차 제대로 흘릴 수 없었다. 하지만 그제야 코헛은 평생 자신에게 집착하던 어머니를 가슴에 묻고 진정한 독립을 이룰 수 있었다.

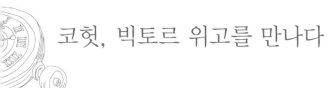

코헛, 빅토르 위고를 만나다

"죽는 것은 아무것도 아닙니다.
정작 무서운 것은 살아 있지 않다는 것입니다."
빅토르 위고(『레 미제라블』)

"오랫동안 사용해 온 낡은 자명종 시계가 있었습니다. 어느 날 시계가 멈춰서 시계방에 수리를 맡기려 했지만 하나같이 너무 낡은 기계식 시계라서 고칠 수 없다고들 말했습니다.

'자명종 시계 수리합니다.'

어느 날 길을 걷다가 이런 간판을 내건 철물점을 보았습니다. 며칠 후 나는 고장 난 자명종 시계를 챙겨 그 철물점으로 갔습니다. 그리고 철물점 주인에게 고장 난 시계를 내밀었습니다. 내 시계를 받아든 철물점 주인은 선뜻 '내일 오세요.'라고 말했습니다. 그리고 수리비는 단돈 2달러라고 덧붙였습니다. 다음 날 나는 시계를 찾으러 갔습니다. 시계는 째깍째깍 소리를 내며 멀쩡하게 움직였습니다. 나는 흔쾌히 2달러를 냈습니다. 자명종 시계를 받아서 철물점을 나서던 나는 호기심이 발동해서 주인에게 물었습니다.

'모두가 낡은 기계식 시계는 고칠 수 없다고 말하던데, 당신은 어떻게 고칠 수 있었죠?'

영업비밀이라며 잠시 멈칫하던 철물점 주인은 수수께끼의 정답이라도 알려주듯 자랑스럽게 말했습니다.

'실은 저는 시세에 대해 아무것도 모릅니다. 그저 멈춰선 기계식 시계가 다시 움직이도록 도와줄 뿐이지요. 이런 시계가 멈추는 것은 대부분 세상의 때와 먼지 탓입니다. 시계가 세상에서 돌아가다 보면 하루하루 톱니에 때가 끼고 먼지가 쌓여서 결국 톱니바퀴가 함께 맞물리지 못합니다. 저는 손님들에게 낡은 시계를 받아서 그저 밤새 톱니에 끼어 있는 때와 먼지를 털어내고 기름칠을 합니다. 그래서 시계가 다시 살아나면 저는 2달러를 받습니다. 가끔은 영원히 죽어버린 경우도 있지요. 그러면 안타깝지만 저로서도 어떻게 해볼 도리가 없다고 말씀 드리고 시계를 돌려드립니다. 물론 2달러도 받지 않지요.'

1970년 10월 베를린 자유 대학의 강당이었다. 베를린 정신분석 연구소의 창립 50주년을 기념하는 학술대회에서 코헛은 철물점 일화로 강연을 시작했다. 국제 정신분석학회 부회장이었던 코헛은 "이것이 심리치료의 효과를 이야기할 때 제 머릿속에 떠오르는 일화입니다. 정신분석에 대해 제대로 알지 못하면서도 정신분석의 기법이나 통찰을 그럴듯하게 떠벌리는 심리치료사들보다는 밤새 톱니에 끼어 있는 때와 먼지를 털어내고 기름칠을 해서 시계를 되살렸던 철물점 주인이 자신이 무슨 일을 하고 있는지 더욱 정확히 알고 있으며, 성공률도 더 높을 것입니다."라는 설명을 덧붙였다. 이어서 코헛은 정신분석에서 분석가의 진정한 역할을 설명했다.

"부모나 선생님에게 진정한 관심을 받지 못한 아이는 자신감을 키우지 못합니다. 무차별한 잔소리와 잔인한 비난 속에 자라난 환자는 자신이 얼마나 소중한 사람인지 확신하지 못합니다. 마음속에 잔뜩 주눅든 아이가 숨어있는 환자는 그저 치료자의 헌신적인 관심만으로도 더할 나위 없이 생기가 회복됩니다. 그렇기 때문에 환자가 이야기를 털어놓을 때 치료자가 그저 묵묵히 듣거나 그 이야기에 공감만 해 주어도 놀라울 정도로 증상이 호전되거나 심적 고통이 줄어들 수 있습니다.

하지만 분석가는 환자를 이해하기 위해서 듣습니다. 그리고 분석가는 자신이 이해한 바를 환자에게 설명해 줍니다. 그러면 환자는 자신을 이해합니다. 자신이 왜 그렇게 생각했고, 왜 그렇게 느꼈고, 왜 그렇게 힘들었고, 왜 그렇게 주눅이 들었는지 깨달았을 때, 환자는 자신의 감정과 행동을 보다 잘 조절할 수 있게 됩니다. 그러면 환자는 진정한 선택을 할 수 있습니다.

이제 환자는 단지 정신과적 증상이 호전되거나 심적 고통이 줄어드는 효과를 넘어서서 자신의 마음에 묻혀 있었던 창의성과 진취성의 씨앗을 꽃피울 수 있습니다. 그러므로 마음을 탐구하는 과학으로서 정신분석과 마음을 치유하는 심리치료로서 정신분석은 불가분의 관계라고 할 수 있습니다."

프로이트와 아인슈타인의 책이 불태워졌던 나치의 본거지 베를린에서 유태인 코헛은 정신분석의 새로운 관점에 대해 강의했다. 이어서 코헛은 유창한 독일어로 하루가 다르게 급변하는 세상에서 더디고 사치스러운 치료라는 비판을 받던 정신분석이 나아갈 방향을 다음과 같이 역설했다.

"정신분석은 젊은 학문입니다. 환자가 겪는 변화무쌍한 심리적 경험들을 공감적 입장에서 들여다보고, 환자가 털어놓는 이야기들을 마음에 대한 이론의 틀에 맞추어 설명하는 정신분석은 과학의 역사에서 혁명적인 진보입니다. 1895년 최초의 정신분석학 저서였던 브로이어와 프로이트의『히스테리 연구』가 출판된 지 이미 백 년 가까이 지났으니 이제 모든 기법들이 최종 단계에 이르렀다고 단정 짓고 그저 앞선 개척가들이 만들어낸 이론에 대한 확증 작업과 분류 작업만 하자는 분석가도 있습니다. 하지만 정신분석이 개척해나가야 할 영역은 아직 넓습니다. 정신분석은 여전히 젊은 학문입니다."

"정신분석이 오늘 날에도 적절한가?"

이것이 베를린 정신분석연구소 창립 50주년 기념 학술대회에서 코헛이 강연했던 주제였다. 심리치료 전문가들뿐만 아니라 학생과 일반인을 대상으로 이루어진 강연에서 코헛은 의식을 확장시킴으로써 자기-조절과 창조성을 발휘하도록 돕는 정신분석의 목표를 달성하기 위해서는 분석가의 노력뿐만 아니라 사회의 이해와 지지가 필요하다는 당부로 강연을 마무리했다.

『자기의 분석』

1971년 1월 페미니즘 의상개혁의 선구자였던 샤넬이 사망했다는 부고기사가 신문에 실렸다. 그해 코헛은 자신의 첫 번째 책『자기의 분석』을 출간했다. 두 차례 세계대전을 치르면서 코르셋을 벗어 던지고 일터로 나왔던 여성들은 더 이상 코르셋을 입지 않았다. 남녀평등과 자유연애 사상을 표현한 샤넬룩이 현대여성의 심벌로 확고하게 자리 잡았다. 이제 베르다 파펜하임이나 이다 바우어처럼 코르셋으로 몸통을 조인 채 히스테리 증상 때문에 카우치에 눕는 여성 환자는 거의 없었다. 대신에 급격히 변화하는 세상에서 살아남느라 자존감에 상처를 입은 환자들이 카우치를 찾았다. 코헛은 자신의 카우치에 누운 환자들이 겪는 심리적 장애를 '자기'의 문제, 즉 '자기의 장애'라는 관점에서 새롭게 바라보았다. 그 첫 번째 성과물이『자기의 분석』이었다.

『자기의 분석』에서 코헛이 이야기하는 '자기^{the}'는 경험의 중심이었다. 코헛은 '자기'를 이렇게 설명했다.

"그저 정신이 존재하는 곳이 '자기'입니다. '자기'는 영속성과 에너지를 가진 '경험의 중심'입니다. 영속성과 에너지를 가진 경험의 중심인 '자기'가 온전히 유지되려면 '자기-대상'이 반드시 필요합니다."

새로운 용어인 '자기-대상'을 설명하기 위해서 코헛은 불가피하게 아이의 양육자 즉, 어머니 를 일컫는 고전 정신분석학 용어인 '대상'에서 이름을 빌려 왔다. 하지만 외부에 존재하는 타인으로 인식되는 '대상'과 달리 '자기-대상'은 자기로부터 분리되거나 독립된 존재로 경험하지 않는 대상이었다. 마치 팔다리처럼 자기의 일부로 여겨지는 대상을 코헛은 '자기-대상'이라고 불렀다. '자기-대상'은 마음을 안심시키고, 긴장을 누그러뜨리며, 적응력을 높여주는 기능을 제공한다.

"너는 누구니?"

눈을 감고 나지막하게 물으면, 저 깊은 곳에 "이게 나야!"라고 대답하는 존재가 있다. 볼 수도, 만질 수도, 들을 수도, 냄새를 맡을 수도 없지만 스스로 들여다보았을 때 만날 수 있는 경험의 덩어리를 코헛은 '자기'라고 불렀다. '자기'는 그저 나름의 응집력과 시간적 연속성을 가진 '심리적 경험의 주체'였다.

"너희는 나의 일부분이야."

지휘자가 속으로 이렇게 되뇌며 손짓을 하면 선율이 일어난다. 파도치는 현악 파트의 멜로디 라인에 관악 파트가 다채로운 빛깔을 불어넣으면, 타악 파트는 박동하는 생명력을 북돋운다. 지휘자에게 자신의 손끝에 반응해주는 연주자들이 필요하듯이 '자기'에겐 자신이 원하는 바에 반응해주는 '자기-대상'들이 필요하다. 오케스트라의 지휘자처럼 '자기'는 온갖 '자기-대상'들을 지휘하여 자존감을 유지하고 창의성과 재능을 발휘한다. 지휘자가 교향곡을 온전히 연주하기 위해서는 현악 파트, 관악 파트, 그리고 타악 파트가 골고루 필요하듯이 '자기'가 온전하게 유지되기 위해서는 자신을 동경해 주고 자신의 주장에 동의해 주는 '거울 자기-대상', 자신이 동경할 수 있고 동의할 수 있는 '이상화 자기-대상', 그리고 자신과 동질감을 느낄 수 있는 '쌍둥이 자기-대상'이 필요하다. 그리고 이런 '자기-대상에 대한 욕구'가 적절하게 좌절되었을 때 원래 '자기-대상'이 지녔던 특성들이 해체되고, 탈개인화되면서 심리구조의 일부를 형성하는 '변형적 내재화'라는 심리적 과정을 통해서 '자기'가 발달한다. 자기에 대한 코헛의 생각은 이렇게 발전되었다.

1923년 프로이트가 『자아와 이드』를 출간한 이후 정신분석학은 '자아', '초자아', '이드'라는 심리적 구조물에 갇혀 있었다. 분석가들은 실제로 존재하지 않는 구조물 사이에서 벌어지는 실제로는 존재하지 않는 상호관계를 밝히는 데 몰두했다. 격변하는 세상에서 벌어지는 심리적 상황을 가상의 심리적 발명품 '자아와 이드'의 틀에 가두는 과정에서 정신분석은 점점 환자들이 실제로 겪는 경험에서 멀어져 갔다. 코헛은 직접적인 경험에 가까운 정신 내용을 지칭하는 '자기'라는 개념을 통해서 실제 경험에 가까운 이론을 만들고자 했다.

『자기의 분석』은 1957년의 '공감 대리적 자기성찰'에 대한 주장과

1966년의『나르시시즘의 형태와 변형』에 대한 주장을 통합시킨 성과물이었다. 또한 1968년에 발표했던『자기애적 인격장애의 정신분석적 치료』라는 논문을 보다 발전시킨 단행본이었다. 그래서 코헛은 자신의 첫 번째 저서『자기의 분석』에『자기애적 인격장애의 정신분석적 치료에 대한 체계적 접근』이라는 긴 부제목을 달았다.

코헛이 런던에 있는 안나 프로이트에게『자기의 분석』초고를 보냈을 때, 그녀는 다소 애매하기는 했지만 격려하는 답신을 보냈다.『자기의 분석』을 출간한 이후에도 커트 아이슬러와의 친분은 지속되었다. 하지만 절친한 동료들 사이에 코헛의 책『자기의 분석』은 일종의 금기로 여겨졌다.

"암 같네요. 엑스레이 사진상 비장이 많이 커졌어요. 정밀검사를 해야겠네요."

"여보게 인턴 선생, 어찌 그리 경솔하게 말하나!"

『자기의 분석』을 출간한 지 얼마 지나지 않은 1971년 초여름이었다. 정기 건강검진을 받던 코헛은 담당 인턴 의사에게 짜증을 냈다. 환자가 느끼는 두려움에 대해 전혀 공감적이지 못한 태도로 별거 아니라는 듯 '암'이라는 말을 툭 내뱉는 인턴 의사에게 실망했기 때문이었다. 담당 의사는 시급히 정밀 검사를 받아야 한다고 권했지만 코헛은 검사를 미룬 채 국제 정신분석학회에 참가했다. 1930년대 이후 처음으로 비엔나에서 열리는 국제 정신분석학회였다. 코헛은 그곳에서 안나 프로이트를 다시 만났다. 이때가 아니면 고향 비엔나를 다시는 볼 수 없을 것이라고 코헛은 직감했다.

미국으로 돌아온 코헛은 캘리포니아에서 휴가를 마친 후 9월이 되어서야 시카고로 돌아와 정밀검사를 받았다. 최종 진단은 결국 악성 림프종이었다. 이제 막 자신의 주장을 펼치기 시작했는데 죽음은 코헛의 등 뒤로 바짝 다가와 있었다. 이후 코헛은 악성 림프종이 서서히 진행되면서 면역계가 약해져서 쉽사리 감기를 앓곤 했다. 병약해진 모습을 수치스럽게 여긴 코헛은 어떻게든 병을 감추고 싶어 했다. 그래서 안나 프로이트와 몇몇 지인들 외에는 자신이 암에 걸렸다는 사실을 일절 알리지 않았다.

『자기의 분석』에 대한 학계의 반응은 극명하게 엇갈렸다. 코헛은 자신의 이론이 프로이트 이론에서 발달되는 과정이며, 또한 자신의 이론은 프로이트 이론에 대한 추가물이지 대체물이 아니라고 주장했다. 하지만 미국 정신분석학회의 오랜 친구들은 점차 등을 돌렸다. 나르시시즘이 그 자체의 발달 경로를 갖는다는 코헛의 제안을 오이디푸스 중심적 사고에 대한 도전으로 받아들였기 때문이었다. 반면에 코헛의 환갑을 기념하여 1973년 유월에 시카고 쉐라톤 호텔에서 열렸던 최초의 자기 심리학 학술대회에는 미국 전역에서 600여 명이나 참가했고, 그해 말에는 일 년 전부터 방문 교수로 있었던 신시내티 대학에서 명예박사학위를 받았다.

"심리학은 이미 돌이키기 어려울 만큼 비인간적이 되어버렸습니다. 비인간적인 심리학을 살아 숨 쉬며 감정을 가진 인간의 마음을 탐구하는 영역으로 되돌리는데 '공감'이 꼭 필요합니다. 뿐만 아니라 점점 비인간적인 세태로 치닫는 세상에서 인간미를 유지하기 위해서도 '공감'은 반드시 필요합니다."

1973년 11월 16일 신시내티 대학에서 명예박사학위를 받는 강연에서 코헛은 이렇게 이야기를 꺼냈다. 그리고 훈련된 관찰자인 정신분석가가 어떻게 전문적이고 과학적으로 공감을 이용하는지 사례를 들어 설명했다.

"외로운 한 남자가 있었습니다.

그 남자는 자신이 다른 사람들과 근본적으로 다르다는 생각에 괴로움을 겪고 있었습니다. 분석가는 그 남자의 과거와 현재에 대해 이해하는 작업을 시작했습니다. 그 남자는 도저히 예측이 안 될 만큼 괴팍하면서 융통성이라곤 찾아볼 수 없는 어머니 밑에서 자랐습니다. 그 남자가 어머니에게 느꼈던 좌절감에 대해 분석가는 공감했습니다. 아버지는 인간적이었지만 나약하고 비겁해서 그 남자를 지켜주지 못했습니다. 그 남자가 나약하고 비겁한 아버지 때문에 겪었던 상실감에 대해 분석가는 공감했습니다. 분석가가 이런 감정들에 공감했을 때, 그 남자는 분석가에 대한 의심의 눈초리를 거두었습니다. 그리고 보다 솔직한 자신의 모습을 드러냈습니다.

그때였습니다. 그 남자가 자신이 저질렀던 잔인한 악행에 대해 스스럼없이 털어놓았던 것은. 어린 시절 그 남자는 강아지를 키웠습니다. 그 남자는 강아지를 친구처럼 더없이 따뜻이 대하다가도 어느 순간, 까닭 없이 돌변하여 무자비하게 강아지를 때렸습니다. 어떤 녀석에겐 부상을 입혔고, 심지어 어떤 녀석은 때려 죽였습니다. 그 남자가 어린 시절 저질렀던 잔혹한 악행 이야기를 듣는 동안에 분석가는 공감적 자세를 유지하는 것이 매우 힘겨웠습니다.

그 남자의 현재는 더욱 끔찍했습니다. 요즘 그 남자는 고양이를 애지중지 키우고 있었습니다. 평소에 고양이를 끔찍이 사랑하던 그 남자는 일순간 표변하여 고양이의 목덜미를 잡아채서 벽에 내동댕이 쳤습니다. 어떤 녀석은 뼈가 부러졌고, 어떤 녀석은 죽어나갔습니다. 이 이야기를 듣는 동안 분석가는 그 남자가 저지른 악행에 대한 분노와 비난이 목젖까지 차올랐습니다. 하지만 분석가는 분노하거나 비난하는 대신에 환자의 행동이 갖는 의미를 파악하려고 애썼습니다.

'그 남자는 분석가를 겁주려는 것일까?'

'그 남자는 분석가에게서 느껴지는 애정이 두려워서 자신을 도저히 이해해줄 수 없는 형편없는 놈으로 만들려는 것일까?'

'그 남자는 누군가를 향한 증오를 상징적인 방식으로 표출했던 것일까?'

공감은 마침내 그의 잔인한 행동을 이해할 수 있도록 이끌었습니다. 마지막 해석은 과녁에 가까웠지만, 나머지 해석은 과녁에서 한참이나 벗어난 것이었습니다.

어린 시절 어머니 밑에서 겪었던 도무지 이해할 수 없는 감정이 마음 깊은 곳에서 솟구칠 때마다 그 남자는 애완동물에게 잔인한 행동을 저질렀던 것이었습니다. 어린 시절 그 남자는 어머니로부터 내팽개쳐지는 느낌을 받았습니다. 그것은 그 남자가 동물에게 저지른 악행과 똑같았습니다. 마치 그 남자가 고양이를 대하듯, 어머니는 평소에 그 남자를 끔찍이 예뻐했습니다. 그리고 그 남자가 어머니에게 일말의 기대감이나 희망을 가질 즈음이면 어머니는 괴팍한 행동으로 그 남자의 마음에 치명적인 상처를 입혔습니다.

'이리와! 나는 너에게 상처를 주려는 게 아니야!'

뼈를 부러뜨릴 막대기와 돌멩이를 손에 들고서 어머니는 이렇게 천연덕스레 이야기했습니다.

분석가가 공감적 자세로 다가갔을 때 환자는 세상을 향해 쌓아놓았던 의심의 벽을 허물었습니다. 하지만 세상을 향해 쌓아 놓았던 의심의 벽을 허물자 그 안에 감추어놓았던 끔찍한 상처와 추악한 악행이 드러났습니다. 분석가는 이런 저런 시험적 해석을 통해서 공감의 끈을 이어나갔습니다. 마침내 환자는 자신조차 알 수 없었던 괴팍하고 잔인한 행동의 근본적인 이유를 찾아냈고, 그 행동을 고칠 수 있었습니다."

코헛은 이렇게 심리치료에서 '공감'의 중요성을 다시 한 번 역설했다. 그리고 '공감'이 갖는 세 가지 의미를 다음과 같이 설명했다.

공감 그 첫 번째 의미, 마음을 읽는 도구.

코헛이 이야기했던 공감의 첫 번째 의미는 마음을 읽는 도구였다. 그는 심리치료자에게 공감이란 천문학자의 망원경이나, 미생물학자의 현미경과 다를 바가 없다고 생각했다. 다른 사람의 마음을 들여다보기 위해서는 그 사람의 입장에서 바라보는 공감이 필수적이라는 의미였다. 치료자의 고정관념에 맞춰서 환자의 마음을 설명하는 것은 맨눈으로 띠를 두른 토성을 관찰했다고 떠들거나, 맨눈으로 포도송이처럼 자라는 포도상구균을 확인했다고 우기는 것과 다를 바가 없다고 믿었다.

공감 그 두 번째 의미, 마음과 마음을 잇는 매듭.

공감의 두 번째 의미는 마음과 마음을 이어주는 매듭이었다. 마음과 마음을 이어서 매듭을 짓는 작업을 심리학에서는 '주파수 맞추기'라고 부른다. 둥그런 바퀴를 돌리다가 정확히 주파수가 맞았을 때 맑고 선명한 소리를 내는 아날로그 라디오처럼 마음과 마음의 주파수가 맞아야 서로의 마음을 잡음 없이 전달할 수 있다. 주파수가 맞았을 때 마음과 마음을 잇는 강력한 매듭이 만들어진다.

"우리 아기가 기분이 좋구나!"

기저귀를 갈아준 후 방긋 웃음 짓는 아기를 보고 엄마가 이렇게 말해준다. 생애 최초의 '주파수 맞추기'는 엄마와 아기 사이에서 이루어진다. 엄마는 아기의 얼굴을 보고 아기의 마음을 읽어준다. 엄마가 읽어주는 마음을 통해서 아기는 "이런 것이 좋은 기분이구나!"라고 자신의 감정을 배운다. 엄마가 아기의 마음을 읽어주듯이 상대방이 내 마음을 알아주는 '주파수 맞추기'는 공감이 지닌 또 하나의 의미이다. 즉, 자기의 한계를 넘어서서 상대의 마음에 주파수를 맞추는 심리적 확장을 통해서 맺어지는 '마음과 마음의 매듭'은 공감이 지닌 또 다른 의미였다.

공감 그 세 번째 의미, 마음의 영양소.

공감이 갖는 세 번째 의미는 마음의 영양소였다. 영양소를 섭취하지 않으면 인간의 육체는 병들고 결국 죽음에 빠진다. 마찬가지로 공감을 얻지 못하는 미음은 병들고 정신적 죽음에 직면한다. 그렇다. 코헛은 인간의 마음이 온전하게 유지되기 위해서 공감이 반드시 필요하다고 역설했다. 자신을 동경해주고 자신의 주장에 동의해주는 누군가, 자신이 동경하고 동의할 수 있는 누군가, 그리고 자신과 동질감을 느낄 수 있는 누군가가 모든 인간에게는 반드시 필요하다. 그래서 인간은 죽는 날까지 자신에게 공감해주는 누군가를 찾아 세상을 헤맨다. 코헛은 그런 기능을 제공하는 특별한 존재를 '자기-대상'이라고 불렀다.

코헛은 이렇게 단정 지어 말했다.

"세상을 초탈해서 독립적으로 산다는 것은 위선입니다. 실제로 독립적 인간이란 존재하지 않습니다. 인간은 그렇게 만들어지지 않았습니다. 자기-대상은 마음에서 산소와 같은 존재입니다. 도대체 산소 없이 산다는 것이 무슨 자랑거리입니까? 더불어 살기를 포기하고 독립적 인간을 추구하는 것은 난센스입니다.

성숙한 자기는 마음을 보듬어 줄 수 있는 보다 훌륭한 자기-대상을 찾을 수 있고, 세대의 변화와 요구에 따라 주파수를 맞출 수 있는 인간입니다. 성숙한 자기를 가진 사람은 기꺼이 자신을 내어줄 수 있습니다. 세상을 초탈해서 독립적으로 산다는 것은 그저 위선일 뿐입니다."

『자기의 회복』

암은 코헛에게 지금 살아 있다는 사실을 새삼 실감시켰고, 보다 창조적으로 생각하도록 부추겼으며, 전통 정신분석학계의 비난에 연연하지 않고 의연히 자신의 생각을 발전시키도록 해주었다. 죽음에 직면한 코헛은 오히려 용기를 내어 정신분석학계에서 주류를 이루던 '자아, 이드, 초자아'의 구조주의 심리학과 단절했다. 그렇게 암과 싸우며 써내려간 코헛의 두 번째 책『자기의 회복』이 1977년 봄에 출간되었다.

"처음엔 나도 기존의 정신분석적 문헌들을 뒤지면서 의문점을 해결하려고 애썼습니다. 하지만 어느 순간 모순되고, 근거가 희박하며, 종종 모호한 이론적 추론의 늪에서 허우적대는 나 자신을 발견했습니다. 그래서 나는 임상 현상들을 직접 관찰하는 자세로 되돌아가서, 내가 관찰한 바를 담아낼 새로운 공식을 만드는 길이 유일한 타개책이라는 결론에 도달했습니다. 달리 말하자면, 나의 과업은 '자기' 심리학의 윤곽을 그리는 것이었습니다."

코헛은 이렇게『자기의 회복』을 시작했다. '리비도'를 중심으로 삼는 욕동이론과 전통 정신분석학의 관점을 확장시켜서 썼던 첫 번째 책『자기의 분석』과는 달리『자기의 회복』에서 코헛은 '자기'와 '자기-대상' 사이의 관계에서 생기는 '자기'의 발달과정과 정신병리를 전제로 새로운 이론을 전개시켰다. 코헛은『자기의 회복』을 이렇게 설명했다.

"새 술을 낡은 부대에 담아보려고 애썼지만 한계에 부딪혔기 때문에 전통 정신분석 이론들을 과감하게 다시 고쳐서 사용하고, 새로운 용어를 도입했습니다."

즉,『자기의 회복』은 새 술을 새 부대에 담는 작업이었다. 전통 정신분석학의 욕동과 방어, 그리고 자아-이드-초자아로 구성된 구조주의와 결별을 선언했다. 이제 코헛은 안나 프로이트나 커트 아이슬러가 속한 주류 정신분석학계로 다시 돌아갈 수 없는 강을 건넜다.

욕동이론에 대해서 코헛은 병적으로 두드러지는 성욕은 '자기'와 '자기-대상' 사이의 공감적 반응에 실패했기 때문에 나타나는 이차적 현상이라고 주장했다. 또한 인간의 파괴적 ^{공격적} 성향도 타고난 본성이 아니라 '자기'와 '자기-대상' 사이의 공감적 반응에 실패했기 때문에 파생된 이차적 결과물로 여겼다. 코헛은 『자기의 회복』에서 이렇게 주장했다.

"유아기 성욕은 인간의 마음을 만드는 근본적인 핵심이 아닙니다. '자기'와 공감적인 '자기-대상' 사이의 관계 속에서 경험하는 과정이 마음을 만드는 근본적인 핵심입니다. 성적 충동이나 공격적 충동이 두드러진 아기는 '자기-대상'으로부터 상처를 입었거나 오랫동안 공감적인 반응을 얻지 못했던 아기입니다.

'자기-대상'에게 공감적인 반응을 얻지 못하거나 '자기-대상'이 애초에 결핍된 아기는 우울한 상태에 쉽게 빠집니다. 그러면 아기는 우울하고 무기력한 상태에서 벗어나기 위해서 입이나 항문, 혹은 성기에서 얻어지는 감각에 몰두합니다. 이처럼 신체 감각에 과도하게 몰두했던 어린 시절의 경험은 기억으로 굳어져서 어른의 정신병리를 만드는 것입니다.

이것이 '자기'의 문제를 일으키는 본질입니다. 정신분석을 통해서 도달되는 마음의 가장 깊은 밑바닥에는 유아기 성욕이 아니라 '자기-대상'에게 공감적 반응을 얻지 못해서 활력을 잃어버린 고통스러운 경험, 즉 '자기'의 존재가 위협받았던 '좌절의 경험'이 웅크리고 있습니다.

마찬가지로 '죽음의 욕동'이란 애초에 존재하지 않습니다. 인간의 파괴적 성향은 이차적인 심리 현상일 뿐입니다. 아이가 파괴적 성향을 보이는 것은 '자기─대상 욕구'에 적합한 공감적 반응을 얻지 못했기 때문입니다. 공격성 역시도 일차적인 심리 현상은 아닙니다. 공격성이란 본디 아이의 원초적인 자기주장일 뿐이며, 정상적인 환경이었더라면 어른의 성숙한 자기주장으로 발전하게 됩니다.

정상적인 오이디푸스 콤플렉스 역시 그리 난폭하지도, 그리 불안을 야기하지도, 그리 자존심에 상처를 남기지도 않습니다. 오이디푸스 시기의 아이가 악마적 바람이나 극심한 불안을 경험하는 것도 '자기─대상'에게 공감적 반응을 얻지 못했기 때문입니다."

'비극적 인간'

코헛이 『자기의 회복』에서 제시했던 인간상은 타고난 '자기'를 꽃피우며 창의적으로 살고자 하지만 각박한 현실 속에서 공감적 반응을 얻지 못한 채 시들어가는 '비극적 인간'이었다.

코헛은 이런 '비극적 인간상'에 대한 믿음을 심리치료 과정에도 적용시켰다. 그는 심리치료 과정에서 환자의 질문이나 정서적 욕구에 대해서 분석가가 '중립'이나 '절제'가 아니라 '적절한 반응'을 해야 된다고 주장했다. 프로이트 이래로 전통 정신분석에서는 환자의 무의식계에 웅크린 악마적 바람을 '중립'이나 '절제'라는 치료자의 분석적 태도를 통해서 좌절시켜야만 의식계로 떠오른다고 믿었다. 치료자가 '중립'과 '절제'를 지켰을 때 무의식은 의식화되고, 이렇게 얻어진 자료를 바탕으로 치료자가 '해석'을 통해서 악마적 바람이 지배하는 이드에 자아를 들여놓음으로써 치료가 이루어진다는 가설이었다. 따라서 전통 정신분석에서는 치료자의 공감적 반응이나 따뜻한 태도는 환자의 바람을 충족시킴으로써 무의식적 내용물이 의식화되는 과정을 방해하는 반치료적 행위였다.

코헛은 이런 전통 정신분석적 시각에 반기를 들었다.

"환자가 분석가에게 질문을 했을 때 적절한 대답을 하는 대신에 분석적 침묵을 고수하면, 환자는 무시를 당했다고 느끼고 상처를 받습니다. 이런 경험은 무의식적으로 어린 시절에 '자기-대상'으로부터 무시당하고 상처받았던 기억을 떠올리게 만듭니다. 이제 환자는 수치스러움 때문에 '자기'가 붕괴되는 위협을 느껴서 분노를 폭발시키거나 무기력에 빠지고 맙니다.

환자가 분석과정에서 이렇게 분노하거나 무기력에 빠지는 반응을 보이면 전통 정신분석가는 자신의 해석이 정확했기 때문에 환자의 유아적 공격욕이 폭발했다거나 혹은 유아적 공격욕을 억누르기 위해서 죄책감이 생긴 것이라며 자신의 해석을 더욱 맹신합니다."

코헛은 이렇게 상황과 상관없이 무조건 '중립'이나 '절제'만을 고집하는 전통 정신분석가들의 태도에 반기를 들었다. 그리고 산소의 비유를 사용하여 좀 더 쉽게 치료자가 공감적 태도를 가져야만 하는 필요성을 역설했다.

"산소가 없이는 육체가 견디지 못하듯이 공감적인 반응을 얻을 수 없는 환경에서는 마음이 버틸 수 없습니다. 환자의 심리적 구조를 왜곡하지 않겠다는 맹목적 일념을 가지고 감정적인 반응이 없이 침묵으로 일관하면서 마치 컴퓨터처럼 자료를 모으고 해석을 쏟아내는 분석가의 태도는 한 치의 오차도 없이 신체적 반응을 재겠다며 빙점에 환자를 내버려두거나 산소 없는 방에 환자를 몰아넣는 것과 다를 바가 없습니다."

『자기의 회복』에서 코헛이 생각했던 심리치료는 '무의식을 의식화'시키거나 '이드가 있던 곳에 자아가 있게' 만드는 것이 아니었다. 어린 시절 '자기-대상'으로부터 공감적 반응을 얻지 못해서 생긴 자기의 장애를 분석가의 공감적 해석을 통해서 환자에게 이해시킴으로써 멈춰버린 '자기의 발달'을 다시 회복시키는 과정이 코헛이 생각했던 심리치료의 모델이었다.

'정신건강이란 무엇인가?'

코헛은 『자기의 회복』을 마무리하면서 '정신건강'에 대한 전통 정신분석의 관점을 비판했다.

"분석가들은 흔히 '정신건강이란 무엇인가?'라는 질문에 대해서 프로이트가 이야기했던 정의에 맞추어 '일과 사랑'을 방해하던 신경증적 증상으로부터 자유로워진 상태라고 얼버무려 답합니다.

다른 이들은 정신분석을 '신경증적 불행 비참함'을 '평범한 고통'으로 바꾸는 작업이라고 말하기도 합니다. 하지만 정신건강이란 단순히 '일과 사랑'의 방해꾼이었던 신경증적 증상이나 억압이 사라진 상태가 아닙니다. '불행 비참함'이나 '고통' 따위의 단어가 정신건강의 잣대가 될 수도 없습니다."

이어서 코헛은 자기 심리학의 관점에서 '정신건강'에 대한 정의를 다음과 같이 다시 내렸다.

"정신건강이란 타고난 '달란트'를 활용하여 일과 사랑을 성공적으로 수행하는 상태입니다. 자존심에 상처를 입을 때마다 쉽사리 극심한 불안과 공허한 우울증에 빠지고, 격노하거나 무기력해지며 혹은 그저 살아 있다는 것을 확인하기 위해 일탈된 성행위나 알코올중독에 매달리는 맹목적 자기-위안 행동이 사라지는 것은 정신분석적 치유의 첫 단계일 뿐입니다.

성공적인 정신분석은 한 단계 더 나아가 환자로 하여금 특별히 즐거운 일이 없어도 삶의 기쁨을 누릴 수 있도록 해줍니다."

코헛이『자기의 회복』에서 제시했던 자기 심리학적 심리치료의 최종 목표는 자신의 삶이 창조적이며, 적어도 생산적이라서 살아야 할 가치가 있다는 사실을 깨닫는 것이었다.

『자기의 회복』은 출간되자마자 큰 반향을 일으키며 상반기에만 만 부 이상이 팔렸다. 코헛의 첫 번째 책『자기의 분석』은 일 년 동안 만 권도 팔리지 않았고, 그 후에도 그리 널리 읽히지는 않았다. 1977년 봄에『자기의 회복』을 출간한 코헛은 그 해 오월에 '자기-대상'이란 용어에서 하이픈을 삭제하고 '자기대상'으로 사용하기로 결심했다. '마음을 안심시키고, 긴장을 누그러뜨리며, 적응력을 높여주는 기능'을 제공하는 '자기대상'은 '자기'와 구분할 수 없다는 확고한 결론에 도달했기 때문이었다. 그리고 1978년부터는 자기대상에서 하이픈이 사라졌다.

『미스터 Z에 대한 두 가지 분석』

『자기의 회복』을 출간했던 1977년 여름에 코헛은 악성 림프종이 악화되어 화학치료를 시작했다. 화학치료 부작용으로 입속에는 궤양이 생겼고, 안구 통증과 고열에 시달렸다. 화학치료는 두 달 만에 중단되었다. 이듬해부터는 방사선 치료를 시작했다. 코헛은 눈에 띄게 수척해졌다. 이런 와중에 코헛은 자기 심리학적 관점에서 자신의 경험을 분석하는 작업을 시작했다.

1900년 프로이트가 자기분석의 성과물로서『꿈의 해석』을 내놓았던 것처럼 코헛은 자전적 자기분석의 성과물로서『미스터 Z에 대한 두 가지 분석』을 1979년에 발표했다. '자기 심리학' 관점에서 바라본 자기분석의 결과를 루스 아이슬러에게 받았던 전통 정신분석과 대조시키는『미스터 Z에 대한 두 가지 분석』에 대해 전통 정신분석학계로부터 심한 비난이 쏟아졌다. 이제 안나 프로이트마저 코헛을 '반정신분석적 행위자'로 몰아붙였고, 커트 아이슬러를 비롯해서 미국 정신분석학회의 옛 친구들은 그를 '이단자'라고 불렀다.

'마지막 강연'

1981년 10월 캘리포니아의 하늘은 다시 한 번 올려볼 정도로 푸르렀다. 네 번째 자기 심리학 학술대회가 열렸던 버클리 대학 캠퍼스에는 아련한 녹음이 가득했다. 연자로 나선 코헛은 먼저 또다시 해묵은 주제 '공감'을 꺼내는 것에 대해 청중에게 사과했다.

코헛이 『자기의 분석』과 『자기의 회복』을 출간한 이후 코헛의 '공감'에 대해 전통 정신분석학계의 온갖 오해와 비난이 쏟아졌다. 자신의 책을 단 한 페이지도 읽지 않은 채 무작정 쏟아내는 동료 분석가들의 '공감'에 대한 오해와 비난에 코헛은 지칠 대로 지쳐 있었다. 비엔나 억양이 섞인 또렷한 말투로 코헛은 '공감'에 대해 이렇게 강연을 시작했다.

"정신분석적 치유는 소위 '해석'이라고 부르는 설명 과정을 통해서 이루어집니다. 환자가 느끼고 말하는 것을 그저 따라 하거나 두둔해서는 정신분석적 치유가 이루어지지 않습니다. 환자의 느낌을 이해하는 것은 치료의 첫 단계일 뿐입니다. 적어도 정신분석가라면 '해석'해주는 다음 단계로 나아가야 합니다.

정신분석에서 '해석'이란 과거가 현재에 어떤 영향을 미치고 지금 환자의 정신세계에 어떤 역동적 사건이 벌어지는 것인가를 설명해주는 과정입니다. 정신분석적 치유를 위해서는 그저 환자의 생각과 느낌과 환상을 이해하는 '낮은 수준의 공감'으로부터 생각과 느낌과 환상을 설명하고 해석해주는 보다 '높은 수준의 공감'으로 진행되어야 한다고 믿습니다."

강연을 시작한 지 삼십 분이 채 안 되어 코헛의 목소리가 떨렸다. 아니 온몸이 흔들렸다. 더 이상 감출 수 없을 정도로 코헛의 병색은 완연했다. 악성 임파종이 퍼지면서 체중은 백 파운드조차 나가지 않았고, 볼에는 앙상하게 광대뼈가 드러났다.

"이제 말을 맺을까 합니다. 여러분께서 경청해 주셔서 매우 기뻤습니다. 이것이 제 인생의 마지막 강의가 될 것 같습니다. 우리 모두가 자기 심리학의 밝은 미래에 대한 희망을 가졌으면 합니다. 안녕히 계십시오."

코헛은 서둘러 강연을 마쳤다. 사백 석 강당 여기저기서 박수와 함께 흐느낌이 흩어졌다. 코헛은 금방이라도 주저앉을 것 같은 몸을 겨우 가누며 강당을 빠져나왔다. 강당 밖에서 기다리던 아내 엘리자베스의 부축을 받아 힘겹게 차에 올랐다. 비행기를 타고 시카고 공항에 도착했을 때는 휠체어 신세를 져야만 했다. 복수가 심하게 차서 바지를 잠글 수도 없었고, 온몸은 황달로 누렇게 변해 있었다.

시카고에 도착한 코헛은 먼저 '클로이스터' 아파트에 들렀다. 그리고 이십 년 이상 살았던 정든 아파트를 마지막으로 둘러보았다. 코헛은 이제 모든 것과 이별이라는 사실을 받아들였다. 병원에 입원하기 위해 아파트를 나서면서 코헛은 두 권의 책을 챙겼다. 한 권은『그리스－로마 문학의 역사』였고, 다른 한 권은『레 미제라블』이었다. 그렇게 두 권의 책을 가지고 자신이 정신과 수련을 받았던 시카고 대학의 빌링스 병원에 입원했다. 입원실에서 코헛은 빅토르 위고Victor-Marie Hugo, 1802~1885의『레 미제라블』을 펼쳤다.

빵 한 덩이를 훔치다가 체포된 장 발장은 19년이라는 긴 세월을 감옥에서 보내고 막 형무소에서 풀려났다. 그는 지난 19년 동안 눈물한 방울 흘리지 않은 채 오직 세상에 대한 증오심만 키웠다. 즉, 그의 '자기'는 공감 실패로 인한 좌절이 반복되면서 발달이 정지되어 정서적으로 메마른 상태였다. 심한 자기의 장애를 겪는 그의 마음은 쉽사리 나르시시즘적 격노를 일으킬 수 밖에 없었다. 초라한 행색 탓에 그가 감옥에서 풀려난 장 발장이란 것을 알아챈 여인숙 주인들은 하나같이 그를 쫓아냈다. 심지어 개집에 잘못 들어갔다가 사나운 개에게 옷이 물어뜯긴 채 쫓겨난 그는 이렇게 절규했다.

"나는 개만도 못하구나!"

숙식할 곳을 찾지 못한 장 발장은 성당 앞 광장을 지나면서 성당을 향해 주먹감자를 날렸다. 그때였다. 성당에서 나오던 한 노부인이 저 집에 한번 가보라고 일러주었다. 그 집은 밀리에르 주교의 관사였다. 장 발장이 문을 열고 관사로 들어섰을 때 주교는 '나의 형제'라며 맞아 주었다. 은촛대와 은식기를 꺼내 따뜻한 식사를 함께했고, 새 이부자리를 꺼내 포근한 잠자리를 봐 주었다. 낯선 잠자리에 장 발장은 새벽 일찍 잠이 깨버렸다. 잠이 달아난 그의 머릿속에는 온통 은식기 생각만 가득했다. 결국 그는 주교의 침실로 가서 은식기를 배낭에 집어넣고 관사에서 도망쳤다. 다음 날 그는 헌병에게 붙잡혀 주교 앞으로 끌려왔다. 사태를 알아차린 주교는 헌병에게 들으라는 듯이 크게 말했다.

"아! 자네로군. 내가 자네에게 은촛대도 주었건만 그것은 왜 가져가지 않았나?"

주교는 두 개의 은촛대를 장 발장에게 건네주며 나직한 목소리로 귓속말을 했다.

"내 형제여. 자네는 이미 악마가 아니라 선에 속한 사람일세. 나는 자네를 위해 자네의 영혼을 산 것이네. 나는 자네의 영혼을 어두운 생각과 지옥에서 끌어내 하느님께 바치려는 것이네."

처음 겪는 낯선 경험에 장 발장은 혼란스러웠다. 자신이 감동을 받았는지 모욕을 당했는지조차 구분할 수 없었다. 그것은 바로 교정적 정서적 경험이었다. 주교의 집을 나선 순간부터 장 발장의 마음속에는 도무지 이해할 수 없는 어떤 변화가 일어나기 시작했다. 그때 한 소년이 그의 곁을 지나갔다. 몇 닢의 동전으로 공기놀이를 하던 소년은 은화를 바닥에 떨어뜨렸다. 그 은화가 장 발장의 발 앞으로 굴러왔다. 장 발장은 반사적으로 은화를 밟았다. 그리고 은화를 돌려달라고 애원하는 소년을 윽박질러 쫓아버렸다. 갑자기 정신을 차린 그는 자신의 발밑에 깔린 은화를 발견하고는 화들짝 놀랐다. 정신이 혼란한 와중에 악한 습성이 나타났던 것이다. 목메어 소년을 찾았지만 소용이 없었다.

"아, 나는 정말 처참한 놈이다!"

이렇게 한탄하며 장 발장은 한참을 울었다. 19년 이래 그가 우는 것은 이번이 처음이었다. 어떤 아이보다도 무서움에 떨면서, 어떤 여자보다도 연약하게 흐느끼며 뜨거운 눈물을 흘렸다. 밤새워 우는 동안에 새벽이 밝아 왔고 그의 영혼도 밝아 왔다. 그것은 기이하면서 무서운 밝음이었다. 그것은 아무리 불안정한 상태의 '자기'라고 할지라도 교정적 정서적 체험에 의해서 그마저 유지하지 못할 수도 있다는 상황에 처하면 발생하는 감정 반응이다. 저항이란 바로 이런 현상이라고 코헛은 주장했다.

장 발장은 은식기를 팔아 공장을 차렸다. 큰 돈을 벌었고, 시장까지 되었다. 하지만 코흘리개의 은화 한 닢을 빼앗았던 죄는 끈질기게 그를 따라다녔다. 누군가 장 발장으로 몰려 자신의 죄를 뒤집어썼다는 소식을 들은 그는 진실을 위해서 모든 것을 밝히고 감옥에 다시 갇혔다. 감옥에서 탈출한 그는 자신의 공장에서 일하다가 억울하게 쫓겨나서 병들어 죽은 여공의 딸 코제트를 데려왔다. 불쌍한 고아 코제트는 그와 뗄 수 없는 관계가 되었다. 세월이 흘러 어린 코제트는 어엿한 숙녀로 성장했다. 숙녀가 된 코제트는 마리우스라는 청년과 사랑에 빠졌다. 코제트의 행복을 위해 장 발장은 스스로 떠났다. 사랑하는 이의 곁을 떠난 한 해 동안 그는 삼십 년은 더 늙은 것 같았다. 그리고 죽음의 직전에 그는 코제트와 마리우스를 다시 만났다.

"마음은 추억이라는 오래오래 빨고 있을 뼈 하나를 갖고 싶어 한단다. 나는 이따금 코제트를 만나고 싶었단다. 하지만 나는 '그 사람들에게 너는 필요 없어. 너는 구석에 틀어박혀 있어야 해. 아무도 영원히 같이 있을 수는 없어!'라고 자신에게 말했단다. 나는 내가 쓸모 없다고 생각했단다. 그런데 고맙게도 너를 다시 만났구나."

장 발장은 눈물을 삼키며 빙긋이 웃었다. 그리고 자신의 죽음을 슬퍼하는 코제트와 마리우스에게 말했다.

"만사가 뜻대로 되지 않는다고 신에게 악한 마음을 품어서는 안 된다."

그리고 겨우 들릴 정도의 작은 목소리로 말했다.

"죽는 것은 아무것도 아니야. 정작 무서운 것은 살아 있지 않다는 거지."

그리고 나서 죽음에 사로잡힌 것처럼 떨기 시작했다. 혼수상태에 빠졌던 장 발장이 잠깐 기력을 회복해서 제정신으로 돌아왔다. 빠끔히 열린 문으로 방안을 들여다보던 문지기 마누라가 물었다.

"신부님을 부를까요?"

장 발장이 대답했다.

"여기에 와 계시네."

그리고 누가 보이는지 머리맡의 한쪽을 손가락으로 가리켰다. 밀리에르 주교께서 죽음의 고통에 처한 그와 함께하고 있었을 것이다. 밀리에르 주교는 변형적 내재화라는 심리적 과정을 통해서 장 발장의 자기를 항상 지켜주고 발달시켜왔던 것이다.

"애들아, 서로 끔찍이 사랑하거라. 항상 서로 사랑하는 것 이외에 세상에서 진정으로 값진 것은 아무것도 없단다. 나와 함께하는 것이 무엇인지 모르지만 빛이 보이는구나. 난 행복하게 떠난다."

그의 존엄한 손이 더 이상 움직이지 않았다. 두 개의 은촛대에 아롱거리는 불빛이 그의 얼굴을 비췄다.

빅토르 위고(『레 미제라블』, 1862)

이미 여러 차례 읽었던 책이었지만 죽음을 앞둔 코헛은 새삼 가슴이 벅차올랐다. 책을 덮은 코헛은 종교에 대해 자신이 썼던 글귀를 떠올렸다.

"프로이트는 종교를 비과학적이라고 공격했습니다. 맞습니다. 종교는 비과학적입니다. 소위 신이라는 초자연적 존재가 일주일에 걸쳐 세상만물을 창조했다는 구절은 분명 비과학적입니다. 천지창조에 대해 막연한 궁금증을 품었던 수천 년 전 인간에게 그럴듯한 설명을 제공했을지는 몰라도 과학이 발달한 오늘의 잣대에 비추어 비과학적인 것만은 분명합니다. 하지만 인간의 마음을 보듬어주는 자기대상으로서 종교는 단순한 비과학적 도그마가 아닙니다. 프로이트도 비이성적 도그마로서 종교에 대해 우려했습니다. 하지만 프로이트는 종교가 인간의 마음을 보듬어주는 역할까지 무시했습니다. 더 나아가 프로이트가 철저히 간과했던 부분은 종교가 지닌 문화적 가치입니다. 종교는 인류 문명에 엄청난 영향을 미쳤으며, 오랫동안 인류가 본능적 충동을 다스리도록 가르쳐왔습니다. 종교는 과학이나 문명 그 이상의 매우 복합적인 현상입니다."

이전에 코헛은 어느 편지에서 "예술은 아름다움을 추구합니다.

과학은 과정과 결과를 설명하고자 합니다. 종교는 인간의 조화로운 마음을 한결같이 유지시켜 주고자 합니다. 따라서 마음을 다루는 과학이라 할 수 있는 정신분석은 종교가 될 수 없습니다."라고 적었다. 코헛은 과학의 잣대로 종교를 재단하는 것은 우스운 짓이라고 생각했다. 그래서 코헛은 그저 인간의 마음이 신과 어떻게 연관되는지에 대해서만 설명하려고 했다. 또한 어느 순간부터 정신분석이 종교성을 띠는 것을 경계했다. 그는 정신분석이 도그마로 변질되는 것은 창시자인 프로이트에 대한 맹목적 동경과 지나친 충성심 때문이라고 생각했다. 뉴턴의 역학을 뒤집는 아인슈타인의 상대성 이론이 뉴턴에 대한 반역이 아니듯이, 정신분석학에서도 프로이트의 이론으로 설명하기 어려운 마음의 현상을 설명해 주는 새로운 이론이 계속 만들어져야 한다고 믿었다.

1981년 10월 7일의 따뜻한 오후였다. 병실 창 밖에서는 어깨를 잔뜩 치켜세운 빌딩숲 사이로 낙엽이 흩날리고 있었다. 병상을 지키던 아내 엘리자벳이 코헛의 베개를 고쳐 주며 말을 건넸다.

"이제 이틀 후면 우리의 서른 세 번째 결혼기념일이네요."

코헛은 아내의 손을 어루만지며 대답했다.

"비엔나를 함께 추억할 수 있는 당신이 있어서 정말 행복했소. 마지막 가는 길에는 바하를 들었으면 좋겠소."

그리고 앙상한 광대뼈 위로 따뜻한 미소를 지었다. 그날 저녁 코헛은 외동아들 토마스 어거스트에게 생의 마지막 순간까지 썼던 원고를 출판해 달라는 유언을 남기고 의식을 잃었다. 다음 날 새벽 하인즈 코헛은 예순여덟의 나이로 숨을 거두었다. 그의 곁에는 주인을 잃은『레 미제라블』이 홀로 남겨져 있었다.

1981년 10월 12일 시카고 대학 캠퍼스에는 조기가 나부꼈다. 같은 해 10월 말에 유니테리언 교회에서 올려진 추모예배에서는 바하의 프렐류드와 푸가 E 마이너가 연주되었다. 코헛이 남긴 원고는 동료들의 편집을 거쳐 삼 년 뒤인 1984년에 『분석은 어떻게 치유하는가?』라는 제목으로 출간되었다. 코헛은 이 책에서 프로이트가 최면을 통해서 정신분석학을 창시했다는 점을 새삼 상기시켰다.

"최면은 프로이트가 처음 심리치료 이론을 만들었던 모델이었고, 프로이트 역시 한동안 최면을 사용했습니다. 최면이 정신분석으로 연결되는 단계에서 주목해야 할 점은 최면이 다른 심리치료 기법으로 바뀐 것이 아니고 최면을 통해서 어떻게 치유 과정이 이루어지는가에 대한 생각, 즉 정신병리에 대한 관점이 결정적으로 변화되었다는 점입니다.

심층 심리 심층 정신병리 에 대한 개념이 없는 최면은 여전히 비분석적 최면입니다. 하지만 최면이 심층 심리 심층 정신병리 를 생각하는 순간 소위 '정신분석적' 최면이 됩니다. 비분석적 최면치료자는 최면 상태에 들어간 환자에게 증상을 제거하기 위한 단순 암시를 줍니다. 하지만 분석적 최면치료자는 환자에게 증상을 일으킨 심리적 원인을 밝히는 자료들을 얻어내어 역동적 발생학적 배경을 설명합니다. 이것이 결정적 발전 단계였다는 점은 아무리 강조해도 지나치지 않습니다. 여전히 최면 기법을 사용했다는 사실에도 불구하고 말입니다."

이어서 코헛은 '저항'에 대한 전통 정신분석적 관점과 자기 심리학적 관점의 차이를 설명했다. 무의식계로 억압된 욕동을 다시 의식계로 끄집어내는 작업을 진행하다보면 항상 벽에 부딪혔는데, 이런 벽을 프로이트는 '저항'이라고 불렀다. 이런 '욕동'과 '저항'에 대한 분석이 전통 정신분석 치료의 종착역이었다. 반면 말년의 코헛은 '저항'이란 정신분석이 '자기'의 안정 상태를 위협하는 설령 아무리 불안정한 상태의 '자기'라고 할지라도, 정신분석 때문에 그것마저 유지하지 못할 수도 있다는 상황에서 발생하는 '불안에 대한 반응'이라고 생각했다. 즉, 전통 정신분석에서 '저항'이라고 부르는 것은 '자기의 방어'이며, 그것은 적응적인 측면이 있으며 소중한 것이라고 주장했다.

코헛은 마지막 저서 『분석은 어떻게 치유하는가?』에서 평생을 정신분석가로 살았던 소회를 이렇게 남겼다.

"정신분석가로서 평생을 사는 동안에 배운 바가 한 가지 있다면, 환자가 내게 들려주는 이야기가 진실이었다는 교훈이었습니다. 내가 옳고 환자가 틀렸다고 믿을 때도 있었지만 오랜 시간의 분석과정을 거치고 보면 내가 옳다고 생각했던 믿음은 대체로 거죽에 지나지 않았고, 깊은 곳에서는 환자가 항상 옳았습니다."

에필로그

"진정한 과학자는 자신이 주장한 이론의 불완전성을
관용할 수 있는 사람이라고 믿습니다. 실로 진정한 과학자는 그런
결점을 또 다른 즐거운 탐구를 위한 자극제로
받아들입니다. 확립된 설명 체계가 천의무봉하다는 식으로
숭배하는 태도는 과학의 역사를 멈춥니다."
하인즈 코헛(『자기의 회복』)

그녀는 기억상실증을 앓고 있었다. 잃어버린 그녀의 기억을 되
찾아달라고 SBS 프로그램 〈그것이 알고 싶다〉 제작진이 나에게 요청
해 왔다. 그녀의 사례는 〈그것이 알고 싶다〉의 '나를 잃어버린 사람들, 위험한 도피, 해리장
애' 편에서 방영되었다. 기억상실증에 **빠졌다가** 온몸에 한기가 들어 정신을
차려보면 그녀는 언제나 왕십리 끝자락에 서서 살곶이 다리를 바라보
고 있었다. 이런 병을 정신과학에서는 '해리성 둔주'라고 부른다. 그녀가 집을 떠나
살곶이 다리까지 가려면 재래시장을 지나고 로터리를 가로질러 한 시

간이나 걸어야 했다. 하지만 그녀는 왜, 어떻게 그곳에 갔는지 전혀 기억하지 못했다. 그녀는 자신이 기억을 잃은 사이에 어떤 나쁜 짓이라도 저지른 것은 아닐까 매우 걱정하며 이렇게 말했다.

"내가 왜 그러는지 알고 싶어요!"

그녀의 기억상실증은 가슴 아픈 사연을 갖고 있었다. 바로 남편의 지속적인 폭행이었다. 남편은 툭하면 그녀의 옷을 몽땅 벗긴 채 두들겨 팼다. 머리카락이 뭉텅뭉텅 빠질 정도로 머리채를 잡아끌었다. 무려 16년간 하루가 멀다고 반복되는 폭행 탓에 그녀는 결국 이혼을 선택했다. 이혼 후에 몸 상태는 모두 좋아졌지만 이상하게도 기억상실은 반복되었다. 특히 화나는 일이 생길 때마다 어김없이 기억이 끊어졌다. 나는 기억상실과 관련될 만한 단서를 찾기 위해서 그녀에게 이런저런 질문을 던졌다. 하지만 그녀는 아무런 대답도 하지 못했다. 의식계에서는 기억상실과 관련된 어떤 단서도 찾을 수 없었다.

이제 남편의 폭행이라는 실마리를 붙잡고 무의식계로 들어가는 일만 남았다. 나는 지그문트 프로이트와 하인즈 코헛이 그려 놓은 무의식 세계의 안내 지도를 머릿속에 펼쳐 놓고 그녀에게 최면을 유도했다. 최면 상태에서 그녀가 가장 먼저 떠올린 기억은 역시 남편의 폭행과 관련된 트라우마였다. 하지만 그 트라우마는 곧 어머니에 대한 기억으로 이어졌다.

"엄마 왜 나를 낳았어! 미워할 거면서 왜 나를 낳아서 이렇게 고통을 주는 거야!"

그녀의 무의식에는 남편의 폭행보다 더 오래된 트라우마가 자리 잡고 있었다. 그것은 어린 시절 어머니에게 받았던 트라우마였다. 어머니는 어린 딸이 시어머니를 닮았다며 모질게 미워했다. 어머니의 사랑을 받지 못한 채 구박덩이로 자라면서 입었던 트라우마가 이번에는 친할머니에 대한 기억을 불러냈다.

"때때로 할머니가 정말 보고 싶었어요. 마음이 괴로울 때면 마음속에서 할머니가 손짓했어요. 그러면 살곶이 다리를 찾아갔어요. 살곶이 다리는 어릴 때 할머니와 손잡고 걷던 고향 방죽길 돌다리 같았어요."

돌아가신 할머니는 외롭고 힘들 때마다 따뜻하게 그녀를 안아준 유일한 버팀목이었다. 현실이 버거울 때면 마음은 의식계를 떠나 할머니의 손을 잡고 방죽길을 걸었다.

"할머니는 돌다리 너머에서 무지개가 뜬다고 했어요."

그녀는 멍하니 돌다리 너머에서 무지개가 뜨기를 기다렸다. 하지만 무지개는 뜨지 않았다. 그렇게 하염없이 무지개를 기다리다 할머니가 무의식 세계에서 사라지면 그녀는 차가운 세상으로 돌아왔다. 그리고 온몸으로 한기를 느꼈다.

독하게 구박하는 어머니, 폭행을 일삼는 남편, 좌절만 안겨주는 냉정한 현실 속에서 살아남기 위해 그녀가 선택한 방법은 무의식에 새겨진 할머니와 만나는 것이었다. 험한 세상에서 빠져나갈 길이 안 보이는 궁지에 몰렸을 때 그녀가 붙잡을 것이라곤 이미 돌아가신 할머니의 손밖에 없었다. 하지만 그녀를 무의식 세계로 끌어들였던 그 손은 의식계에서 보자면 기억상실증을 일으키는 원인이었다. 그런 기억상실증을 오래전 프로이트는 '히스테리 신경증'이라고 불렀다. 이런 '히스테리 신경증'에 대한 심리치료는 시대에 따라 바뀌었다.

"그것은 악마-빙의가 분명합니다."

요한 요셉 가스너 신부는 그렇게 믿었고 퇴마치료를 시행했다. 파라켈수스는 '화성병'이라며 자석치료를 했고, 프란츠 메스머는 '동물자기'의 흐름에 조화가 깨진 탓이라며 자신의 동물자기를 불어넣었다. 이후 지그문트 프로이트는 '정신분석학' 오늘날에는 '욕동 심리학'이나 '자아 심리학'이라 부른다. 을 창시하면서 '욕동에 대한 자아의 방어'라고 주장했고, 하인즈 코헛은 '자기 심리학'을 새로 만들면서 '자기가 원하는 자기대상 욕구에 대한 좌절' 때문이라고 설명했으며, 프로이트와 코헛은 공히 정신분석적 해석을 심리치료법으로 제시했다.

"무엇이 심리적 진실일까?"

정신과 의사로서 나는 상충되는 심리학 이론들 사이에서 길을 잃었다.

"지성의 특징은 삶을 이해하는 것이 본래 불가능하다는 것입니다."

노벨문학상을 수상한 프랑스 철학자 앙리 베르그송^{Henri Bergson,} ^{1859~1941}이 던졌던 이런 냉소적 한 마디가 차라리 진리처럼 다가왔다. 그즈음이었다. 나는 샌디에이고 캘리포니아주립대^{UCSD}의 뇌과학 연구실에서 정신과 방문교수로 근무하게 되었다. 저마다 '심리적 진실'이라고 인쇄해 놓은 박제된 정신분석이 아니라 살아 있는 정신분석을 만나기 위해 나는 샌디에이고 정신분석연구소의 정신분석적 심리치료자 프로그램에 다녔다. 이 프로그램에서 만났던 오랜 경력의 분석가들은 책장에 박혀 있는 검은 활자의 이면에 담긴 숨소리가 오가는 정신분석을 보여주었다.

밤새 굵은 비가 지나간 캘리포니아의 아침이었다. UCSD 뇌과학 연구실의 커다란 유리창을 가득 채우는 무지개가 떴다. 나는 멀리 언덕 위의 마을에 걸린 무지개를 한참이나 바라보았다. 그날 오후 카우치에 누워 정신분석을 받던 나는 분석가 샌디 샤피로 선생님에게 불평하듯 말했다.

"많은 사람들이 이곳에 오면 무지개를 만날 수 있다고 했습니다. 그래서 정말 큰 기대감을 갖고 샌디에이고에 왔습니다. 그 무지개를 만나면 뒤죽박죽으로 보이던 세상이 명확해질 것으로 기대했습니다. 혼돈스러운 마음을 편안하게 감싸줄 절대적 진리를 만날 것으로 기대했습니다."

"그것은 마법이군요."

분석가는 따뜻한 음성으로 답했다. 미련하게도 지구를 반 바퀴나 돌아 또다시 저만치 물러나 있는 무지개를 확인한 후에야 무지개는 항상 저만치 떨어져 있다는 현실을 받아들일 수 있었다. 어떤 심리학도 그저 미완성 가설에 지나지 않는다는 사실을 마주하기 위해서 참으로 먼 길을 돌아왔던 셈이다.

"왜 모순되는 심리학 이론들이 필요했을까?"

샌디에이고 정신분석 연구소에서 정신분석을 지도해주셨던 분석가들은 질문에 질문으로 답했다. "상충되는 심리학 이론들 가운데 무엇이 심리적 진실입니까?"라는 질문에 대해 "어째서 모순되는 심리학 이론들이 생겼을까요?"라는 질문을 했다.

심리치료는 심리학을 필요로 했다. 누구나 24시간 경험하는 수많은 심리 현상들을 심리학 이론 없이 파악하는 것은 불가능했다. 따라서 모든 심리치료는 반드시 심리학 이론에 의해 인도를 받아야 했다. 그렇지 않으면 심리치료는 중간에 길을 잃었고, 한 세대가 쌓은 심리치료 노하우를 다음 세대로 전할 수도 없었다.

심리학과 심리치료가 조화를 이뤄서, 심리학이 심리치료를 지도하고, 심리치료 경험이 새로운 심리학을 생산해야만 심리학과 심리치료는 보다 유익한 성과를 거둘 수 있었다. 그런데 모든 심리학 이론은 본질적으로 가설이었다. 각각의 가설은 당대의 문화를 형성하는 사상과 개념을 바탕으로 세워졌다. 시대는 계속 변했다. 그리고 시대가 변할 때마다 새로운 사상이 열렸고 이전에는 볼 수 없었던 새로운 심리적 경험이 나타났다. 구시대의 심리학으로는 새로운 시대의 새로운 심리적 경험들을 다룰 수 없었다. 따라서 새로운 심리학이 필요했다. 하지만 새 길은 언제나 새벽안개에 휩싸인 듯 모호했다. 모호함에 단짝처럼 붙어 다니는 불안을 극복하면서 새 길을 뚜벅뚜벅 걸었던 프로이트가 스스로를 지칭했듯이 탐험가들은 자신이 경험한 길을 지도 위에 그렸다. 메스머, 프로이트, 코헛이라는 심리학 개척자들은 그렇게 자신이 살았던 시대의 사상과 개념을 바탕으로 심리 현상을 관찰하여 심리적 질병과 심리치료에 적합한 심리학 이론을 세웠다.

새로운 심리학이 나타날 때마다 사람들은 이렇게 반응했다. 미국 프래그머티즘 철학자이자 심리학자 윌리엄 제임스[William James, 1842~1910]가 예언했듯이 말이다.

"처음에 사람들은 그것이 틀렸다고 말합니다. 그다음에는 중요하지 않다거나 하찮다고 말합니다. 그러다가 결국에는 자신들도 처음부터 그것을 알고 있었다고 말합니다."

오늘날 우리는 갈림길을 만났을 때, 포도를 벗어나 광야를 헤맬때, 올바로 가고 있는지 막막할 때 그렇게 차곡차곡 만들어진 지도를 펼치고 길을 잡는다. 어떤 지도는 갈림길을 상세히 일러주고, 다른 지도는 포도에 잘 맞으며, 또 다른 지도는 광야에서 유용하다.

"지도는 땅이 아니다."

알프레드 코르지브르키[Alfred Korzybski, 1879~1950]는 이렇게 말했다. 불안에 떨고, 우울에 빠지며, 시기와 질투로 괴로워하는 심리적 문제들은 수천 년 전부터 인간 세상에서 반복되던 일이다. 불안과 우울, 시기와 질투로 괴로워하는 심리적 문제들을 다뤘던 어제의 심리치료자들이 그려놓은 마음의 지도에 따라 오늘의 심리치료가 이루어진다. 어떤 심리학도 세상을 앞서 살았던 심리치료자가 그려놓은 지도일 뿐

마음은 아니다. 즉, 심리학은 마음이 아니다.

앞서 함께 목격했던 것처럼 모든 심리학이 실제로는 꼬리에 꼬리를 물고 맞닿아 있기 때문에 이런 심리학 이론들 사이에 경계나 우열을 가리는 것 또한 무의미한 짓이다. 내게 정신분석을 가르쳐 주셨던 분석가들은 심리학 이론들 학파들 간의 장단점을 잘 알고 있었고, 환자에게 필요한 경우라면 다른 학파의 심리치료 기법들을 사용하는 데 주저함이 없었다.

이 책을 통해 프란츠 메스머의 '최면치료'에서 시작하여 지그문트 프로이트의 '정신분석학' 욕동 심리학 혹은 자아 심리학 을 거쳐 하인즈 코헛의 '자기 심리학'에 이르는 긴 여정을 함께했다. 시대사상과 어깨동무하고 역사적 사건을 몸으로 겪으며 한 걸음 한 걸음 전진해 온 여정이었다. 그런 심리학의 여정은 앞으로도 계속될 것이다. 밥 딜런의 노래처럼 세상은 늘 변하기 마련이니까. 또 그렇게 심리학이 발전해도 우리는 여전히 저만치 떨어져 있는 심리학을 마주하게 될 것이다. 마음은 언제나 생각보다 멀리 떨어진 커다란 존재이니까. 멀리 언덕 위의 마을에 걸린 무지개처럼 말이다.

이제 심리적 여정을 여기서 멈추면서 다음 한 구절을 되새겨본다.

"마음은 언제나 우리가 상상하는 것보다
훨씬 많은 가능성을 품고 있다."

참고문헌

Chapter 1. 심리학 없는 심리치료, 메스머리즘

Bernheim, H. (1886). De la Suggestion et de son Application à la Thérapeutique. Doin, Paris

Braid, J. (1843). Neurypnology or the Rationale of Nervous Sleep Considered in Relation with Animal Magnetism Illustrated by Numerous Cases of its Successful Application in the Relief and Cure of Disease. John Churchill, London

Braid, J. (1853). "Hypnotic Therapeutics, Illustrated by Cases. By JAMES BRAID, Esq., Surgeon, of Manchester", The Monthly Journal of Medical Science 17:14 7

Braid, J. (1855). The Physiology of Fascination, and the Critics Criticised. John Murray, Manchester

Darnton, R. (1968). Mesmerism and the End of the Enlightment in France. Harvard University Press/Cambridge, Massachusetts and London,

England

Forel, A. (1887). Einige therapeutische Versuche mit dem Hypnotismus (Braidismus) bei Geisteskranken. Correspondenz-Blatt für Schweizer Ärzte

Forrest, D. (1999). Hypnotism, A History. Penguin Books, London, England

Fuller, R. C. (1982). Mesmerism and the American Cure of Souls. University of Pennsylvania Press, Philadelphia

Gassner, J. J. (1774). Weise, fromm und gesund zu leben, auch gottselig zu sterben, order nützlicher. Unterricht wider den Teufel zu straiten. Kemptem

Goldsmith, M. (1934). Franz Anton Mesmer: A History of Mesmerism. The Country Life Press, Garden City, New York

Harrington, A. (2008). The Cure Within: A History of Mind-Body Medicine. W.W. Norton & Company, Inc., New York

Kaiser, E. (1969). Paracelsus in Selbstzeugnissen und Bilddokumenten dargestellt. Rowholt, Hamburg

Liébeault, A.A. (1866). Du sommeil et des états analogues considérés surtout du point de vue de l'action du moral sur le physique. Masson, Paris

Mesmer, F. A. (1785) [1958]. Aphorismes de M. Mesmer dicts l'assemble de ses lves Paris: Quinquet. English translation: Maxims on Animal Magnetism. Eden Press, Mt. Vernon, N.Y.

Paracelsus. (1941). The Diseases that deprive Man of his Reason, in Four Treatises, edited with a Prefacem by H.E. Sigerist, tr. With introductory Essays bt C.L. Temkin, G. Rosen, G. Zilboorg and H.E.

Sigerist. Johns Hopkins University Press

Paracelsus. (1979). Selected Writings, edited by J. Jacobi, tr. By N. Guterman. Princeton University Press

Podmore, F. (1963). From Mesmer to Christian Science, A Short History of Mental Healing. University Books, New Hyde Park, New York

Seo, E. J. (1992). A study on the 'Bastien und Bastienne" of W.A. Mozart's opera. Graduate School, Sook Myung Women's University

Sigerist, H. E. (1958). The Great Doctors: A Biographical History of Medicine. Translated by Paul, E. and Paul, C., Doulbeday, New York

Whitaker, H., Smith, C.U.M., Finger, S.(2007). Brain, Mind, and Medicine: Neuroscience in the 18th Century. Springer Science+Business Media, Spring Street, New York

Zimmerman, J. A. (1879). Johann Joseph Gassner, der berühmte Exorzist. Sein Leben und wundersames Wirken. Kempten

야마모토 요시타카 (2003). 과학의 탄생. 동아시아

Chapter 2. 심리학 위한 심리치료, 정신분석학

Anderson, J. W. (2001). Sigmund Freud's life and work: an unofficial guide to the Freud exhibit. Annual of Psychoanalysis 29:9-34

Bahn, G. H. (2011). Study of Anna Freud s life. Journal of Korean Psychoanalytic Society 22:83-94.

Balzac, H. D. (1897). The Magic Skin. trans by Wormeley K.P., Roberts Brothers, Boston

Bernheim, H. (1884). De la Suggestion et de ses Applications à la Thérapeutique. Librairie scientifique et philosophique, Paris

Blum, H. (1990). Freud, Fliess, and the parenthood of psychoanalysis. Psychoanalytic Quarterly 59:21-40

Blum, H. (1996). The Irma dream, self-analysis, and self-supervision. Journal of the American Psychoanalytic Association 44:511-532.

Braid, J. (1853). Hypnotic therapeutics. Monthly Journal of Medical Science

Braid, J. (1843). Neurypnology or the Rationale of Nervous Sleep. John Churchill, London

Breuer, J. & Freud, S. (1895). Studies on Hysteria. Standard Edition II

Brown-Séquard, C. E. (1889). Note on the effects produced on man by subcutaneous injections of a liquid obtained from the testicles of animals. Lancet 134:105 07

Charcot, J. M. (1877). Lectures on Diseases of the Nervous System. New Sydenham Society. London

Chertok, L, & de Saussure, R. (1979). The Therapeutic Revolution: From Mesmer to Freud. trans. from the French by R. H. Ahrenfeldt, Brunner/Mazel, New York

Decker, H.S. (1982). The choice of a name: "Dora" and Freud's relationship with Breuer Journal of the American Psychoanalytic Association, 30:113-136

Ferenczi, S. (1912). [1980]. Symbolism. In First Contributions to Psychoanalysis. London: Marsfield Reprints. 253-281

Ferenczi, S. (1919). [1952]. On the technique of psychoanalysis. In Further Contribution to the Theory and Technique of Psychoanalysis. Basic Books, New York

Ferris, P. (1997). Dr Freud: A Life. A Cornelia and Michael Bessie Book,

Washington, D.C.

Freud, S. (1893). A case of successful treatment by hypnotism. Standard Edition I:115–128

Freud, S. (1895). Project for scientific psychology. Standard Edition I:281–391

Freud, S. (1895). On the grounds for detaching a particular syndrome from neurasthenia under the description "anxiety neurosis". Standard Edition III:87–115.

Freud, S. (1897). Die infantile Cerebralldhmung. (Nothnagel's Specielle Pathologie and Therapie, div. 2, pt. 2, vol. 9.) Holder, Vienna

Freud, S. (1900). The Interpretation of Dreams. Standard Edition IV:ix–627

Freud, S. (1905a). Fragment of an analysis of a case of hysteria Standard Edition VII:3–122

Freud, S. (1905b). Three Essays on the Theory of Sexuality. Standard Edition VII:123–246

Freud, S. (1905c). Psychical (or mental) treatment. Standard Edition VII:282–302

Freud, S. (1910a). A special type of choice of object made by men: contributions to the psychology of love I. Standard Edition XI:163–176.

Freud, S. (1910b). The future prospects of psycho–analytic therapy. Standard Edition XI:139–152.

Freud, S. (1913). On beginning the treatment (further recommendations on the technique of psychoanalysis I). Standard Edition XII:121–144

Freud, S. (1914a). On Narcissism : An Introduction. Standard Edition XVI:67–102

Freud, S. (1914b). Remembering, repeating, and working through. Standard Edition XII:145–156

Freud S (1915). Thoughts for the times on war and death. Standard Edition XIV:273–300

Freud, S. (1916). A Connection between a Symbol and a Symptom. Standard Edition XIV:339–340

Freud, S. (1917). Mourning and melancholia. Standard Edition XIV:237–258

Freud, S. (1920). Beyond the Pleasure Principle. Standard Edition XVIII:1–64

Freud S. (1921). Group Psychology and the Analysis of the Ego 1921 Standard Edition XVIII:65–144

Freud, S. (1923). The Ego and the Id. Standard Edition XIX:1–66

Freud, S. (1925). An autobiographical study. Standard Edition XX:7–70

Freud, S. (1925) [1951]. Preface to *Wayward youth*. Imago Publishing Company, London

Freud, S. (1930). Civilization and its Discontents. Standard Edition XXI:57–146

Freud, S. (1933). Why War. Standard Edition XXII

Freud, S. (1937). Analysis Terminable and Interminable. International Journal of Psychoanalysis. 18:373–405.

Freud, S. (1938). An Outline of Psycho–Analysis. Standard Edition XXIII:139–208

Freud, S. (1939). Moses and Monotheism: Three Essays. Standard Edition

XXIII:1-137

Freud, S. (1887-1904). [1985]. The complete letters of Sigmund Freud
to Wilhelm Fliss, 1887-1904. Jeffrey Moussaieff Masson, ed. and
trans. Belknap Press of Harvard University Press, Cambridge

Garcia, E. E. (1992). Understanding Freud: The Man and His Ideas. New
York University Press, New York and London

Gilmore, M.M., Nersessian, E. (1999). Freud's Model of the Mind in Sleep
and Dreaming. Neuro-Psychoanalysis 1:225-232

Hall, G. S. (1904). Adolescence: It s Psychology and Its Relations to
Physiology, Anthropology, Sociology, Sex, Crime, Religion, and
Education. New York: Appleton

International Bible Society. (1984). The Holy Bible, New International
Version. Colorado Springs, Colorado

Kuehn, J.L. (1965-66). Encounter at Leyden: Gustav Mahler consults
Sigmund Freud. Psychoanalytic Review 52:5-25.

Liébeault, A. A. (1886). Du Sommeil et des Etats Analogues Considérés
Surtout du Point de vue de l'Action du Moral sur le Physique.
Victor Masson et fils, Paris

Mahony, P.J. (1996). Freud's Dora: A Psychoanalytic, Historical, and
Textual Study. Yale University Press, New Heaven and London

Mai, G.M. & Merskey H. (1981). Briquet's concept of hysteria: An
historical perspective. Can J Psychiatry 26:57-63

Makari, G. J. (1997). Current conceptions of neutrality and abstinence.
Journal of the American Psychoanalytic Association 45:1231-1239

McCaffrey, P. (1984). Freud and Dora: The Artful Dream. Rutgers
University Press, New Brunswick, New Jersey

Ostow, M. (1989). Sigmund and Jakob Freud and the Philippson Bible. International Review of Psycho-Analysis. 16:483–492

Reik, T. (1976). Freud and Jewish Wit. Psychoanalysis 2:165–180.

Rizzuto, A. (1976). Freud, god, the devil and the theory of object representation. International Review of Psycho-Analysis 3:165–180.

Rizzuto, A. (1998). Why Did Freud Reject God? A Psychoanalytic Interpretation. Yale University Press, New Haven and London

Roazen, P. (1977). Freud's Clark University Lectures Reconsidered. Journal of American Academy of Psychoanalysis 5:447–458

Slavitt, D.R. (2007). The Theban Plays of Sophocles. Yale University Press, New Haven

Schachter, J. (1994). Abstinence and neutrality: development and diverse views. International Journal of Psycho-Analysis 75:709–720.

Spence, D. P. (1987). The Freudian Metaphor. W. W. Norton & Company, New York. NY

Stewart, W. (2008). A Biographical Dictionary of Psychologists, Psychaitrists and Psychotherapists. McFarland & Company, Jerferson, North Carolina and London

Tissot, S. A. A. D. (1764). [1980] l'Onanisme: Dissertation sur les maladies produites par la masturbation. Reprinted, Le Sycomore, Paris

Moore, B. E. & Fine, B. D. (Eds.) (1990). Psychoanalytic Terms and Concepts. The American Psychoanalytic Association and Yale University Press, New Haven, CT

"Why War?" (1932). a correspondence between Freud and Albert Einstein, in three languages, edited by the International Institute for Intellectual Cooperation in the League of Nations. Paris

프로이트, 구스타프 말러를 만나다

Chapter 3. 심리학 너머 심리치료, 자기 심리학

Aichhorn, A. (1951). Wayward youth. Imago Publishing Company, London

Alexander, F. & French, T. M. (1946). Psychoanalytic Therapy. Principles and application. Ronald Press, New York

Cooper, S.H. (2007). Alexander's Corrective Emotional Experience: Alexander's Corrective Emotional Experience: An Objectivist Turn in Psychoanalytic Authority and Technique. Psychoanalytic Quarterly, 76:1085-1102.

Grubrich-Simitis, I. (1995). 'No greater, richer, more mysterious subject than the life of the mind' an early exchange of letters between Freud and Einstein. International Journal of Psycho-Analysis 76:115-122

Hannan, M. (1992). A Psychoanalytic Interpretation of Ovid's Myth of Narcissus and Echo. Psychoanalytic Review 79:555-575

Hugo, V. (1862). Les Miserables (3 tomes). Le Livre de poche, Paris

Kohut, H. (1957). 'Death in Venice' by Thomas Mann: A story about the disintegration of artistic sublimation. Psychoanalytic Quarterly 26:206-228.

Kohut, H. (1959). Introspection, Empathy, and Psychoanalysis-An examination of the relationship between mode of observation and theory. Journal of the American Psychoanalytic Association 7:459-483.

Kohut, H. (1966). Forms and Transformations of Narcissism. Journal of the American Psychoanalytic Association 14:243-272

Kohut, H. (1968). The Psychoanalytic Treatment of Narcissistic Personality Disorders—Outline of a Systematic Approach.

Psychoanalytic Study of the Child 23:86-113.

Kohut, H. (1971). The Analysis of the Self. International Universities Press, New York

Kohut, H. (1973). Psychoanalysis in a troubled world. Annual of Psychoanalysis 1:3-25

Kohut, H. (1975). The psychoanalyst in the community of scholars. Annual of Psychoanalysis, 3:341-370

Kohut, H. (1977). Restoration of the Self. International Universities Press, New York

Kohut, H. (1979). The Two Analyses of Mr Z. International Journal of Psycho-Analysis 60:3-27

Kohut, H. (1981). 'On Empathy,' in P. Ornstein (ed.) The Search for the Self, Vol. 4, pp. 395-446. International Universities Press, New York

Kohut, H. (1984). How Does Analysis Cure? ed. A. Goldberg & P. Stepansky. University of Chicago Press, Chicago

Kohut, H. (1985). Self Psychology and the Humanities. W. W. Norton & Company, New York,

Kohut, H. (1987). The Kohut Seminars. Ed. M. Elson. Norton, New York

Kohut, H. & Levarie, S. (1950). On the Enjoyment of Listening to Music. Psychoanalytic Quarterly 19:64-87

Kohut, H. & Wolf, E. (1978). 'The Disorders of the Self and their Treatment: an Outline,' in P. Ornstein (ed.) The Search for the Self, Vol. 3, pp. 359-385. International Universities Press, New York

Mann, T. (1912). [1974] Der Tod in Venedig. In: Gesammelte Werke, 13 Bdn., Frankfurt

Mann, T. (1956). Freud and the Future. International Journal of Psycho-Analysis 37:106–115

Ruskin, R. (1997). The Curve of Life: Correspondence of Heinz Kohut 1923–1981. Canadian Journal of Psychoanalysis 5:157–159

Siegel, A.M. (1996). Heinz Kohut and the Psychology of the Self: Makers of Modern Psychotherapy. Routledge, New York.

Stowe H. B. (1852). Uncle Tom s Cabin; or Life Among the Lowly. John P. Jewett and Company, Boston

Strozier, C.B. (2001). Heinz Kohut: The Making of a Psychoanalyst. Farrar, Strauss & Giroux, New York

천병희(2005). 원전으로 읽는 변신이야기. 숲

인물색인

(ㅎ)

용어색인

(ㅈ)

프로이트, 구스타프 말러를 만나다

초판발행	2012년 8월 20일
초판 4쇄	2019년 1월 11일

지은이	이준석
펴낸이	채종준
기획	이주은
편집	김소영
교정	한지은
디자인	장보련
마케팅	송대호 · 김보미

펴낸곳	한국학술정보(주)
주소	경기도 파주시 문발동 파주출판문화정보산업단지 513-5
전화	031) 908-3181(대표)
팩스	031) 908-3189
홈페이지	http://ebook.kstudy.com
E-mail	출판사업부 publish@kstudy.com
등록	제일산-115호(2000.6.19)

ISBN	978-89-268-3626-2 93180 (Paper Book)
	978-89-268-3627-9 95180 (e-Book)

이담 *Books* 는 한국학술정보(주)의 지식실용서 브랜드입니다.